川派中医药名家系列丛书

雷载权

主编 ◎ 彭 成

西南交通大学出版社
·成都·

图书在版编目（CIP）数据

川派中医药名家系列丛书. 雷载权 / 彭成主编. --成都：西南交通大学出版社，2023.11
ISBN 978-7-5643-9566-7

Ⅰ. ①川… Ⅱ. ①彭… Ⅲ. ①雷载权－生平事迹②中医临床－经验－中国－现代 Ⅳ. ①K826.2②R249.7

中国国家版本馆 CIP 数据核字（2023）第 223858 号

Chuanpai Zhongyiyao Mingjia Xilie Congshu　Lei Zaiquan
川派中医药名家系列丛书　雷载权　　彭　成 / 主编

Xu Chujiang
徐楚江　　余凌英　胡昌江 / 主编

责任编辑 / 居碧娟
封面设计 / 原谋书装

西南交通大学出版社出版发行
（四川省成都市金牛区二环路北一段 111 号西南交通大学创新大厦 21 楼　610031）
营销部电话：028-87600564　028-87600533
网址：http://www.xnjdcbs.com
印刷：四川煤田地质制图印务有限责任公司

成品尺寸　170 mm×240 mm
总印张　16.25　　插页　4
总字数　238 千
版次　2023 年 11 月第 1 版　　印次　2023 年 11 月第 1 次

书号　ISBN 978-7-5643-9566-7
套价（全 2 册）　72.00 元

图书如有印装质量问题　本社负责退换
版权所有　盗版必究　举报电话：028-87600562

雷载全标准照

雷载权、张廷模主编的《中华临床中药学》

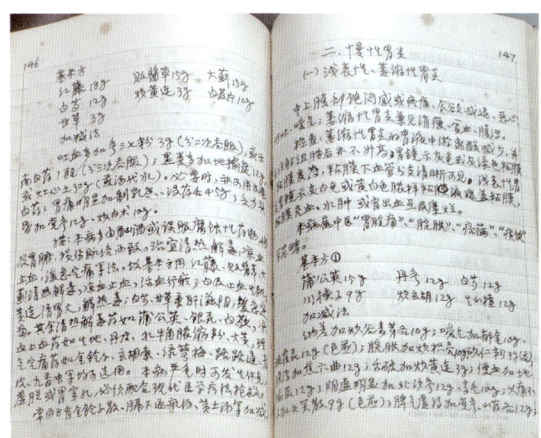

雷载权的临证心得

1982年雷载权（第四排右一）在巴朗山采雪莲花及红景天

1995年雷载权（前排右四）
参加中药学国家题库审稿会

雷载权（中）
指导研究生认识中药

雷载全指导研究生
进行中药药性研究

编委会

《川派中医药名家系列丛书》编委会

总 主 编：田兴军　杨殿兴

副总主编：李道丕　张　毅　和中浚

总 编 委：尹　莉　陈　莹

编写秘书：彭　鑫　贺　飞　邓　兰

《雷载权》编委会

主　　编：彭　成

副 主 编：刘贤武

编　　委：（按姓氏笔画）

　　　　　刘贤武　齐　云　余林中

　　　　　邹文俊　陈建萍　曹梦蝶

　　　　　彭　成　蒋　淼　雷　宁

总序——加强文化建设，唱响川派中医

四川，雄居我国西南，古称巴蜀，成都平原自古就有天府之国的美誉，天府之土，沃野千里，物华天宝，人杰地灵。

四川号称"中医之乡、中药之库"，巴蜀自古出名医、产中药，据历史文献记载，从汉代至明清，见诸文献记载的四川医家有1000余人，川派中医药影响医坛2000多年，历久弥新；川产道地药材享誉国内外，业内素有"无川（药）不成方"的赞誉。

▌医派纷呈 源远流长

经过特殊的自然、社会、文化的长期浸润和积淀，四川历朝历代名医辈出，学术繁荣，医派纷呈，源远流长。

汉代以涪翁、程高、郭玉为代表的四川医家，奠定了古蜀针灸学派，郭玉为涪翁弟子，曾任汉代太医丞。涪翁为四川绵阳人，曾撰著《针经》，开巴蜀针灸先河，影响深远。1993年，在四川绵阳双包山汉墓出土了最早的汉代针灸经脉漆人；2013年，在成都老官山再次出土了汉代针灸漆人和920支医简，带有"心""肺"等线刻小字的人体经穴髹漆人像是我国考古史上首次发现，应是迄今我国发现的最早、最完整的经穴人体医学模型，其精美程度令人咋舌！又一次证明了针灸学派在巴蜀的渊源和影响。

四川山清水秀，名山大川遍布。道教的发祥地青城山、鹤鸣山就座落在成都市。青城山、鹤鸣山是中国的道教名山，是中国道教的发源地之一，自东汉以来历经2000多年，不仅传授道家的思想，道医的学术思想也因此启蒙产生。道家注重炼丹和养生，历代蜀医多受其影响，一些道家也兼行医术，如晋代蜀医李常在、李八百，宋代皇甫坦，以及明代著名医家韩懋（号飞霞道人）等，可见丹道医学在四川影响深远。

川人好美食，以麻、辣、鲜、香为特色的川菜享誉国内外。川人性喜自在休闲，养生学派也因此产生。长寿之神——彭祖，号称活了800岁，相传他经历了尧舜夏商诸朝，据《华阳国志》载："彭祖本生蜀"，"彭祖家其彭蒙"，由此推断，彭祖不但家在彭山，而且他晚年也落叶归根于此，死后葬于彭祖山。彭祖山座落在成都市彭山县，彭祖的长寿经验在于注意养生锻炼，他是我国气功的最早创始人，他的健身法被后人写成《彭祖引导法》；他善烹饪之术，创制的"雉羹之道"被誉为"天下第一羹"，屈原在《楚辞·天问》中写道："彭铿斟雉，帝何飨？受寿永多，夫何久长？"反映了彭祖在推动我国饮食养生方面所做出的贡献。五代、北宋初年，著名的道教学者陈希夷，是四川安岳人，著有《指玄篇》《胎息诀》《观空篇》《阴真君还丹歌注》等。他注重养生，强调内丹修炼法，将黄老的清静无为思想、道教修炼方术和儒家修养、佛教禅观会归一流，被后世尊称为"睡仙""陈抟老祖"。现安岳县有保存完整的明代陈抟墓，有陈抟的《自赞铭》，这是全国独有的实物。

四川医家自古就重视中医脉学，成都老官山2021年冬出土的汉代医简中就有《逆顺五色脉臧验精神》一书，其余几部医简经整理定名为《脉书·上经》《脉书·下经》《刺数》《犮理》《治六十病和齐汤法》《疗马书》。学者经初步考证推断极有可能为扁鹊学派已经亡佚的经典书籍。扁鹊是脉学的倡导者，而此次出土的医书中脉学内容占有重要地位，一起出土的还有用于经脉教学的人体模型。唐代杜光庭著有脉学专著《玉函经》三卷，以后王鸿骥的《脉诀采真》、廖平的《脉学辑要评》、许宗正的《脉学启蒙》、张骥的《三世脉法》等，均为脉诊的发展做出了贡献。

昝殷，唐代四川成都人。昝氏精通医理，通晓药物学，擅长妇产科。唐大中年间，他将前人有关经、带、胎、产及产后诸症的经验效方及自己临证验方共378首，编成《经效产宝》三卷，是我国最早的妇产学科专著。加之北宋时期的著名妇产科专家杨子建（四川青神县人）编著的《十产论》等一批妇产科专论，奠定了巴蜀妇产学派的基石。

宋代，以四川成都人唐慎微为代表撰著的《经史证类备急本草》，集宋代本草之大成，促进了本草学派的发展。宋代是巴蜀本草学派的繁荣发展时期，陈承的《补注神农本草并图经》，孟昶、韩保昇的《蜀本草》等，丰富、发展了本草学说，明代李时珍的《本草纲目》正是在此基础上产生的。

宋代也是巴蜀医家学术发展最活跃的时期。四川成都人、著名医家史崧献出了家藏的《灵枢》，校正并音释，名为《黄帝素问灵枢经》由朝廷刊印颁行，为中医学发展做出了不可估量的贡献，可以说，没有史崧的奉献就没有完整的《黄帝内经》。虞庶撰著的《难经注》、杨康侯的《难经续演》，为医经学派的发展奠定了基础。

史堪，四川眉山人，为宋代政和年间进士，官至郡守，是宋代士人而医的代表人物之一，与当时的名医许叔微齐名，其著作《史载之方》为宋代重要的名家方书之一。同为四川眉山人的宋代大文豪苏东坡，也有《苏沈内翰良方》（又名《苏沈良方》）传世，是宋人根据苏轼所撰《苏学士方》和沈括所撰《良方》合编而成的中医方书。加之明代韩懋的《韩氏医通》等方书，一起成为巴蜀医方学派的代表。

四川盛产中药，川产道地药材久负盛名，以回阳救逆、破阴除寒的附子为代表的川产道地药材，既为中医治病提供了优良的药材，也孕育了以附子温阳为大法的扶阳学派。清末四川邛崃人郑钦安提出了中医扶阳理论，他的《医理真传》《医法圆通》《伤寒恒论》为奠基之作，开创了以运用附、姜、桂为重点药物的温阳学派。

清代西学东进，受西学影响，中西汇通学说开始萌芽，四川成都人唐宗海以敏锐的目光捕捉西学之长，融汇中西，撰著了《血证论》《医经精义》《本草问答》《金匮要略浅注补正》《伤寒论浅注补正》，后人汇为《中西汇通医书五种》，成为"中西汇通"的第一种著作，也是后来人们将主张中西医兼容思想的医家称为"中西医汇通派"的由来。

▍名医辈出，学术繁荣

新中国成立后，历经沧桑的中医药，受到党和国家的高度重视，在教育、医疗、科研等方面齐头并进，一大批中医药大家焕发青春，在各自的领域里大显神通，中医药事业欣欣向荣。

四川中医教育的奠基人——李斯炽先生，在1936年创办的"中央国医馆四川分馆医学院"（简称"四川国医学院"）中，先后担任过副院长、院长，担当大任，艰难办学，为近现代中医药人才的培养立下了汗马功劳。该院为国家批准的办学机构，虽属民办但带有官方性质。四川国医学院也是成都中医学院（现成都中医药大学）的前身，当时汇集了一大批中医药的仁人志士，如内科专家李斯炽、伤寒专家邓绍先、中药专家凌一揆等，还有何伯勋、杨白鹿、易上达、王景虞、周禹锡、肖达因等一批蜀中名医，可谓群贤毕集，盛极一时。共招生13期，培养高等中医药人才1000余人，这些人后来大多数都成为新中国成立后的中医药领军人物，成了四川中医药发展的功臣。

1955年国家在北京成立了中医研究院，1956年在全国西、北、东、南各建立了一所中医学院，即成都、北京、上海、广州中医学院。成都中医学院第一任院长由周恩来总理亲自任命。李斯炽先生继担任四川国医学院院长之后又成为成都中医学院的第一任院长。成都中医学院成立后，在原国医学院的基础上，又汇集了一大批有造诣的专家学者，如内科专家彭履祥、冉品珍、彭宪章、傅灿冰、陆干甫；伤寒专家戴佛延；医经专家吴棹仙、李克光、郭仲夫；中药专家雷载权、徐楚江；妇科专家卓雨农、曾敬光、唐伯渊、王祚久、王渭川；温病专家宋鹭冰，外科专家文琢之，骨、外科专家罗禹田，眼科专家陈达夫、刘松元；方剂专家陈潮祖，医古文专家郑孝昌；儿科专家胡伯安、曾应台、肖正安、吴康衡；针灸专家余仲权、薛鉴明、李仲愚、蒲湘澄、关吉多、杨介宾；医史专家孔健民、李介民；中医发展战略专家侯占元等。真可谓人才济济，群星灿烂。

北京成立中医高等院校、科研院所后，为了充实首都中医药人才的力量，四川一大批中医名家进驻北京，为国家中医药的发展做出了巨大贡献，也展现了四川中医的风采！如蒲辅周、任应秋、王文鼎、王朴诚、王伯岳、冉雪峰、杜自明、李重人、叶心清、龚志贤、方药中、沈仲圭等，各有精专、影响广泛，功勋卓著。

北京四大名医之首的萧龙友先生，为四川三台人，是中医界最早的学部委员（院士，1955年）、中央文史馆馆员（1951年），集医道、文史、书法、收藏等为一身，是中医界难得的全才！其厚重的人文功底、精湛的医术、精美的书法、高尚的品德，可谓"厚德载物"的典范。2010年9月9日，故宫博物院在北京为萧龙友先生诞辰140周年、逝世50周年，隆重举办了"萧龙友先生捐赠文物精品展"，以缅怀和表彰先生的收藏鉴赏水平和拳拳爱国情怀。萧龙友先生是一代举子、一代儒医，精通文史，书法绝伦，是中国近代史上中医界的泰斗、国学家、教育家、临床大家，是四川的骄傲，也是我辈的楷模！

追源溯流，振兴川派

时间飞转，掐指一算，我自1974年赤脚医生的"红医班"始，到1977年大学学习、留校任教、临床实践、跟师学习、中医管理，入中医医道已40年，真可谓弹指一挥间。俗曰：四十而不惑，在中医医道的学习、实践、历练、管理、推进中，我常常心怀感激，心存敬仰，常有激情冲动，其中最想做的一件事就是将这些中医药实践的伟大先驱者，用笔记录下来，为他们树碑立传、歌功颂德！缅怀中医先辈的丰功伟绩，分享他们的学术成果，继承不泥古，发扬不离宗，认祖归宗，又学有源头，师古不泥，薪火相传，使中医药源远流长，代代相传，永续发展。

今天，时机已经成熟，四川省中医药管理局组织专家学者，编著了大型中医专著《川派中医药源流与发展》，横跨2000年的历史，梳理中医药历史人物、著作，以四川籍（或主要在四川业医）有影响的历史医家和著作为线索，理清历史源流和传承脉络，突出地方中医药学术特点，认祖归宗，发扬传统，正本清源，继承创新，唱响川派中医药。其中，"医道溯源"是以"民国"前的川籍或在川行医的中医药历史人物为线索，介绍医家的医学成就和学术精华，作为各学科发展的学术源头。"医派医家"是以近现代著名医家为代表，重在学术流派的传承与发展，厘清流派源流，一脉相承，代代相传，源远流长。《川派中医药源流与发展》一书，填补了川派中医药发展整理的空白，是集四川中医药文化历史和发展现状之大成，理清了川派学术源流，为后世川派的研究和发展奠定了坚实的基础。

我们在此基础上，还编著了《川派中医药名家系列丛书》，汇集了一大批近现代四川中医药名家，遴选他们的后人、学生等整理其临床经验、学术思想编辑成册。预计编著一百人，这是一批四川中医药的代表人物，也是难得的宝贵文化遗产，今天，经过大家的齐心努力终于得以付梓。在此，对为本系列书籍付出心血的各位作者、出版社编辑人员一并致谢！

由于历史久远，加之编撰者学识水平有限，书中罅、漏、舛、谬在所难免，敬望各位同仁、学者，提出宝贵意见，以便再版时修订提高。

中华中医药学会　　　副会长
四川省中医药学会　　　会长
四川省中医药管理局　　原局长
成都中医药大学　教授　博士导师

2015 年春初稿
2022 年春修定于蓉城雅兴轩

编写说明

本书依据总主编及编委会拟定的编写要求，主要围绕生平简介、临床经验、学术思想、学术传承、论著提要等部分开展了编写工作。

雷载权出身中医世家，是中国当代著名中医药学家、中药学学科主要创始人之一，博士生导师，长期从事中药学的教学、临床及科研工作，在理论中药学、临床中药学等领域均有高深造诣，对中药学教材建设、重点学科及学位点建设、中药标本馆建设及高层次人才培养等均有突出贡献，被国务院确定为"对中医药事业作出突出贡献的中医药专家"。

本书启动编写之时，因雷教授身患重病，无法与其进行充分沟通交流，故结合雷载权教授的临床心得手稿、中药学教材、代表性论文、主编专著、高层次人才培养及学校的校史档案等资料，总结其学术思想、临床经验，以期反映他对现代中药学、临床中药学及中医临床等方面作出的卓越贡献，为后学学习、传承和发扬其学术思想提供参考。

本书临床经验由雷载权之子雷宁提供资料并部分撰写；学术思想由彭成、刘贤武撰写；学术传承分别由齐云、邹文俊、余林中、彭成、陈建萍撰写；有关雷载权主编及参编的《中药学》第一至四、六版教材内容由蒋淼、曹梦蝶部分撰写；彭成教授全面审定了本书。

本书的编写得到了四川省中医药管理局的经费资助。由于掌握资料有限，对雷载权先生临床经验、学术思想的理解和凝练还不到位，疏漏和不足之处在所难免，敬望读者批评指正。

目 录

001	生平简介
005	临床经验
006	一、对暑证的认识和治疗
006	（一）冒 暑
006	（二）伤 暑
006	（三）中 暑
007	二、对湿阻的认识和治疗
007	三、对秋燥的认识和治疗
007	（一）温 燥
008	（二）凉 燥
008	四、对水土不服的认识和治疗
008	五、对肝病的认识和治疗
009	（一）肝 气
010	（二）肝 火
011	（三）肝 风
012	六、对脱发的认识和治疗
012	七、对病毒性肝炎的认识和治疗

014	八、对霍乱的认识和治疗
015	九、对流行性出血热的认识和治疗
015	（一）发热期
016	（二）低血压期
016	（三）少尿期
017	（四）多尿期
017	（五）恢复期
018	十、对结核病的认识和治疗
018	（一）肺结核
018	（二）结核性脑膜炎
019	（三）结核性胸膜炎
020	（四）结核性腹膜炎
020	（五）肠结核
021	（六）淋巴结核
021	十一、对声带病变的认识和治疗
023	十二、对硅肺的认识和治疗
024	十三、对肺癌的认识及治疗
025	十四、对胸膜炎的认识和治疗

025	（一）干性胸膜炎
025	（二）渗出性胸膜炎
026	（三）化脓性胸膜炎
026	十五、对胃癌的认识和治疗
027	十六、对肠炎的认识和治疗
027	（一）急性出血性坏死性肠炎
028	（二）急性坏死性结肠炎
028	（三）慢性非特异性溃疡性结肠炎
029	（四）过敏性结肠炎
030	十七、对结肠癌的认识和治疗
030	十八、对肝癌的认识和治疗
031	十九、对胆石症的认识和治疗
032	二十、对急性风湿热的认识和治疗
033	二十一、对心律失常的认识和治疗
033	（一）窦性心律失常
034	（二）过早搏动
034	（三）房室传导阻滞
034	（四）心房颤动

034	（五）病态窦房结综合征
036	二十二、对心功能不全的认识和治疗
036	（一）急性心功能不全
036	（二）慢性心功能不全
037	二十三、对高血压病的认识和治疗
038	二十四、对高脂血症的认识和治疗
039	二十五、对紫癜的认识和治疗
039	（一）原发性血小板减少性紫癜
039	（二）过敏性紫癜
040	二十六、对肾结石的认识和治疗
043	**学术思想**
044	（一）注重中药药性理论继承与创新
055	（二）注重中药配伍理论继承与创新
057	（三）注重中药功效理论继承与创新
061	（四）注重临床用药规律继承与创新
069	（五）重视食疗在疾病治疗中的应用

071　学术传承

072　　一、联合及独立培养学生
073　　二、代表传承弟子

083　论著提要

084　　一、论　文
085　　二、教　材
090　　三、著　作

097　学术年谱

099　主要参考文献

生平简介

川派中医药名家系列丛书

雷载权

雷载权（1928—2016），男，四川省内江市人，出身于中医世家。幼年体弱多病，1931年患附骨疽（骨髓炎），久治难愈，至5岁余，经乡人彭姓老中医治疗，逐日好转，即对良医心存景仰。在高小、内江沱江中学、成都树德中学学习期间，他利用课余及寒暑假自学家藏医籍及四川国医学院教材，如张锡纯《医学衷中参西录》、唐宗海《中西汇通医书五种》、雷丰《时病论》、王孟英《温热经纬》、程钟龄《医学心悟》、丹波元坚《药治通义》、汪昂《本草备要》、吴仪洛《成方切用》等。读中学时罹患肺痨，咯血不已，不能升学，乃于1948年专志学医，在家庭长辈和当地名医多人指导下，通读古今主要医著，进行临床锻炼。学习中，凡遇有确论秘旨，方药阐微，及疑难病证，必倍加留意，并以多读书、勤笔记、多临证自律，学业日精。1952年，经内江卫生行政考核认可，被接纳为内江卫生工作者协会会员，参加联合诊所，挂牌行医。1954年雷载权考入四川省立成都中医进修学校，系统聆听邓绍先、李斯炽、李重人、蒲湘澄等名家讲授伤寒、温病、诊断、针灸、本草等知识，亲身感受老专家们高尚的德行、为中医药事业苦心育人的信念。雷载权视野顿开，医术精进，以第一名的优异成绩毕业。1956年，成都中医学院创办之初，雷载权奉调来校，在中药方剂学教研室任教，从事中药学教学、科研及临床工作。1960年，与凌一揆、陆闻鸿等共同创编了《中药学》第一版教材，全书分绪言、总论、各论三部分，各论载药884味，按中药功效分为解表药、涌吐药、泻下药、清热药、芳香开窍药、安神药、平肝息风药、理气药、理血药、补益药、消导药、化痰止咳药、收涩药、驱虫药、外用药等共19章。因雷载权出色完成《中药学》第一版的编著和中药学学科建设的开创，被评为全国先进工作者，出席了全国文教群英会。1964年，雷载权与凌一揆等对第一版教材进行增订修改，形成中医学院试用教材重订本《中药学讲义》，在总论中增加了"中药的用法"一章，各论载药420种；药物按药名、出处、概述、性味、归经、功效、应用、用量、禁忌、文献摘要等10项进行阐释，奠定了中医药高等教育教材《中药学》的构架，受到同行好评。该书多次再版，发行量达70万余册。雷载权在编著第一、二版《中药学》教材的基础上，相继参编了第三、四版教材。1984年，雷载权参与了我校也是我国第一个中药学博士生的培养。1987年，雷载权主编的西南西北片区高等中医院校试用教材《中药学》对功效分类进行了优化。与五版教材相比，增加了"截疟药"，将原有的"化痰止咳平喘药"分化为"化痰药"和"止咳平喘药"，"平肝息风药"分化为"平肝潜阳药"与"息风止痉药"，"芳香化湿药"更名为"化湿药"，"芳香开窍药"更名为"开窍药"，"外用药及其他"更名为"攻毒疗疮及其他药"；还在某些章内增设或分化为若干节，如"清热药"中增设"清风明目药"，将"祛风湿药"分为"祛风湿止痛药""祛风湿活络药""祛风湿强筋骨药"；"利水渗湿药"分为"利水消肿药""利水通淋药""利湿退黄药"，"化痰药"分为"温化寒痰药""清化热痰药"，"活血化瘀药"分为"活血止痛药""活血止痛药""活血调经药""活血疗伤药""活血消痈药""破血消癥药"，"止血药"分列为"化瘀止血药""收敛止血药""凉血止血药""温经止血药"，"收涩药"分列为"敛肺止汗药""涩肠止泻药""涩精缩尿药""固崩止带药"等，使功效分类更趋完善。1992年，雷载权被国务院聘为国务院学位委员会中医学科评议组成员，享受政府特殊津贴。1995年主编普通高等教育中医药类规划教材《中药学》（六版教材），改变了前五版教材中药功效分类不完善的弊端，将"外用药"分为"解毒杀虫燥湿止痒药、拔毒化腐生肌药"两章，从而使《中药学》教材首次统一以功效分类。1998年，雷载权与张廷模教授共同主编了《中华临床中药学》，这是全面整理阐述中药理论、临床应用、当代研究进展及新功效等的一部学术性专著。

雷载权长期从事中药学的教学、临床及科研工作，对中药学教材建设、重点学科及学位点建设、中药标本馆建设及高层次人才培养等均有突出贡献，被国务院确定为"对中医药事业作出突出贡献的中医药专家"。他曾任成都中医药大学中药学教研室主任，硕士研究生导师，博士研究生导师，中华人民共和国卫生部第三、四、五届药典委员会委员，国务院学位委员会委员，普通高等教育中医药类规划教材编审委员会委员，国家试题库（中医部分）中药学建库命题组组长，国家级重点学科中药学学科带头人，四川省学位委员会暨学位评议组副组长等职务。

川派中医药名家系列丛书

临床经验

雷载权

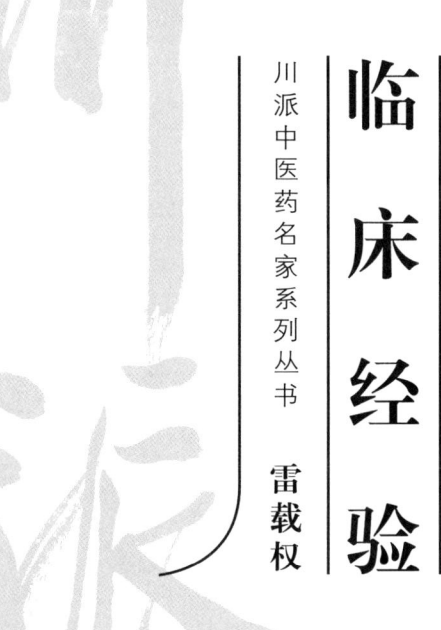

一、对暑证的认识和治疗

暑证是指炎夏不避烈日暴晒，感受暑邪所引起的症候，通常因症之轻重而分为"冒暑""伤暑""中暑"。

（一）冒 暑

症见头晕肢软，胸闷恶心，口干尿短，或伴有发热，苔白腻或黄腻，脉濡滑或濡数。

基本方：鲜藿香 15 g，鲜佩兰 15 g，鲜荷叶 10 g，飞滑石 30 g，薄荷 3 g（后下），甘草 3 g。

方解：藿香、佩兰、荷叶、薄荷均能解暑清热，和中升清；滑石、甘草（六一散）渗湿利水，亦能清暑解热。方能清暑解热、升清渗湿。

加减：湿重者加苍术、厚朴各 6 g；热重者加金银花 15 g、黄连 3 g；发热无汗加香薷 6～10 g。

（二）伤 暑

症见高热汗出，口渴引饮，心烦心悸，四肢无力，舌红苔黄，脉洪大而数。

基本方：生石膏（打碎、先煎）30 g，知母 12 g，麦冬 15 g，天花粉 15 g，六一散 15 g，粳米 20 g

方解：方用白虎汤辛凉清气；麦冬、天花粉清心养胃生津；六一散清暑利尿。

加减：汗多脉虚加生晒参 6 g；肢冷发麻加桂枝 9 g。

（三）中 暑

在烈日下劳作或行走，自觉胸闷头晕，突然晕倒，神志不清，手足逆冷，身热汗出，牙关微紧，脉洪大无力或滑数。

基本方：生晒参（另煎兑入）6 g，竹叶 10 g，生石膏（打碎、先煎）30 g，姜半夏 10 g，麦门冬 15 g，甘草 3 g，鲜荷叶、梗各 30 g，粳米 20 g。

方解：方中竹叶石膏汤清热益气，养阴和胃，加鲜荷叶、梗透暑宣窍。如昏迷较深，可先用欧龙丹搐鼻取嚏，随服成药如苏合香丸、飞龙夺命丹、来复丹等（温开水调灌或鼻饲），苏醒后再服煎药。

加减：呕吐频繁者加玉枢丹 1.5 g（温开水调服）；大便溏泄加煨葛根 10 g、焦六神曲 15 g；小便不利加六一散 15 g。

二、对湿阻的认识和治疗

湿阻是指湿邪阻于中焦脾胃引起的胸腹胀闷、食少神疲、大便易溏、苔多白腻或黄腻、脉濡或濡数等，常见于长夏与梅雨季节。湿邪可由外来，亦可因脾虚而生。治法前者以化湿为主，后者着重健脾，但两者往往又相互影响。

基本方：苍术 9 g，厚朴 6 g，藿香 9 g，佩兰 9 g，制半夏 9 g，生薏苡仁 18 g，白豆蔻 3 g（后下）。

方解：方用藿香正气散、平胃散加减。其中苍术、厚朴燥湿健脾；藿香、佩兰、生薏苡仁和中解暑、醒脾渗湿；半夏、白豆蔻降逆和胃、行气宽中。

加减：挟暑加西瓜翠衣 30 g，或鲜荷叶 15 g；挟热加黄连 3 g、炒山栀 9 g；腹胀加木香、大腹皮各 9 g；便溏加炒白术 10 g、焦六神曲 12 g；发热加大豆卷、青蒿各 9 g；脾阳不振加干姜 6 g、熟附片 9 g（先煎 30 分钟）。

三、对秋燥的认识和治疗

秋燥是指感受秋季燥邪，如天旱无雨，气候燥热，感之则为温燥；秋深转凉，西风肃杀，感之则为凉燥。病因虽有不同，初起必先犯肺卫，治法以滋润为主，有表邪者可兼清宣。

（一）温燥

症见发热头痛，咽干鼻燥，干咳无痰或痰少黏稠，少汗，口渴，苔薄白而干，脉浮大或浮数。

基本方：淡豆豉、北沙参、桑叶、苦杏仁、浙贝母各 10 g，山栀皮 6 g，梨皮 12 g，甘草 3 g。

方解： 本方采用桑杏汤加味，以清宣燥热、凉润肺金，其中，淡豆豉、桑叶、山栀皮清宣肺金燥热；苦杏仁、浙贝母利肺化痰；沙参、梨皮、甘草润肺止咳、生津养胃。

加减： 咽干红痛加牛蒡子 10 g、桔梗 5 g；大便干结加火麻仁 12 g；燥气化火去淡豆豉、浙贝母、梨皮，加生石膏 30 g、麦冬 12 g、枇杷叶 12 g。

(二) 凉 燥

证见发热恶寒，头痛无汗，咳嗽少痰，口唇干燥，苔薄白少津，脉浮数等。

基本方： 淡豆豉 10 g，紫苏 9 g，橘红 9 g，苦杏仁 10 g，前胡 10 g，桔梗 5 g，生甘草 3 g，葱白头 2 只。

方解： 本方系用香苏葱豉汤加减。葱豉可辛温解表，配紫苏以助发汗；前胡、苦杏仁、桔梗、橘红、甘草宣肺祛痰，润肺止咳。

加减： 腹胀便秘加瓜蒌 12 g、郁李仁或火麻仁 12 g；燥气化热治用"温燥"法。

四、对水土不服的认识和治疗

水土不服是指由于自然生活环境和生活习惯改变，一时未能适应而引起的一系列胃肠系统症状，典型症状为食欲不振、脘闷呕吐、腹胀腹痛、大便溏等。

基本方： 苍术、制半夏、藿香、佩兰各 9 g，厚朴、陈皮各 6 g，炒麦芽 12 g。

方解： 方以苍术、藿香、佩兰化湿和中，兼可健脾，制半夏、厚朴、陈皮理气降逆，消痞止呕；炒麦芽消食去滞。

加减： 腹痛泄泻加香连丸 3 g；腹胀不适加木香 9 g、大腹皮 12 g。

五、对肝病的认识和治疗

肝脏主升主动，喜条达而恶抑郁，故称为刚脏，病变多与肝气、肝风、肝火等有关。

（一）肝 气

肝喜条达，郁则气结气逆，引起诸多症状。

1. 气郁本经

证见胁胀、胁痛、胸闷、情志消沉，郁郁不乐，嗳气不舒，食欲不振，苔白薄，脉弦。

基本方：柴胡、炒枳壳各 9 g，郁金、制香附、生白芍各 10 g，甘草 3 g。

方解：此方系柴胡疏肝汤加减。方中柴胡、香附、郁金，疏肝解郁，理气止痛；枳壳消痞除胀；白芍、甘草缓急柔肝。

加减法：痰滞加制半夏 9 g、陈皮 6 g；化热加丹皮 10 g、炒山栀 9 g；血瘀加丹参 12 g、桃仁 10 g。

2. 气郁伤阴

证见胁肋刺痛，口苦，嗳酸，咽干，舌红或起刺，脉弦数。

基本方：北沙参、生地各 12 g，麦冬、当归、枸杞子各 10 g，川楝子 9 g。

方解：本方即一贯煎。用生地、麦冬、北沙参滋肝润燥；当归、杞子养肝血以柔肝体，佐川楝子理气止痛。

加减：口苦加龙胆草 4.5 g；嗳酸加左金丸（吞服）3 g；痛剧加玄胡索 12 g。

3. 肝气横逆

（1）犯胃

证见胃脘疼痛，走窜不定，胁胀，嗳气，吐酸，食欲减退。

基本方：川楝子 9 g，炒玄胡 12 g，黄连 3 g，吴茱萸 0.15 g，生白芍 10 g，甘草 3 g。

方解：本方系用金铃子散，合左金丸、芍药甘草汤组合而成。用川楝子疏肝气、泄肝热；玄胡行气活血止痛；黄连清热泻火；吴茱萸开郁散结。四药辛开苦泄，对肝气横逆，胃痛吐酸有殊效。芍药甘草缓急止痛，其效更捷。

加减：食欲减退加生、熟谷芽各 10 g；嗳酸较频，加煅瓦楞 18 g。

（2）乘脾

证见脘腹胀坠，腹鸣腹泻，泻后始舒，但反复发作。

基本方：白术、生白芍各12 g，陈皮、防风各9 g，桂枝6 g，甘草3 g。

方解：方用痛泻要方合桂枝汤加减。白术健脾，白芍泻木，陈皮理气和中，防风散肝舒脾。四药相配，可泻木补土，调气止痛。加桂枝温经散寒，甘草和中。

加减：腹胀较甚，加木香9 g、大腹皮10 g；脾阳亦虚，加熟附片6 g、炮姜3 g。

4. 气滞血瘀

证见胸胁疼痛而有定处，形体消瘦，面少华色或晦暗，舌有青紫，脉象带涩。

基本方：当归10 g，丹参15 g，旋复花（包煎）12 g，茜草15 g，红花6 g，桃仁9 g，甘草3 g，炙鳖甲12 g。

方解：此方用旋复花汤法以降逆下气，行血祛瘀；但肝郁日久，血随气滞，营血痹阻，脉络瘀阻，唯恐药力不逮，故加当归、丹参、桃仁、红花以活血化瘀；炙鳖甲软坚。

加减：气虚加炙黄芪12 g；痛处有硬块，加三棱10 g，莪术15 g。

（二）肝 火

肝火多由肝郁所化，郁久伤肝，下及肾水，导致肾阴不足，水不涵木。其证又有实火、郁火、虚火之分。

1. 实 火

证见头痛头胀，烦躁易怒，胁痛口苦，夜寐难安，或目赤，耳聋，吐血。

基本方：生地15 g，柴胡6 g，黄芩9 g，龙胆草3 g，炒山栀9 g，木通6 g，甘草3 g。

方解：方取龙胆泻肝汤法，以龙胆草、黄芩、山栀泻肝胆胃火，佐生地滋养肝血，以防火盛伤阴；柴胡疏肝气，木通利小便，均使火邪散泄；甘草和中，调药之过于苦寒伤胃。

加减：心火亢盛加淡竹叶 6～9 g；火旺伤阴，加龟板 12 g（先煎）、麦冬 10 g；引动肝风，加生石决 30 g、钩藤 15 g（后入）。

2. 郁 火

此证多由情志忧郁，而见胁肋胀痛，口燥咽干，饥不思食，呕恶酸苦，头胀，易怒，烦热，妇女乳房结核，脉多滞结不畅。

基本方：柴胡、当归各 9 g，白芍、白术、茯苓各 10 g，薄荷（后入）、甘草各 3 g。

方解： 方用逍遥散，取木郁达之的治法。方中当归、白芍养血柔肝，白术、茯苓、甘草培补脾土，柴胡疏肝解郁，使用少量薄荷以增疏散条达之力。

加减：热盛加丹皮、炒山栀各 9 g；痰郁加黛蛤散（包煎）15 g、瓜蒌 12 g；瘀滞加旋复花（包煎）、茜草各 12 g、郁金 10 g。

3. 虚 火

证见面时烘热，虚烦不寐，嘈杂易饥，头胀头晕，颧红骨蒸，腰酸膝软，耳鸣目糊，脉弦细数。

基本方：生熟地各 12 g，知母 12 g，黄柏 10 g，龟板（生煎）12 g，桑寄生 18～30 g。

方解： 方用大补阴丸法，以生熟地补肾阴，养肝血；龟板、桑寄生滋阴潜阳，补肝益肾；知母、黄柏泻火以存阴液。

加减：心火盛，加黄连 3 g、黄芩 9 g；肝阳旺，加生牡蛎 30 g、白芍、菊花各 10 g。

（三）肝 风

肝风之来，其标多从火化，其本则由于阴亏血少。阴亏则阳盛，风从阳化；血虚则生热，热则生风。阳亢则肝风上冒巅顶，血虚则旁走四肢，两者又相互为因。

1. 上冒巅顶

证见头晕头痛，目眩耳鸣，面时升火，甚则卒然昏仆，半身瘫痪。

基本方：山羊角、生石决各 30 g（均先煎），天麻、甘菊花、桑叶各 10 g，白蒺藜 12 g。

方解：此方以山羊角、生石决、天麻、白蒺藜平肝潜阳、镇惊熄风；菊花、桑叶清泄肝热。

加减：耳鸣加磁石（先煎）18 g、石菖蒲 12 g、蝉衣 5 g；视物不清加石斛、杞子各 10 g；血阴虚加生地、熟女贞各 12 g；舌苔白腻去山羊角、菊花、桑叶，加制半夏、陈皮各 9 g、茯苓 12 g。

2. 旁走四肢

证见四肢麻木，筋惕肉瞤，或肢体拘急，脉细弦。

基本方：制首乌 12 g，当归 10 g，生白芍 10 g，桑枝 15 g，地龙干 10 g，钩藤 15 g（后入）。

方解：方用制首乌、当归、白芍养血柔肝；钩藤、地龙干、桑枝息风通络。

加减法：大便干燥加黑芝麻（打碎）18 g；夜寐不深加熟枣仁、柏子仁各 10 g；手足颤抖加全蝎末 1.5 g（吞）。

六、对脱发的认识和治疗

头发不因年老而早脱。多由肾亏、血虚、风燥三因而致。

基本方：熟地 15 g，制首乌 12 g，生侧柏叶 15 g，当归 10 g，菟丝子 12 g，桑葚子 12 g，白芷 6 g，芝麻梗 30 g。

方解：方用熟地、当归、芝麻梗、制首乌滋阴养血；菟丝子、桑葚子补益肝肾；生侧柏叶对血热脱发及各种脱发皆有生发乌发之效；白芷祛风，又能引药力上行。

加减：头痒加苦参、羌活各 9 g，干燥屑多，芝麻梗改用黑芝麻 18 g。

七、对病毒性肝炎的认识和治疗

病毒性肝炎患者多有与肝炎病人接触病史，近期出现无其他原因可解释的消化道及/或全身症状，如乏力、纳减、恶心、厌油、发热及黄疸，肝肿大、肝区痛、巩膜及皮肤黄染。

检查：尿中尿胆原含量增加，谷丙转氨酸增高，麝香草酚浊度试验、锌浊度试验均可出现异常；黄疸型肝炎患者，尿内胆红素可呈阳性，总胆红素及1分钟胆红素可增加。乙型肝炎表面抗原的检测将有助于乙型肝炎的确诊。

本病多属中医"胁痛""肝气郁滞""肝胀""阳黄""胁胀""阴黄""虚劳"等范畴。

1. 急性期

（1）无黄疸型

基本方：蒲公英18～30 g，土茯苓12 g，秦皮9 g，白花蛇舌草30 g，广郁金9 g，制大黄9 g。

加减：湿偏重加苍术9 g；热偏重加黄芩9 g或猪胆汁炒黄连3 g；脘腹胀加炒枳壳9 g、木香9 g；大便溏薄，制大黄减量，加炒白术9 g、焦六曲12 g；疲乏明显，加糯稻根30 g；肝区痛明显加川楝子9 g、炒玄胡12 g；食欲减退明显加炒谷芽9 g、炒麦芽9 g，或用炙鸡金（研粉），每次3 g，每日2次，吞服。

按：本型治法初起以清热化湿、疏肝解毒为主，并注意兼顾脾运。清热解毒药如板蓝根、虎杖，化湿如藿香、佩兰、生薏苡仁、车前草、金钱草，疏肝理气药如制香附、莪术、砂仁、柴胡、厚朴、青皮等均可选用。常用方如柴胡疏肝散、平胃散、逍遥散等，愈后宜续服清肝扶脾丸或强肝丸，以保护肝细胞，促进肝细胞再生，减轻病毒对肝脏的损害。

（2）黄疸型

基本方：茵陈15～30 g，生山栀9 g，黄柏9 g，生大黄9 g（后入），黄芩9 g，生甘草3 g，七叶一枝花30 g。

加减：挟风寒加麻黄6 g；湿偏盛加土茯苓15 g；热偏盛加龙胆草9 g；肝大明显加丹参15 g；脾大明显加炙鳖甲12 g；黄疸持久不退加青黛0.9 g、明矾0.45 g（研末）入胶囊饭后吞服，每日3次。

按：本病治法以清热利湿为主。清热解毒、化湿利尿药中可供选用者同上。如黄疸迅速加深，高热烦渴，便秘尿黄，衄血、尿血、便血，或全身紫斑，神昏谵语，此为热毒炽盛，燔灼脏腑，充斥气血三焦，或邪陷心包之候，宜选用千金犀角散、安宫牛黄丸、至宝丹（清热解毒、凉血救阴），并结合现代医学方法进行抢救。

2. 慢性期

基本方：当归9 g，丹参12 g，赤芍9 g，白芍9 g，炙黄芪12 g，广郁金9 g，败酱草30 g。

加减：食欲减退加焦山楂12 g、炒麦芽12 g；湿偏盛加藿香、佩兰各9 g、生米仁12 g；热偏盛加生山楂9 g、黄连3 g；湿热两盛加茵陈15 g、生山栀9 g；低热加银柴胡9 g、川石斛9 g；脾肿大加乌梅4.5 g、炙鳖甲12 g（先煎）；肝区痛加川楝子9 g、炒玄胡12 g；早期肝硬化加三棱9 g、莪术12 g、炮山甲12 g（先煎）；黄疸晦暗不退加茵陈15 g、熟附片9 g（先煎）；脾虚加白术、茯苓各12 g；气虚加党参12 g；血虚加制首乌12 g；阴虚加生地、北沙参各12 g；阳虚加仙灵脾12 g、肉桂3 g（后入）。

按：本期多由肝炎急性期持续不愈或反复发作，导致正虚邪恋，脏腑虚损，气血失和，脉络瘀阻而成虚中夹实之症，治法以扶正祛邪为主，用药必须补而不腻，行而不耗。养气血、益脾肾药如桑葚、孩儿参、山萸肉、制黄精、炒扁豆、栀子、桑寄生、红参、山药，活血祛瘀药如红花、桃仁、地鳖虫、三七、水蛭、虎杖根，舒肝理气药如姜黄、青皮、香橼、制香附、砂仁，养阴药如玄参、麦冬，温阳药如仙灵脾、紫河车，清热解毒药如白花蛇舌草、苦参、白毛夏枯草等均可辩证选用。

常用方如逍遥散、香砂枳术丸、桃红四物汤、一贯煎等均可酌情选用。

八、对霍乱的认识和治疗

霍乱临床症见无痛性腹泻，大便初为稀水样，继为微白色米泔水样，呕吐物呈米泔水样，因频繁吐泻，出现失水症状，严重患者有显著的循环衰竭表现。

本病多属中医"霍乱""绞肠痧""瘪螺痧""吊脚痧"等。

基本方：干姜6g，黄连3g，黄芩9g，甘草4.5g，辟瘟丹2.1g（温开水调服）。

加减：舌淡苔白，干姜加量至12～18g；苔白厚腻、胸闷，加苍术9g、川朴6g；苔黄口渴，黄连加量至6g，黄芩加量至12～18g；恶心呕吐频繁，加制半夏、生姜各9g；四肢厥冷严重，加熟附片9～15g（先煎）；腹痛明显加吴茱萸6g、木香9g；烦躁加淡豆豉12g、炒山栀9g；转筋加乌梅4.5g、木瓜9g，或生米仁30g、晚蚕砂9g；药后泻止腹胀加生大黄9g（后入）。

按：本病多因盛夏季节饮食不当，寒湿内阻，导致三焦混淆，清浊相干，乱于肠胃而致；治以温开散寒，苦寒燥湿为主。如脱水严重，必须结合现代医学方法治疗。

常用方有理中汤、回阳救急汤、四逆汤、玉枢丹等。

九、对流行性出血热的认识和治疗

流行性出血热起病急骤，以发热、出血、低血压（或休克）、肾脏损害等为特征。典型病例有：① 发热期，有明显畏寒、发热，常伴有上呼吸道或胃肠道急性感染症状及面部、颈部皮肤充血，皮肤及黏膜可出现血点，重症者可见鼻衄、咯血、便血、血尿等。② 低血压期，约于第5～7病日，体温突然下降，出现低血压或休克，尿量减少并出现肾功能损害。③ 少尿期，血压恢复后出现少尿甚至无尿，出血现象加重。④ 多尿期，尿量每日达3000 mL以上。⑤ 恢复期，症状体征消失。

本病多属中医"温病""疫毒"范畴，又因时见红疹、血斑出现，故又称"疫疹"或"疫斑"。

（一）发热期

基本方：生地18g，玄参12g，生石膏30g（打、先煎），板蓝根30g，银花12g，鲜茅根30g，知母12g。

加减：尿短加车前子 15 g（包煎）；便秘加生大黄 9 g（后入）；衄血加黑山栀 9 g、土大黄 15 g；头痛目赤加龙胆草 9 g；神昏谵妄加安宫牛黄丸 1 粒（化服），每日 2 次；角弓反张加山羊角 30 g（重者用羚羊角 1.5～3 g，另煎冲服）、钩藤 15 g、广地龙 12 g。

按：本期多由温邪疫毒入侵，从卫气迅速传入营血，以致气血两燔，热伤脉络，甚则邪入心包或内陷厥阴。治宜及早使用清热解毒、凉血生津。故基础方中用板蓝根、银花、生石膏以解温热疫毒；生地、玄参、知母、鲜茅根滋阴泻火、凉血生津。其余清热解毒药如大青叶、蒲公英、黄连、连翘、半边莲、七叶一枝花；凉血止血药如丹皮、紫草、大蓟、小蓟、旱莲草、水牛角等均可随症选用。

常用方如白虎汤、清瘟败毒饮、羚角钩藤汤、犀角地黄汤等，均可随证选用。

（二）低血压期

基本方：生晒参 12 g，麦冬 12 g，五味子 4.5 g，生地黄 15 g，板蓝根 18 g，银花 12 g。

方解：本方以生脉饮养阴扶正，生地、板蓝根、银花以凉血清热。

加减：热盛渴饮加生石膏 30 g（先煎）；尿短加淡竹叶 9 g；神昏谵语加紫雪丹 1.5 g，每日 2～3 次；低血压明显、面白肢冷、脉沉细无力，去生地，生晒参改为红参，加熟附片 12 g（先煎），汗出过多再加煅龙骨、煅牡蛎各 30 g。

按：本期多因气血两燔，迅速伤及阴津，发展至气虚欲脱，或阳气衰竭，治宜扶正养阴，凉血清热。

常用方如白虎加人参汤、清营汤、参附龙牡汤等，亦可随证选用。

（三）少尿期

基本方：生地 15 g，玄参 12 g，麦冬 12 g，银花 12 g，白茅根 30 g，茯苓 12 g，泽泻 12 g。

方解：以增液汤增液润燥，茯苓、泽泻清利膀胱，银花清热解毒，白茅根凉血止血。

加减：大便秘结加枳实 9 g、制大黄 9 g；出血量多加水牛角 30 g（先煎）；便血加槐花炭 12 g、生地榆 12 g；尿血加生蒲黄 9 g、瞿麦 12 g；咳血加藕节 12 g；生侧柏叶 12 g，神昏加山羊角 30 g、石菖蒲 12 g，甚至用安宫牛黄丸 1 粒，每日 2 次；抽搐加地龙 12 g、钩藤 15 g，甚至加用全蝎、蜈蚣各 1.5 g。

按：本期多由温邪疫毒内侵营血，血热伤阴，膀胱气化不利，或真阴受损、肾水亏竭所致，治宜养阴生津、凉血止血。

（四）多尿期

基本方：熟地 12 g，山茱萸 12 g，沙苑子 12 g，炙黄芪 12 g，升麻 6 g，益智仁 12 g，桑螵蛸 12 g。

加减：肾阴偏虚加五味子 6 g；肾阳偏虚加补骨脂 12 g。

按：本期多因正气不足，液耗阴亏，或阴虚及阳，肾气不固，膀胱失约所致。

（五）恢复期

基本方：太子参 12 g，白术 12 g，淮山药 12 g，扁豆 12 g，茯苓 12 g，生谷芽 12 g，炙甘草 3 g。

加减：津液不足加北沙参、麦冬各 12 g；阴虚明显加生地 12 g、知母 10 g；阳虚明显改太子参为党参，加热附片 6 g（先煎）、桂心 3 g（后入）。

按：本期多属邪去正虚，阴阳亏损。调补先宜着重脾胃。故基本方以太子参、白术、山药、扁豆、茯苓益气健脾；炙甘草、生谷芽和中养胃。其他益气健脾药如人参叶、黄芪、金雀根，和中盖胃药如炒麦芽、炙鸡内金等均可随症选用。

常用方如参苓白术散、益胃汤、生脉散、六味地黄丸、肾气丸、保元汤、八珍汤等，亦可随证选用。

十、对结核病的认识和治疗

（一）肺结核

症见长期低热、盗汗、乏力、消瘦、咳嗽、咯血、胸痛，女性患者可有月经失调。

本病多属中医"肺劳""劳瘵"等范畴。

基本方：丹参 12 g，百部 18 g，黄芩 9 g，生薏苡仁 12 g，生牡蛎 30 g，炙黄芪 12 g。

加减：潮热加银柴胡 9 g、地骨皮 12 g；盗汗加浮小麦 30 g、瘪桃干 9 g；胸痛加桑白皮 12 g；纳差加生谷芽 12 g；空洞加白及粉 9 g（调服）；咳嗽较频加杏仁 9 g、川贝粉 3 g（吞服）；痰黄腥臭加鱼腥草 30 g、冬瓜子 12 g；痰中带血加茜草根 12 g、藕节 12 g。

按：本病多正气不足、精气亏虚、瘵虫乘虚侵入肺脏所致，与脾胃亦有关联。治宜养阴清肺，佐以治血、健脾。故基本方用百部润肺止咳；黄芩清肺泻热助百部以祛邪；丹参活血养血，改善肺部血液运行，促使病灶愈合；黄芪既可补肺金，又能健脾土，起扶正作用；生薏苡仁健脾清肺，滑痰除湿；牡蛎软坚化痰，消散结核病灶。其他养阴清肺药如生地、制黄精、冬虫夏草、荞麦根、平地木、山海螺、百合，退潮热药如白薇、石斛、鳖甲、十大功劳叶，凉血止血药如侧柏叶、旱莲草、仙鹤草、阿胶，化痰止咳药如紫菀、款冬花、瓜蒌皮、枇杷叶、薄荷，止盗汗药如五味子、丹皮、糯稻根，健脾益肾药如党参、白术、潼沙苑、熟地、山萸肉、女贞子、太子参、扁豆等均可选用。

（二）结核性脑膜炎

结核性脑膜炎起病缓慢，初起发热、盗汗、食欲减退、消瘦、睡眠不安、烦躁或呆滞，1～2 周后出现头痛、呕吐、惊厥、意识障碍、角弓反张、偏瘫等征象，巴氏征、布氏征和克氏征阳性。

本病多属中医"肝风""慢惊风"范畴。

基本方：生石决明30 g（先煎），百部18 g，石菖蒲12 g，钩藤15 g（后入），丹参12 g，葛根6 g，地龙干9 g，安脑丸1丸（每日3次）。

方解：生石决明、钩藤平肝息风，葛根、地龙、安脑丸解痉安脑，石菖蒲宣窍化痰，丹参活血祛瘀，百部抑杀痨虫。

加减：恶心呕吐加制半夏、姜竹茹各9 g；大便秘结加制川军9 g；抽搐频繁加全蝎、蜈蚣各3 g（研末，分2～3次吞服）；低热不退加葎草30 g。

按：本病多由素体虚弱、痨虫入侵，上蹿脑腑引动肝风所致。治法先宜平肝息风、抑灭痨虫，继则辩证使用益气、健脾、养阴、息风等法。

常用方有七味白术散、六味地黄丸、生脉散等。

（三）结核性胸膜炎

结核性胸膜炎典型症状为中等发热、胸痛、轻度咳嗽，积液过多时，呼吸困难。

本病多属中医"胸胁痛""悬饮"范畴。

基本方：柴胡9 g，百部15 g，黄芩9 g，全瓜蒌12 g，鱼腥草30 g，生牡蛎30 g（先煎）。

方解：柴胡疏少阳之邪，解往来寒热；鱼腥草、全瓜蒌清肺泄热，宽胸化痰、消肿解毒；百部、黄芩抑灭痨虫，生牡蛎软坚、化痰、散结。

加减：咳嗽加炙款冬花9 g、紫菀12 g；胸痛明显加川楝子9 g、玄胡索12 g；痰热加浙贝母9 g、桑白皮12 g；痰湿加制半夏9 g、茯苓12 g；血瘀加丹参12 g、桃仁9 g；潮热加地骨皮12 g、炙鳖甲12 g（先煎）；胸水加控涎丹1.5～4.5 g；脓胸加冬瓜子12 g、桔梗9 g，或生米仁15 g、鲜芦根30 g。

按：本病多由正气亏虚，痨虫侵入，留于胸胁，日久生痰化热，或瘀毒成脓，治宜宽胸化痰，清热解毒，气疏少阳之邪。

(四) 结核性腹膜炎

结核性腹膜炎症见清瘦、乏力、纳差、低热、盗汗，以后出现腹胀、腹痛、便秘或腹泻。腹水型：腹部膨隆全压痛，叩诊有移动性浊音。粘连型：腹部显著增孕压痛不明显，可摸及肿块，叩诊有捏面感。干酪型：显著消瘦，甚至恶病质，腹部检查有捏面感，压痛明显。

本病属中医"腹痛""腹胀""臌胀""癥瘕"等范畴。

基本方：白术 12 g，百部 12 g，黄连 3 g，鬼针草 15 g，木香 9 g，生白芍 12 g，甘草 3 g。

方解：木香、白术行气健脾，白芍、甘草缓急止痛，百部、黄连清热解毒、燥湿杀虫，鬼针草活血散瘀。

加减：腹胀加大腹皮 12 g，厚朴 9 g；腹水加商陆 12 g，生姜皮 4.5 g，车前子 30 g（先煎），去甘草；便秘去白术，加制大黄 9 g，炒枳实 9 g；虚热加银柴胡、青蒿各 9 g；腹痛明显加吴茱萸 2～4 g，白芍可以加量；腹泻较频加乌梅炭 6 g，赤石脂 18 g（先煎）；腹部有块，白芍改用赤芍，加三棱 9 g、莪术 12 g，体虚较甚者改用当归 9 g、丹参 12 g。

按：本病由瘵虫内犯而致。治法以行气健脾为主，兼用清热解毒、利水化瘀、抑夭瘵虫等法。

常用方有四君子汤、香砂六君丸、中满分消丸、血府逐瘀汤等。

(五) 肠结核

肠结核主要症状有右下腹或脐周陈发性绞痛，肠鸣音亢进，腹泻、便秘或交替发生，消瘦、恶心、呕吐、纳减、腹胀等。

本病多属中医"肾泄""腹痛""便秘""癥瘕"等范畴。

基本方：炒白术 12 g，吴茱萸 3 g，补骨脂 9 g，百部 12 g，苦参 4.5 g，煨肉果 9 g，五味子 3 g。

加减：潮热加石斛 12 g；盗汗加煅牡蛎 30 g（先煎）；腹胀加木香 9 g；便血加地榆炭 12 g；便秘加肉苁蓉 12 g、蜂蜜 30 g（冲入）；贫血加熟地 12 g、当归 9 g。

按：本病多由脾胃虚弱、瘵虫内侵或素有肺痨传入大肠而成，日久导致脾肾阳虚，或阴液亏耗，治法以健脾温肾为主，酌用苦寒药以燥湿热，抑灭瘵虫。基本方即用白术、补骨脂、吴茱萸、煨肉果以助脾肾之阳，配五味子滋阴，使阴阳得以协调；苦参、百部清热燥湿，祛风杀虫。其余益气健脾药如党参、黄芪、黄精、山药，补肾阳药如熟附片、肉桂、仙灵脾、仙茅，滋阴药如龟板、鳖甲，清热燥湿药如黄连、黄芩、一见喜、秦皮等均可选用。

常用方有党参白术散、四神丸、济川煎、少腹逐瘀汤等。

（六）淋巴结核

淋巴结核症见淋巴结呈局限性肿大，质软，发展缓慢，常伴有脾肿大；可有结核毒性反应。

本病多属中医"瘰疬"范畴。

基本方：白花蛇舌草 30 g，白芥子 9 g，夏枯草 12 g，生牡蛎 30 g（先煎），野菊花 15 g，海藻 12 g，青皮 9 g，陈皮 9 g。

加减：血虚加当归 10 g、炙黄芪 12 g；阴虚加生地、玄参各 12 g。

按：本病多由痰浊与瘵虫结聚引起。治法初起宜清热解毒，消痰软坚，故基本方用白花蛇舌草、野菊花清热解毒，消肿散结；白芥子、陈皮、青皮、海藻、生牡蛎理气消痰，散结软坚；夏枯草清火散郁，并有抑灭瘵虫的作用。其余消肿散结药如猫爪草、柳树叶、石串兰，化痰软坚药如昆布、海藻、浙贝、海蛤粉等均可选用。

十一、对声带病变的认识和治疗

声带病变以声音嘎嘶为时较长为特征。声带充血，常有感冒，高声呼喊、狂笑、歌唱病史；声带麻痹，兼有呼吸及咽下困难，声带闭合不全兼见语言费力。

喉镜检查可见声带闭合不全，如声带息肉宜作活检，以排除声带癌。

本病属中医"失音""肾怯""咽喉痛"等范畴。

1. 声带充血

基本方：鱼腥草 30 g，桑叶 9 g，金银花 12 g，连翘 9 g，桃仁 9 g，冬瓜子 12 g，薄荷 3 g（后下）。

加减：声嘶明显加蝉衣、木蝴蝶各 4.5 g；舌红津少加北沙参 12 g、麦冬 9 g；咽喉疼痛加西青果 9 g、板蓝根 12 g。

按：本病多由风热恋肺，或过食辛辣，积热上熏而致。治以清风热、解热毒为主，佐以消痰散瘀。基本方即用鱼腥草、桑叶、薄荷清散肺间风热；银花、连翘清解胃中热毒；桃仁、冬瓜子消痰散瘀，瘀散则充血消失较速，不致蕴结生变。

2. 声带息肉

基本方：丹参 12 g，苦参 12 g，海浮石 12 g，急性子 9 g，桔梗 6 g，赤芍 12 g，甘草 3 g。

加减：痰多加浙贝母 9 g；喉痛加马勃 4.5 g、板蓝根 12 g，去海浮石；日久脾虚湿盛，去海浮石，加茯苓、山药各 12 g。

按：本病多因邪热久留、痰凝瘀结或由慢性声带充血日久转化而成。治宜清肺化痰，凉血祛瘀。故基本方用丹参、急性子、赤芍清热凉血，祛痰散结；海浮石化痰软坚；苦参清导湿热之蕴结；桔梗、甘草祛痰利咽。其他凉血祛痰药桃仁、凌霄花、地鳖虫，化痰软坚药如昆布、海藻、葶苈子，利咽开音药如胖大海、木蝴蝶等皆可选用。

3. 声带麻痹

基本方：党参 12 g，白术 12 g，山药 12 g，制黄精 12 g，诃子皮 9 g，石菖蒲 12 g，五味子 4.5 g。

加减：音哑明显，党参改用太子参，加凤凰衣 6 g；喉间有痰加川贝母粉 3 g（吞服）。

按：此病多由脾虚肺燥，气不收敛，或挟痰湿阻滞而致。治宜健脾、润肺、敛气，兼化痰湿。故基本方用党参、黄精、白术、山药补脾润肺；诃子皮、五味子收敛肺气；石菖蒲化痰开窍。其余健脾药如茯苓、炙甘草，润肺药如甜杏仁、枇杷叶，敛气药如乌梅、五味子，化痰药如桔梗、射干等均可选用。

4. 声带闭合不全

基本方：熟地 12 g，山萸肉 10 g，乌梅肉 4.5 g，炙黄芪 10 g，白术 12 g，茯苓 12 g，柿蒂 6 g。

加减：证偏阴虚，熟地改用生地，加北沙参 12 g；证偏阳虚加肉桂子 3 g（后下）。

按：本病多由脾肾两虚。脾开窍于口，肾为声音之根，脾肾虚则肺气散，故治以补脾肾、敛肺气为法。基本方用熟地、山萸肉补肾养阴；黄芪、白术、茯苓补脾益气，乌梅、柿蒂敛肺降气。其余补脾肾药如山药、黄精、桑葚子、女贞子、旱莲草、仙灵脾、仙茅、肉苁蓉、潼蒺藜等均可选用。

5. 声带癌

基本方：石见穿 30 g，白英 30 g，龙葵 30 g，山豆根 9 g，桃仁 9 g，麦冬 12 g，白花蛇舌草 30 g。

加减：痰多加桔梗；喉痛加板蓝根 12 g；体弱加党参 12 g；舌红津少加玄参 15 g。

按：本病多由嗜食辛辣或饮酒吸烟以致热毒蕴结，或由慢性病声带充血、息肉等发展而来。治宜清热解毒，祛痰散结。方中石见穿、白英、龙葵、白花蛇舌草清热、解毒、散结；桃仁活血祛瘀；山豆根、麦冬清热利咽。其余清热解毒药如鱼腥草、半枝莲、芙蓉叶，祛痰散结药如急性子、僵蚕等均可选用。

石见穿又名石打穿、紫参，为唇形科鼠尾草属一斗生草本石见穿（*Salvia chinensis* Benth）的全草，苦、辛，平，能活血化瘀，清热解毒，镇痛，抗癌。可用于治疗各种肿瘤。

十二、对硅肺的认识和治疗

硅肺多属中医"咳嗽""咳喘""肺痨""肺痿"等范畴，临床以咳嗽、咳痰、胸痛、胸闷、头昏、乏力、失眠、心悸、胃纳差等为常见症状。X线检查是诊断硅肺的主要方法。

基本方：北沙参 12 g，麦冬 12 g，生蟹甲 12 g（先煎），生薏苡仁 12 g，海藻 12 g，海蛤壳 12 g（先煎），莱菔子 9 g。

加减：咳频加紫菀12 g，胸痛加广郁金10 g，气喘加炙苏子9 g，痰多加川贝粉3 g（吞服），咳血加蒲黄12 g，或加白茅根30 g，唇色青紫加当归9 g，丹参12 g，体虚盗汗加黄芪12 g，煅牡蛎18 g。

按：本病多与外因的石末粉尘、燥气有关，患者平日肺燥津亏，痰火郁结则为内因。治以生津润肺，软坚散结为主，佐以化痰清热、宽胸利膈；日久证虚，可兼培本。基本方即用沙参、麦冬生津润肺，海蛤壳、生蟹甲、海藻滋阴消痰，软坚散结，生薏苡仁健脾清肺，莱菔子下气祛痰。其余生津润肺药如百合、天冬、天花粉，软坚散结药如生牡蛎、昆布、炮甲珠、鸡内金、夏枯草、海螵蛸，清肺化痰药如荸荠、山海螺、枇杷叶、海蜇，宽胸利膈药如枳壳、厚朴、薤白、八月瓜等均可选用。

十三、对肺癌的认识及治疗

肺癌临床多见咳嗽、咯血、胸痛、气促，晚期多有消瘦、乏力、低热或恶病质。其转移表现：胸膜转移者见胸腔积液、胸膜增厚；纵隔转移者见上腔静脉综合征、颈交感神经综合征、喉返神经麻痹、膈神经麻痹、食道压迫等。

本病属中医"息贲""肺积"等范畴。

基本方：太子参15 g，鱼腥草30 g，北沙参12 g，桔梗9 g，白毛藤30 g，海藻12 g，麦冬12 g。

加减：发热加青蒿9 g、地骨皮12 g，或蒲公英30 g（用于并发感染）；咳频加瓜蒌皮12 g、杏仁10 g；喘息加炙款冬花10 g，银杏肉9 g；体虚者用蛤蚧粉3 g（吞服）；胸痛无定处加广郁金10 g，制香附12 g，有定处加失笑散9 g（包煎）；痰多难出加冬瓜子12 g、海浮石12 g；汗多气短加五味子4.5 g；胸有积水加龙葵30 g，葶苈子12 g；气滞血瘀加三七粉0.9～1.5 g（吞服）；气虚较甚，太子参改用党参10 g，加炙黄芪12 g。

按：本病多有外感六淫之邪，郁而化热；或嗜食辛辣，燥伤肺金；或忧思郁怒，木火刑金，炼液成痰，交结不消，导致肺失清肃，日久气滞瘀凝，结成此病。治宜清热解毒，化痰软坚，滋养肺阴，益气生津，活血祛瘀，扶正达邪等法。基本方用太子参、北沙参、麦冬清润肺燥、益气生津；鱼腥草、白毛藤（即白英 *Solanum lyratum* Thunb 的全草）清热解毒，活血通络；桔梗、海藻消痰软坚，宣肺排浊。其余清热解毒药如白花蛇舌草、蒲公英，滋养肺阴药如天冬、百合，化痰软坚药如昆布、金礞石、蛇胆陈皮、皂角刺；止咳化痰药如马兜铃、杏仁、紫菀、天南星、瓜蒌，止血药如白及、仙鹤草，活血祛瘀药如丹参、桃仁等，均可选用。

十四、对胸膜炎的认识和治疗

（一）干性胸膜炎

干性胸膜炎典型症状为胸部刺痛、咳嗽，深呼吸时加剧，患侧胸廓呼吸运动减弱，听诊可闻及胸膜摩擦音。

本病多属中医"胸痛""咳嗽""胁痛"等范围。

基本方：鱼腥草 30 g，山海螺 30 g，桑叶 9 g，瓜蒌皮 12 g，制半夏 9 g，黄连 3 g，广郁金 10 g。

加减：发热加柴胡 9 g；咯痰不爽加冬瓜子 12 g；咽燥津少加北沙参、麦冬各 12 g。

按：本病多由风热伤肺，痰火郁结，气机阻滞而致。治宜清肺化痰，理气开郁。故基本方用桑叶、山海螺、鱼腥草疏散风热，润肺祛痰，清热解毒；黄连泻火；瓜壳、制半夏、广郁金清肺化痰，行气解郁，宽胸散结。

（二）渗出性胸膜炎

渗出性胸膜炎急剧起病，有毒性症状和中、高度发热，持续数日至数周，时有畏寒及出汗、虚弱、全身不适。初起胸痛明显，以后胸痛消失，出现气急、胸闷、反射性咳嗽。

本病多属中医"悬饮"范畴。

基本方：大青叶 30 g，茯苓 12 g，葶苈子 12 g，白芥子 9 g，枳实 9 g，桑白皮 12 g，青皮 9 g，陈皮 9 g。

加减：气喘加旋覆花 9 g（包煎）；痰多加制半夏 9 g；尿短加车前子 15 g（包煎）。

按：本病多由饮停胸胁，肺气阻滞而故。治宜理气逐饮。基本方大青叶清热解毒；桑白皮、葶苈子、白芥子泻肺，祛痰平喘，行水消胀；枳实泻痰除痞以助水气之下降；青陈皮理气化痰散积；茯苓渗湿行水，甘草中和。

（三）化脓性胸膜炎

化脓性胸膜炎症见畏寒、寒战、亏热，热型呈弛张型，大量出汗，甚至出现虚脱现象。胁痛、胸痛、胸闷、气促、咳嗽。

本病多属中医"胸痛""胁痛""咳嗽"等范畴。

基本方：蒲公英 30 g，紫花地丁 30 g，桔梗 9 g，败酱草 30 g，生薏苡仁 12 g，冬瓜子 12 g，甘草 3 g。

加减：发热加柴胡 9 g；咳嗽加光杏仁 9 g；胸痛加瓜蒌 12 g；心悸加茯苓 12 g。

按：本病多由热伏胸肺，痰浊阻滞，气滞血瘀，郁结成脓而致。治宜清热解毒，化痰排脓。基本方即用蒲公英、紫花地丁、败酱草、甘草清热解毒；而败酱草与桔梗、生薏苡仁、冬瓜子协同，又能清肺化痰，活血祛瘀，消肿排脓。其余清热解毒药如银花、连翘、黄连、鱼腥草，清肺化痰药如川贝、竹茹、葶苈子，消肿排脓药如乳香、没药、猪牙皂、桃仁等均可选用。

十五、对胃癌的认识和治疗

胃癌典型症状为上腹痛，上腹部饱胀不适，食欲减退，晚期出现厌食、体重减轻、进行性贫血、幽门梗阻、持续黑粪、腹水、上腹肿块、恶液质等。

本病属中医"伏梁""癥积""噎膈""胃反"等范畴。

基本方：石见穿 30 g，肿节风 30 g，丹参 15 g，煨莪术 12 g，枸橘李 15 g，白花蛇舌草 30 g。

加减：胸闷加佛手片、炒枳壳各 9 g；纳差加炙鸡金 10 g、炒谷麦芽各 12 g；腹胀加大腹皮、炒莱菔子各 12 g；便秘加瓜蒌仁 12 g、制大黄 6 g；

腹水加商陆 12 g、车前草 15 g；呕血加墨旱莲 15 g、血余炭 12 g；便血加生地榆 15 g、侧柏炭 12 g；疼痛明显加玄胡索、制香附各 12 g；痰食积滞加制半夏 9 g、焦楂肉 12 g；津少口干加石斛、天花粉各 12 g；呕吐较频加陈皮 9 g、代赭石 12 g；癥块坚硬加海藻 12 g、炙鳖甲 15 g，或炮甲珠 12 g；脾气虚弱加白术 12 g、补骨脂 12 g；正气不足加党参、生黄芪各 12 g，或河车粉 3 g（吞服）。

按：本病多由长期饮食不调，吞咽过急，或多食粗糙热燘，损伤胃腑，兼以情志怫郁，引火生痰，胶结不化，气滞血凝，瘀毒内生而致。治以理气消积，化瘀解毒为主。基本方用石见穿、肿节风、白花蛇舌草清热解毒，活血散结；丹参、煨莪术、枸橘[为芸香科枳属落叶灌木枳 Poncirus trifoliate（L.）Ra£. 的果实] 理气消积，祛瘀止痛。

其余常用于胃癌之清热解毒药如半枝莲、龙葵、铁树叶、向日葵、菝葜，理气消积药如厚朴、八月札、木香、丁香、山慈姑、槟榔，活血祛瘀药如三棱、三七、云南白药、急性子、失笑散，攻毒药如守宫、露蜂房、马钱子、木鳖子，软坚药如威灵仙、王不留行，止血药如白及、仙鹤草、槐花、地榆，降逆止呕药如姜竹茹、制半夏、藿香、柿蒂、旋覆花等均可选用。

常用方如香砂宽中汤、旋覆代赭汤、平胃散、香砂六君子汤、麦门冬汤等均可加减使用。

十六、对肠炎的认识和治疗

（一）急性出血性坏死性肠炎

典型症状为持续性腹痛伴阵发性加剧；腹泻；粪便带血，呈赤豆汤或果酱样，粪质少具恶臭；呕吐，发热，腹胀，脐周和上腹部有轻压痛。

本病属中医"泄泻"或"便血"等范畴。

基本方：生地 15 g，白头翁 15 g，银花 15 g，茜草 12 g，生米仁 15 g，黄连 4.5 g，甘草 3 g。

加减：发热加葛根 9 g、柴胡 9 g；腹胀加木香 9 g、厚朴 4.5 g；呕吐加姜竹茹 9 g、陈皮 9 g；腹痛较重加台乌药 12 g、制乳香 4.5 g，由蛔虫引起者加苦楝根 9 g；腹泻频繁去生地，加补骨脂、煨肉豆蔻各 9 g；便血量多加生地榆、槐花炭各 12 g，药后不止再加三七粉 3 g（吞服），每日 2 次。

按：本病多由湿热内蕴，化火结毒，甚则成脓或损伤脉络而致。治宜以清化湿热、凉血解毒为主，兼以排脓止血。基本方用白头翁、银花、黄连、甘草清热化湿，泻火解毒；生地、茜草凉血止血，行血祛瘀；生米仁渗湿排脓。其余清热解毒药如黄芩、穿心莲、胡黄连、大黄、败酱草、马齿苋，凉血止血药如炒山栀、侧柏叶、铁苋菜、地锦草等均可随症选用。

常用方有白头翁汤，黄连解毒汤，葛根芩莲汤，血府逐瘀汤，槐花散，四君子汤加活血祛瘀药。

（二）急性坏死性结肠炎

症见呕吐、腹泻、发热、腹痛持续性伴阵发性加重、腹胀、便血，早期肠鸣音亢进，渐趋减弱或消失，甚者出现肠梗阻及腹膜刺激症状。

本病属中医"肠风脏毒"范畴。

基本方：炒荆芥 9 g，黄芩 9 g，生薏苡仁 12 g，槐花炭 12 g，生地榆 12 g，败酱草 15 g，生侧柏叶 12 g。

加减：腹胀加木香 9 g；血热加生地 12 g；瘀多加当归 9 g；后重加炒枳壳 9 g；腹痛加白芍 12 g、甘草 3 g。

按：本病多由湿热互结大肠，气血凝滞，或腐败成脓，损伤脉络所致。治宜清化湿热，和血止血。基本方用败酱草、生薏苡仁、黄芩清热解毒，活血祛瘀，渗湿排脓；槐花炭、生地榆、生侧柏叶凉血止血。其余清热化湿药如黄柏、炒山栀、红藤、马齿苋、苦参，和血止血药如川芎、丹皮、桃仁、百草霜等均可选用。

常用方有清脏汤、脏连丸、芍药黄连汤、断红丸、槐花散等。

（三）慢性非特异性溃疡性结肠炎

症见腹痛、腹泻，粪便中含脓血和黏液，并有里急后重，排便后常获缓解，严重型可有发热、呕吐、食欲减退、贫血、多关节炎、吸收不良及消瘦等。

本病属中医"久泄""久痢""虚泄""脾泄""肾泄"等范畴。

基本方：党参 12 g，炒白术 12 g，五味子 4.5 g，补骨脂 12 g，吴茱萸 3 g，木香 9 g，炙甘草 3 g。

加减：寒重加熟附片 9 g（先煎）、炮姜 3 g；食滞加焦山楂 10 g、焦六曲 12 g；腹胀加大腹皮 12 g；腹痛加大白芍 12 g、炒玄胡 10 g；泄泻频繁，有湿热者加炒银花 12 g、炒扁豆衣 10 g；因气虚下陷者加炙黄芪 12 g、炙升麻 9 g；因虚寒滑脱者，加赤石脂 12 g、禹余粮 12 g，或诃子肉 9 g、石榴皮 12 g；黏液血便加当归 9 g、生地榆 10 g；里急后重加青皮 9 g、炒枳壳 10 g，或槟榔炭 9 g、熟军炭 9 g；寒热夹杂加黄连 3 g、黄柏 9 g。

按：本病初由湿热内蕴，脾胃受伤，渐至损及脾阳，终则脾肾两虚，运化无权；亦有湿热未尽，虚中挟实，或寒热并见。基本方用党参、白术、炙草补中益气，健脾燥湿；补骨脂、吴茱萸暖脾温中，补肾助阳；五味子益肾纳气，涩肠止泻。其益气健脾药如山药、炒扁豆、茯苓，补肾助阳药如益智仁、肉桂、煨肉豆蔻等均可选用。

常用方有参苓白术散、理中丸、四逆汤、四神丸、真人养脏汤等。

现用保留灌肠方：① 马齿苋 60 g，地榆、黄柏各 15 g，锡类散 0.6 g，煎浓汤 100 mL；② 苦参 30 g，大黄 15 g，五倍子 20 g，棕炭 18 g，冰硼散 1.5 g（后入调匀），煎浓汤 100 mL，均有一定作用。

（四）过敏性结肠炎

典型症状为腹痛腹胀，排气排便后缓解，腹泻便秘交替，便黏冻样或栗子状，伴有乏力、心悸、胸闷、失眠、尿频等神经官能症状。

本病属中医"痛泻""气泄"范畴。

基本方：白术 12 g，炒防风 9 g，大白芍 12 g，木香 6 g，广郁金 9 g，陈皮 6 g，甘草 3 g。

加减：偏寒加干姜 3 g；偏热去木香、陈皮，加黄芩 9 g，或炒川楝子 3 g；泻下水样，加苍术 9 g、炒车前子 12 g（包煎）；腹痛较重加制香附 9 g、青皮 6 g；久泻不愈，加炙升麻 9 g。

按：本病多由脾虚肝旺，肝脾失和所致。治宜柔肝健脾（培土泄木）法。基本方即用白术使脾补中；白芍、广郁金柔肝疏肝；木香、陈皮行气止痛；炒防风升清止泻。其余健脾药如山药、芡实，疏肝理气药如川楝子、金铃子、厚朴等均可选用。

常用方有痛泻要方、芍药甘草汤、逍遥散、金铃子散等。

十七、对结肠癌的认识和治疗

结肠癌临床多见大便习惯改变，粪便表面有少数血液和黏液附着，继之便血，里急后重感，体重减轻，贫血症状进行性加重，晚期出现黄疸、腹水、肠梗阻、肝肿大、大便失禁等。

本病属于中医"脏毒便血""肠风下血""肠覃""结阴""癥瘕"等范畴。

基本方：红藤 30 g，半枝莲 30 g，败酱草 30 g，槐角 9 g，生地榆 15 g，白花蛇舌草 30 g，天龙粉 4.5 g（分 3 次吞服）。

加减：腹胀加炒枳壳、厚朴各 9 g；腹痛加木香 9 g、炒玄胡 12 g；腹泻频繁加煨诃子 9 g、补骨脂 12 g；腹中有块加地鳖虫 12 g、红花 10 g；恶心呕吐加姜半夏、陈皮各 9 g；大便秘结加枳实、制川军各 9 g；便下脓血加银花炭 12 g，炮姜 3 g，或黄连丸 3 g（吞服）；气虚乏加炒党参、白术 12 g；血虚头晕加党归 10 g、二至丸 9 g（吞服）；元气大亏加紫河车粉 3 g（吞服）、红参 9 g（另煎冲入）。

按：本病多由忧思郁怒，脾土受侮，或饮食不节，久泻久痢，脾虚失运，湿热内生，下注大肠，滞留积聚，蕴毒不散所致。治宜清热解毒、软坚散结、活血祛瘀及理气化湿、健脾益气为法。基本方用红藤、半枝莲、败酱草、白花蛇舌草清热解毒，活血祛瘀；槐角、生地榆凉血止血，天龙散结止痛。

常用方有清肠消肿汤、黄连解毒汤、当归龙荟丸、槐花散、少腹逐瘀汤等。

十八、对肝癌的认识和治疗

肝癌典型症状为进行性食欲减退、消瘦、乏力、腹胀、肝区及上腹部疼痛，呕吐、腹泻、发热等。晚期可引起腹水、持续性黄疸等。

本病属中医"肝积""肝胀""膨胀""癖黄""癥瘕""积聚"等范畴。

基本方：丹参15 g，炙鳖甲12 g，露蜂房9 g，郁金10 g，半边莲18 g，失笑散9 g（包煎），白花蛇舌草30 g。

加减：发热加柴胡、青蒿各9 g；食减加炙鸡金9 g、炒谷麦芽12 g；疲乏加党参、白术各12 g；腹胀加木香、厚朴各9 g，阴虚火旺者减量；肝区痛加川楝子9 g、炒玄胡12 g；衄血加旱莲草15 g、炒蒲黄9 g；吐血加大黄炭6 g、仙鹤草30 g；便血加生地榆、血余炭各12 g；阴虚加生地15 g、北沙参12 g；腹水加车前子30 g（包煎）、蝼蛄4只（焙干研粉吞服，分2次送下）；黄疸加茵陈18 g、炒山栀9 g，或荷色草30 g；恶心呕吐加姜半夏9 g、陈皮6 g。

按：本病多因情志抑郁、气机不畅，或饮食所伤，热毒内蕴，日久导致气滞血瘀，肝脾两损，气阴俱虚而成。治宜清热解毒、活血祛瘀为主，兼用理气、健脾、滋阴、消黄、逐水等药；后期以扶正祛邪，忌长期或大量攻伐。基本方用半边莲、白花蛇舌草以清热解毒；露蜂房、丹参、失笑散攻毒散肿，活血祛瘀，止痛；郁金疏肝理气；炙鳖甲滋阴、散结、消痞。

常用方有逍遥丸、人参鳖甲煎丸、大黄䗪虫丸等。

据报道八月札、三棱、莪术、土鳖虫、水蛭、石见穿、茵陈、鳖甲、马尾连、夏枯草、穿山甲、虎杖、白花蛇舌草、肿节风、山楂、三七、半枝莲、当归、铁树叶、壁虎、木鳖子、红花等均对本病有抑制作用。其中黄疸用茵陈、虎杖、泽泻、大黄、栀子；脱水用了哥王［为瑞香科植物南岭尧花 Wikstroemia indica（L.）C.A.Mey］、龙葵、马鞭草、半边莲、杠板归、车前子，疼痛用雷公藤、青木香、八月札、三棱、当归、乳香有一定疗效。

十九、对胆石症的认识和治疗

胆石症多见突发性严重右上腹或上腹部疼痛，并可向右肩胛或肩部放射；恶心、呕吐、发热；平时胃灼热、嗳气、嗳酸、腹胀；中上腹饱胀感，食油腻食物更剧，胆总管结石伴有阻塞性黄疸表现。

本病属中医"脘腹痛""胁痛""胆胀""黄疸"等范畴。

基本方：金钱草30 g，柴胡9 g，鸡内金9 g，郁金9 g，枳壳9 g，制川军9 g，玄明粉12 g（冲）。

加减：疼痛较甚，由于气滞者加川楝子9 g，炒玄胡12 g，伴有感染时加板蓝根12 g、银花12 g、连翘9 g，痛有定处，迁延不止者加桃仁9 g、失笑散12 g（包煎）；湿热偏盛加炒山栀、黄芩各9 g、茵陈15 g；化火加黄连3 g、紫花地丁18 g；石大难出，试加威灵仙12 g、牛角粉30 g（温开水调匀，分2～3次吞服）。

按：本病多由湿热蕴结，肝气郁滞，热灼胆液，日久化为砂石而成；治宜清利湿热，利胆排石为主，佐以疏肝理气。故基本方用金钱草清利湿热，制川军、玄明粉通下，柴胡、枳壳、郁金疏肝理气；鸡内金运脾消食。其余清利湿热药如虎杖、马蹄金、酢浆草、黄柏、败酱草，行气疏肝药如厚朴、青皮、陈皮、制黄附等均可选用。

常用方有大柴胡汤、消石散、胆道排石汤、排石汤、利胆丸（片）、胆道排石汤一号、胆道排石汤二号等。

二十、对急性风湿热的认识和治疗

急性风湿热临床多见发热乏力，心率增快，食欲不振，多发性游气性关节痛，心脏尖病变。有上呼吸道的链球菌感染史。

本病属中医"痹证""历节证"范畴。

基本方：生地15 g，知母12，防风10 g，防己10 g，羌活10 g，赤芍12 g，忍冬藤30 g。

加减：热重加生石膏30 g（打碎、先煎）；湿重加苍术9 g，生薏苡仁15 g；胸痛加丹参15 g，郁金10 g；腹痛加生白芍15 g，甘草3 g；心悸加柏子仁12 g；心律不齐加党参12 g，炙甘草4.5～6 g；咽部红肿加板蓝根12 g，藏青果10 g。

按：本病多由风湿与热相搏，痹阻经脉而致。治法初宜清热化湿，祛风通络；日久不愈，邪传入心，则为心痹，治宜益气祛风，活血通瘀。基本方用忍冬藤、知母、羌活、防风、防己以清热、祛风、化湿；生地、赤芍活血通脉。其余清热化湿药如桑枝、黄柏、晚蚕砂、秦艽，祛风散寒药如威灵仙、海风藤、豨莶草、西河柳、乌梢蛇、细辛、麻黄、白附子、制川乌，活血通络药如当归、川芎、土牛膝、鸡血藤、松节、地龙干、丹皮、乳香、没药、红花、桃仁、虎杖等均可选用。

常用方有石膏知母桂枝汤、当归拈痛散、身痛逐瘀汤等。

二十一、对心律失常的认识和治疗

心律失常主要症状为心悸，心前区不适，自觉心律不规则，乏力，眩晕，气急，有的伴有血压下降、心力衰竭等。

本病属中医"惊悸""怔忡""卑惵""厥证""虚劳"等范畴。

（一）窦性心律失常

1. 窦性心动过速

基本方：生铁落 30 g（先煎），淮小麦 30 g，麦冬 12 g，柏子仁 10 g，生甘草 3 g，砾灯芯 3 g。

加减：气虚加太子参 15 g；血虚加当归 12 g、阿胶 9 g（烊冲）；津亏加北沙参 12 g、川石斛 10 g；痰火加炒山栀 10 g、瓜蒌 12 g；失眠加百合 12 g、夜交藤 15 g；头晕加珍珠母 30 g、钩藤 15 g（后入）；胸闷加郁金、炒枳壳各 10 g；足肿加车前子 15 g（包煎）；心火盛加黄连 3 g、竹卷心 9 g 或莲子心 9 g；心神不足加生龙牡各 30 g（先煎）；有甲亢史加生地 15 g、夏枯草 15 g；有冠心病史加丹参 15 g。

2. 窦性心动过缓

基本方：蜜炙麻黄 9 g，细辛 4.5 g，甘松 4.5 g，肉桂 3 g（后入），党参 15 g，炙甘草 4.5 g。

加减：血虚加当归 10 g、熟地 12 g；气虚加炙黄芪 15 g，头晕加川芎、白芷各 6 g。

（二）过早搏动

基本方：生地 12 g，旱莲草 15 g，桂枝 6 g，党参 12 g，炙甘草 6 g，麦冬 9 g，磁石 30 g（先煎）。

加减：气滞加郁金 10 g、降香 9 g（后入）；血瘀加丹参、失笑散（包煎）各 12 g；痰湿加制半夏 9 g、瓜蒌 12 g；失眠加炒枣仁 9 g、夜交藤 15 g；心悸明显加琥珀末 3 g（分两次吞服）；心火炽盛去桂枝，加竹叶 9 g、灯芯 3 g；阳虚偏甚去生地，桂枝改用肉桂 3 g（后入）、加热附片 9 g（先煎）；阴虚偏甚去桂枝，党参改用太子参 15 g，加白芍 10 g、五味子 3 g，或阿胶 10 g（烊冲）；气虚明显，加炙黄芪 12 g、白术 12 g；血虚明显，生地改用熟地，加当归 9 g；有风心因素，加桑枝 18 g、独活 9 g；有冠心因素加丹参 15 g；川芎 6 g；有病毒因素加大青叶、板蓝根各 15 g，有高血压因素去桂枝，加珍珠母 30 g、葛根 6 g；有甲亢因素去桂枝，加夏枯草 15 g，黄药子 12 g。

（三）房室传导阻滞

基本方：炙黄芪 6 g，川芎 9 g，全瓜蒌 12 g，薤白头 6 g，制半夏 9 g，生山楂 10 g。

加减：湿盛加炒白术、茯苓各 12 g；气滞加制香附 12 g、郁金 10 g；脉见结代去黄芪、山楂，加党参 12 g、桂枝 9 g、炙甘草 6 g。

（四）心房颤动

基本方：党参 15 g，苦参 15 g，五味子 3 g，桂枝 9 g，麦冬 12 g，炙甘草 6 g，炒枣仁 10 g，丹参 15 g。

加减：气虚较盛，党参改用红参 3～6 g（另煎冲入），阳虚较明显，加仙灵脾 15 g、干姜 4.5 g；血瘀加益母草 15 g。

（五）病态窦房结综合征

基本方：党参 12 g，桂枝 9 g，熟附片 9 g（先煎），枸杞子 10 g，麦冬 10 g，丹参 12 g，炙甘草 6 g。

加减：头晕，加川芎9 g；胸闷加郁金10 g，降香9 g（后入）；心悸甚，加生龙牡各18 g（均先煎）；阳虚明显，桂枝改用肉桂4.5 g（后入）；阴虚明显，去桂枝，党参改用太子参，加五味子3 g、北沙参12 g；昏厥时，抢救先服苏合香丸一粒（化服），随用参附汤浓煎灌服。

按：心律失常，系由先天不足，后天失调，或多种疾病引起心脏亏损，气血阴阳失调，或挟气虚生痰，血滞成淤而致。窦性心动过速系属心脾劳损，气血亏虚，阴不胜阳，脉束太过，虚火妄动，扰乱心神，治宜养心安神，清镇心火。故基本方用栀子仁、淮小麦养心安神；麦冬、炙甘草清心降火；生铁落、硃灯芯镇心宁悸。窦性心动过缓，则阳不胜阴，脉束不及，治宜挟阳通脉。故基本方以党参、肉桂、炙草益气挟阳；麻黄、细辛、甘松温通经脉。至于过早搏动，责在气阴不足，血脉失和，虚热内生，肝阳上扰，治当益气养阴，镇心平肝，而兼以通脉。故基本方即用党参、炙甘草补益心气，又用生地、麦冬、旱莲草以滋养阴血，并以磁石镇心平肝，酌配桂枝温通血脉，减轻炙甘草壅滞之性。而房室传导阻滞，则多为气血不和，又挟痰瘀痹阻所致，治当益气活血通淤，并温化痰浊，故基本方以黄芪、川芎益气活血，生山楂轻通淤滞，瓜蒌、薤白、半夏温化痰浊。心房颤动多属心营不足，气血失畅，心神不宁，治宜调畅气血、益营阳、温心阳，以通脉安神。故基本方用党参、炙甘草益气以畅血流；麦冬、五味子、酸枣仁养阴血，安心神；桂枝、丹参、苦参温心阳，祛瘀滞，通脉络。病态窦房结综合征多由心阳不足，脉络瘀滞。病虽在心，但与肝、脾、肾密切相关。治宜补养气血，调和阴阳为主，兼用化痰浊，祛瘀滞以宣通脉络。故基本方用党参、杞子、炙甘草益心气，养心血；桂枝、附子温经脉，振心阳；丹参活血祛瘀；配伍麦冬养阴液以制桂、附之温燥。

其余益气养血药如山药、红枣、阿胶、制首乌、鸡血藤，活血祛瘀药如三七、红花、赤芍、泽兰、生蒲黄、五灵脂，养心安神药如茯神、灵芝、柏子仁、合欢皮、龙眼肉、远志，养阴增液药如北沙参、玄参、玉竹、知母、天冬、楮实子、女贞子，补肾温阳药如桑寄生、肉苁蓉、菟丝子、益智仁、杜仲、仙茅、补骨脂、鹿角片、巴戟、锁阳、韭子，理气化浊除痰药如枳壳、沉香、苏梗、陈皮、厚朴、苍术、白芷等均可选用。

常用方有炙甘草汤、生脉散、天王补心丹、柏子养心丸、甘麦大枣汤、平补镇心丹、朱砂安神丸、酸枣仁汤、桂枝龙骨牡蛎汤、参桂术甘汤、桃仁红花煎、麻黄附子细辛汤、四逆汤、保元汤、右归饮、六味地黄丸、肾气丸、大补元煎、瓜蒌薤白半夏汤、丹参饮等。

二十二、对心功能不全的认识和治疗

(一) 急性心功能不全

急性心功能不全主要症状多为昏厥,数秒钟以上可出现四肢抽搐、呼吸暂停、紫绀;休克伴有静脉压升高、颈静脉怒张;急性肺水肿表现为高度气急,端坐呼吸,面色灰血,口唇青紫,大汗,咳嗽并咯出大量粉红色泡沫样痰。

本病属中医"怔忡""惊悸""喘证""痰饮""水肿""心痹""虚劳"等范畴。

基本方:桂枝 9 g,干姜 6 g,熟附片 9 g(先煎),白术 12 g,红花 9 g,葶苈子 30 g,茯苓 15 g,红参 6 g(另煎冲入)。

加减:汗多,加生龙牡各 30 g(均先煎);气促,加黑锡丹 9 g(分吞);阴虚,去附子、干姜,红参改用生晒参 9 g,加麦冬 12 g、五味子 4.5 g;紫绀,加丹参 15 g、当归 10 g。

(二) 慢性心功能不全

慢性心功能不全主要症状多为心力衰竭,表现为呼吸困难,咳嗽,肺郁血重者有咯血,紫绀,颈静脉充盈,肝肿大,下垂性水肿,甚者有胸水、腹水。

本病属中医范畴之病证同急性心功能不全。

基本方:生黄芪 15 g,葶苈子 15 g,熟附片 9 g(先煎),党参 12 g,丹参 12 g,益母草 15 g,炙甘草 4.5 g。

加减：尿少，加车前子30 g（包煎），或生大黄干粉3 g（分吞）；浮肿，加炒白术、茯苓各12 g；心悸，加紫石英15 g（先煎）、琥珀末1.5 g（吞服）；气喘，加蛤蚧粉6 g（肾虚用，分吞）、桑白皮12 g（肺实用）；胸闷痛，加降香9 g（后入）；阳虚明显，加肉桂3 g（后入）、补骨脂9 g；阴虚明显，去附片，加麦冬12 g、五味子3 g。

按：本病多由心气亏虚，心阴、心阳不足，血脉运行不畅而成，终至肺、脾、肾三脏均受影响。治法以养心益气、温肾通阳、活血祛瘀为主，兼用健脾、利水等药，并结合现代医学方法抢救。故治急性心功能不全基本方用红参、附子、干姜益气温阳，红花、桂枝活血通络，白术、茯苓、葶苈子健脾利水；治慢性心功能不全基本方用党参、黄芪益气，熟附片、炙甘草温胃、健脾、益心气，丹参、益母草活血祛瘀，葶苈子泻水空喘。

常用方有真武汤、生脉散、肾气丸、参附汤、苓桂术甘汤、桃红四物汤、四逆汤等。

二十三、对高血压病的认识和治疗

高血压病主要症状为头痛、头晕、失眠、记忆力减退、烦闷、乏力、心悸，甚者左心室肥大兼有劳损、心律失常、高血压脑病、肾毒症等。

本病属中医"眩晕""头痛""肝火""肝阳""肝风"等范畴。

基本方：珍珠母30 g（先煎），夏枯草15 g，钩藤15 g（后入），山羊角30 g（先煎），怀牛膝12 g，广地龙12 g，车前子15 g（包煎）。

加减：项强，加葛根15 g；目糊，加菊花10 g、草决明15 g；火盛，加黄芩12 g、炒山栀10 g，或龙胆草9 g；失眠，加熟枣仁15 g；便秘，加制川军9 g；阳虚，用肉苁蓉15 g；心悸，加磁石18～30 g（先煎）；嗜睡，加石菖蒲12 g；痰多，加瓜壳12 g、川贝粉3 g（吞）（热痰用），干竹茹10 g、炒山栀9 g（痰火用），制南星、苍术（湿痰用）各10 g；心火旺，加炒川楝子3 g，或莲子心10 g；肾阴虚，加山萸肉10 g、炒黄柏10 g或生地、热女贞各12 g；肾阳虚，加仙灵脾12 g，鹿衔草15 g；胆固醇高，加生山楂、泽泻各12 g；有高心病史，加丹参20 g、红花10 g；目衄鼻衄，加槐花 15 g、白茅根 30 g；脑血管硬化，加川芎 6 g、海藻 15 g；经前血压高，加茺蔚子 12 g。

按：本病多由情志失调、饮食不节，或起居失常，导致肝火上逆，或肝风内动而致。治宜平肝潜阳、降火化痰等法；日久肝肾阴阳失调，则宜育阴培阳、养肝补肾。故基本方用珍珠母、山羊角、夏枯草、钩藤平肝潜阳；怀牛膝引火下行；车前子、地龙干清肝利尿，舒通经络。其他养阴药如知母、龟板、玄参、鳖甲、白芍、五味子、麦冬，助阳药如仙茅、巴戟、潼蒺藜、菟丝子、补骨脂，平肝息风药如天麻、白蒺藜、生牡蛎、生石决，清热药如豨莶草、野菊花、桑叶，化痰药如制半夏、橘红、茯苓、枇杷叶，利尿药如木通、玉米须、防己，安神药如合欢皮、夜交藤、茯神、柏子仁，补肾药如桑寄生、杜仲、制黄精，养肝药如枸杞子、女贞子、旱莲草等均可选用。

常用方有天麻钩藤饮、复方首乌丸、二仙汤等。

二十四、对高脂血症的认识和治疗

高脂血症临床可见脑力、体力衰退，眩晕、头痛，消化不良，便秘与腹痛。查血胆固醇、甘油三酯增高，脂蛋白电泳图异常。

基本方：桑寄生 15 g，制首乌 12 g，生山楂 12 g，茵陈 30 g，生麦芽 12 g，泽泻 18 g，槐米 18 g。

加减：湿盛，加生米仁 15 g、陈皮 10 g；火盛，加炒山栀、菊花各 10 g；气滞，加莪术 12 g、郁金 10 g；血瘀，加茺蔚子 10 g、三七粉 3 g（吞服）；气虚，加党参、炙黄芪各 12 g；血虚，加当归 10 g；肾阴虚，加楮实子、杞子各 12 g；肾阳虚，加补骨脂、仙茅各 12 g；肝阳上亢，加珍珠母 30 g（先煎）、钩藤 12 g（后入）。

按：本病多由肝胆湿热，痰浊内阻，或脾肾不足，气血瘀滞所致。治宜清肝利胆，化湿祛瘀等法。基本方即用茵陈、泽泻、槐米清利肝胆湿热，生山楂祛瘀，桑寄生、制首乌益肾，生麦芽健脾。

常用方有三黄泻心汤、降脂片、平脂片等。

二十五、对紫癜的认识和治疗

（一）原发性血小板减少性紫癜

临床症见皮肤出现瘀点和瘀斑，齿龈出血，鼻衄，皮肤出血和月经过多等。

本病属中医"发斑""阴斑"等范畴。

1. 急性型

基本方：水牛角浓缩粉 6 g（吞服），生地 18 g，丹皮 10 g，紫草 12 g，大青叶 30 g，赤芍 12 g，甘草 3 g。

加减：发热，加银花 12 g、连翘 10 g；内热，加炒川楝子 3 g；齿衄，加知母 10 g、怀牛膝 12 g；热重，加生石膏 30 g（打）；鼻衄，加白茅根 30 g、藕节 12 g；关节痛，加桑枝 15 g、秦艽 9 g；食欲不振，加焦山楂 12 g、炒麦芽 12 g。

2. 慢性型

基本方：生熟地各 12 g，紫草 15 g，茜草根 15 g，阿胶 9 g（烊冲），丹参 12 g，鸡血藤 15 g，旱莲草 12 g，大枣 15 g。

加减：脾虚，加炒白术、怀山药各 12 g；血虚较甚，加当归 10 g；气虚较甚，加炙黄芪 12 g；肾阳虚明显，加熟附片 15 g（先煎）、桂心 5 g（后入）；肾阴虚明显，加知母、山萸肉各 12 g，火旺，再加炒黄柏 9 g。

（二）过敏性紫癜

初起症见疲倦乏力，头痛、低热，急性上呼吸道感染，而后皮肤出现紫癜，分布对称；关节酸痛肿胀，腹痛伴恶心、呕吐、便血，但无腹肌强直，甚者有血尿、蛋白尿、管型尿、水肿、血压升高等肾脏损害。

本病属中医"发斑""阴斑"等范畴。

基本方：生地 15 g，仙鹤草 30 g，生蒲黄 12 g（包煎），玄参 12 g，乌梅 4.5 g，甘草 3 g。

加减：腹痛，加白芍 18 g、木香 6 g；呕吐，加制半夏、炒竹茹各 10 g；血尿，加大、小蓟各 15 g，或鲜茅根 60 g。

按：本病初起多由热毒内炽，迫血妄行，溢于脉外，发于肌肤，日久可以导致肝、肾阴虚或脾肾阳虚。本病初起时治疗宜清热（泻火）解毒，凉血止血；日久则益气摄血，健脾益肾。故治急性型基本方以犀角地黄汤（水牛角浓缩粉代犀角）加大青叶、紫草、甘草，以增强凉血止血和清热解毒之功；慢性型基本方则用熟地、鸡血藤、大枣养血，生地、紫草凉血活血，阿胶、旱莲草、茜草根养阴止血。而治过敏性紫癜除用生地、玄参清血热，仙鹤草、生蒲黄止血溢外，更以乌梅、甘草收涩脱敏。

其余清热解毒药如炒山栀、虎杖、三白草，凉血止血药如生地榆、槐花、花生衣、土大黄、生侧柏叶、柿叶（研末，每服 1～1.5 g）、三七，滋阴药如天冬、生鳖甲、龟板、石斛、桑葚子、杞子，养血活血药如红花、川芎、益母草、泽兰叶，益气健脾药如党参、红参、黄精、茯苓，温阳药如仙灵脾、巴戟天等均可辨证选用。

常用方有犀角地黄汤、茜草根散、玉女煎、大补阴丸、六味地黄丸、当归补血汤、四君子汤、归脾丸、补中益气汤、附桂八味丸等。

二十六、对肾结石的认识和治疗

肾结石临床典型表现为腰部突然发作阵发性剧烈绞痛，并沿该侧输尿管向膀胱、会阴、大腿两侧放射，常伴有面色苍白、恶心、呕吐、冷汗，绞痛后可出现血尿。

本病属中医"砂淋""石淋""血淋"或"腰痛"等范畴。

基本方：金钱草 60 g，海金沙 15 g（包煎），冬葵子 15 g，广地龙 10 g，生鸡内金 12 g，滑石 30 g，王不留行 15 g，车前子 30 g（包煎）。

加减：尿血，加白茅根 30 g，瞿麦 12 g；腰疼，加桑寄生 18 g，怀牛膝 12 g；便秘，加制川军 9 g、玄明粉 12 g（冲服）；气虚，加党参、炙黄芪、台乌药各 12 g；肾虚，加胡桃肉 12 g（打）、菟丝子 12 g；肾绞痛，加生白芍 30 g、炒玄胡 12 g、生甘草 3 g；肾阴虚，加生地 15 g；肾阳虚，加肉桂 3 g（后入）；肾盂积水，加炒白芥子 10 g、炒莱菔子 10 g。

按：本病多因湿热蕴结下焦，化火灼阴，煎熬尿液，凝结成为砂石，影响气化不行，气血滞涩，不通则痛，或热伤脉络导致血尿。治法：实者宜清利湿热，排石通淋；虚者则配合补益肾气与肾阴、肾阳，以助鼓动砂石排出。故基本方用金钱草、海金砂、鸡内金消坚涤石，冬葵子、滑石、车前草清热、利尿、通淋，广地龙解痉，王不留行通利血脉，有助于砂石的排出。

其余清热利湿药如山栀、萹蓄、萆薢、泽泻、木通、茯苓、生苡仁、败酱草，通淋排石药，如海浮石、鱼脑石、川牛膝、石韦、木贼草、路路通，凉血止血药如荠菜花、大蓟、小蓟、生侧柏叶，补肾益气药如熟地、山药、山萸肉、鹿衔草、鹿角片等均可随症选用。

常用方有石韦散、泌尿排石汤、化石汤、凿石丸、肾石方、输尿管结石方、消食散、三全汤等。

川派中医药名家系列丛书

学术思想

雷载权

雷载权从事中药教学、科研和临床60余年，对以中药药性理论、中药配伍理论、中药功效理论等为核心的中药基本理论以及温病用药规律和相关治则治法均有独到见解。

（一）注重中药药性理论继承与创新

中药药性理论是中药基本理论的核心，反映药物作用的若干性质和特性，主要包括四气、五味、升降浮沉、归经、毒性、补泻、润燥、刚柔、走守等。雷载权对中药药性理论进行了系统研究。

1. 中药的四性

（1）基本含义

中药的四性是指药物的寒热温凉四种药性，也称为"四气"，反映了药物影响人体阴阳盛衰和寒热变化的作用效应和侧向。寒热温凉四性中，温热、寒凉属于两类不同的性质，温热属阳，寒凉属阴，其本质就是寒热二性。此外，还有一种平性，仅指作用缓和，寒热性质不显著。临床为区别四性程度的差异，某些药物还标以大寒、大热、微温、微寒的不同。

（2）标定依据

① 根据药物所治寒热病证的效应进行标定：能够减轻或消除热证的药物，一般属寒凉药性，如银花、连翘、石膏、知母、黄连、黄柏、大黄、生地等用于外感热病的治疗，能影响和改变机体所处的热性病理状态，消除各种热性病理表现，因而产生相应的寒性治疗效应，故这些药物被标以寒凉药性。如麻黄、桂枝、附子、干姜等用于寒性病证的治疗，能针对机体的寒性病理状态发挥作用，使各种寒性病理表现消失，从而产生相应的热性作用效应，故标以温热药性。

② 根据药物作用于机体的毒副反应进行标定：某些作用峻猛的药物，作用于机体后，出现类似寒热病证的病理表现，即药物的寒热毒副效应也成为药物四性标定的依据，如乌头、巴豆等药物中毒，产生热性毒副效应，而致局部皮肤发红、灼热，或全身发热、心动悸、脉数等，故将这些药物标为温热药性。又如大黄、黄连等药物能降低体温，而标寒凉药性。

③根据药物对脏腑气血功能的作用进行标定：某些药物对脏腑气血功能起促进作用，一般标为温热药性。如厚朴、枳实、木香、川芎、红花等理气活血药，能促进人体气血运行和通利血脉，多标以温热药性。某些药物对脏腑气血功能起抑制作用，一般标为寒凉药性。如石决明、磁石、白芍等平肝潜阳药，对肝的疏泄功能起抑制作用，多标为寒凉药性。

④根据药物的香臭作用于机体的感受进行标定：中药治病，主要是口尝身受，药物作用于人体，首先是感觉器官的感受，而某些药物对机体感觉器官的作用就成了药物四性标定的依据，如咀嚼薄荷，局部涂敷冰片，能使口腔黏膜和局部皮肤出现凉爽感，故标定为寒凉药性。又如服用生姜、大蒜、胡椒等能使身体发热、手足温暖，故标为温热药。

（3）临床作用

①消除寒热症状：具有寒热药性的中药，能针对寒热的典型症状，发挥直接的治疗作用。如柴胡为"清气退热必用之药"（《本草纲目》），现代药理研究也证明有确切的解热和降低正常体温的作用；又如附子、干姜等药能直接缓解和消除畏寒肢冷的寒性症状，现代研究也证明能延迟处于寒冷环境下动物的死亡时间。

②祛除寒热病邪：具有寒热药性的中药，通过祛除寒热病邪而发挥治疗作用，从而产生相应的寒热作用效应。早在《内经》时代，人们就认识到"寒淫于内，治以甘热""热淫于内，治以咸寒"。

③调整脏腑阴阳以除寒热：寒凉药能扶阴抑阳以制热，温热药能扶阳消阴以除寒，如《仁斋直指方》言："某药性寒，某药性温，温以调阳，寒以调阴，盖使阴阳调而得其正。"

（4）临床作用特点

①寒热药性中药对寒热病证的作用具有选择性：寒性中药能选择性地作用于热性病证而发挥疗效，热性药物能选择地作用于寒性病证而发挥效应，如大黄性寒，其通便泻下作用对热证便秘具有作用，而对寒性便秘疗效较差。实验也证明，大黄对阳虚阴寒证模型动物，不仅不能促进胃肠排空，反而抑制胃肠蠕动，造成肠内容物积滞。又如茵陈利胆退黄作用肯定，但性寒，对热证"阳黄"具有作用选择性，临床疗效较好，而对于寒证的"阴黄"疗效较差。临床研究也表明，单味茵陈对"阴黄"病人，不仅不退黄，

而且加重病情，但是，临床可针对药物的这种作用特点，选用不同寒热药性的药物配伍应用，发挥药物的作用专长，如《伤寒论》用附子配大黄治疗寒性便秘，《玉机微义》用附子、干姜配茵陈治阴黄。

②同一药性药物具体作用特点和部位不同：徐灵胎已明确提出"同一热药，附子之热与干姜之热迥乎不同；同一寒药，而石膏之寒与黄连之寒迥乎不同""药之寒热温凉，有归气分者，有归血分者"。雷载权强调临床必须根据寒热药物的作用部位特点随证选用，并且中药寒热温凉四性，只反映药物作用性质的一个侧面，尚需结合药物的其他性能特点、功能主治，才能全面理解，融会贯通。

2. 中药的五味

（1）基本含义

中药五味，就是辛、甘、酸、苦、咸五种药味。这既是药物内在物质活性的概括又是药物主要作用特点的概括。

最初，味由口尝而得，即口尝之味。然药物的滋味不止五种，还有淡味和涩味。由于长期以来人们将淡附于甘，涩附于酸，以合五行配属，故习称五味。随着医疗实践的发展，人们对用药经验不断总结，发现了药物的真实滋味与医疗作用之间的若干规律性联系，从而使中药五味主要成为药物作用的标志，即功能之味。如《素问·脏气法时论》中说"辛散、酸收、甘缓、苦坚、咸软"，就是五味治疗作用的早期归纳，以后代有补充。概言之，辛能散能行能润，甘能补能和能缓，酸能收能涩能敛阴生津，苦能降能泄能燥能坚，咸能下能软，淡能渗利。

（2）标定的依据及药味标定混乱的原因

中药五味由最初表示滋味，发展演变而为主要表示作用的概括。然而"五味说"的确立和发展，并不是说五味仅仅作为功能的符号而排斥口尝之法和滋味的成分，口尝辨味和按功能标味是药味标定的两种主要方法。此外，尚有按药物的来源、香臭、五行的属性标定药味。由于味的确定标准不一，加上其他种种原因，造成古今药味的记载差别很大。造成药物标定混乱的原因主要有以下几个方面：

① "味"的内涵不一:"五味说"的确定和发展使五味成为主要表示药物作用的概念,但在具体标定药物时,口尝滋味和按功能定味历来并存,如《景岳全书》记载"余少年时,每当用药,必逐件细尝,既得其理,所益无限"。又如《本草经解》谓"丹参味苦,能定心以治血分之病""又辛散而润泽,故能推陈而涤邪也"。其中苦是口尝而得,辛则是自功能分析而得,丹参之味辛苦,包括了口尝和推论两部分内容,就增添了问题的复杂性,加之药物功能之味,由于依据不一,同一药物存在不同的药味,同一药味针对不同药物含义各殊,造成古今药味记载有很大的出入。

② 味觉差异。当药物的滋味不典型时,不同的尝试往往得出不同的结论,如牵牛子,罗谦甫谓:"试取尝之,便得辛辣之味,久而嚼之,猛烈雄壮,渐渐不绝,非辛而何?"张寿颐则说"试细嚼之,唯其皮稍有辛味……当以《别录》之苦寒为正",是故造成药味的标定不一。

③ 古今药品名实变迁,品种混乱,入药部位不一。由于古今药品名实变迁,品种不同,入药部位不一,造成药味标定有别,如茵陈,《吴氏本草》:"因尘……生田中,叶如蓝,十一月采。"现代所用茵陈乃春天采的幼苗,黑绿多白茸,叶紧。

④ 药物功效的多样性。由于药物本身成分复杂,作用多样,药味也多种,医家从各自认识的角度出发,在决定药味孰主孰次、孰留孰弃时难以统一。如牛膝具有活血化瘀、补肝肾、健筋骨、引血下行等多方面功效,历代本草,有云"味甘能补"者,有云"味苦性降"者,有云"带涩能敛"者,有云"味咸"者,有云"味辛"者,有标二味、三味乃至四味者,皆不统一。

(3) 临床作用及局限性

中药五味理论是中药性能的重要内容之一。口尝之味,是药物产生效应的物质基础,功能之味是药物功用特点的概括。中药五味理论对指导中药临床应用、解释中药作用原理、辨证立法用药等均具有重要意义。

然而,中药五味的标定较为混乱,药味体系与功能体系有别,药物与化学成分不具备非常严格的规律性联系,造成五味不能完全概括药物的功能,不能准确地标示药物的作用,存在着很大的局限性。

对此，雷载权认为，应加强中药五味标准化的研究，通过现代化学、药理和临床的研究，揭示五味与化学成分、药理作用和临床效应的关系，扬弃错误部分，并在实践中建立新的、更符合实际的五味理论。

（4）性、味必须综合

每一种药物都具有性和味，两者之间有着不可分割的密切联系，必须综合考虑，才能较全面地认识和掌握药物的性能。如薄荷辛凉，辛能疏散，凉可清热，故可用于风热表证；紫苏辛温，辛能发散，温可除寒，主要有发散风寒作用，故用于风寒表证。

通常性味相同的药物，其主要作用大体相同，或有某些共性，但每种药物又都各有特性。如苦寒药物一般都有清热泻火作用，可以用于热证，这是共性，但在具体应用上却有较大差异。如黄芩、黄连、黄柏，性味均为苦寒，但黄芩以清肺热见长，黄连则以清心胃之火见长，黄柏又以泻相火和治下焦湿热见长。

因此，必须性味合参，掌握每药特性，才能较为全面而正确地发挥药物在临床上的治疗作用。

3. 中药升降浮沉

（1）基本含义

中药升降浮沉是指药物作用的趋向性。升和降、浮和沉都是相对的。其中升表示上升，即温煦、生发、舒展等；降表示下降，即泻利、清凉等；浮表示向外向上，即发散、祛寒、长养、推动等；沉表示向内向下，即收敛、闭缩、封藏、沉降等。一般具有升阳发表、祛风散寒、涌吐、开窍等功效的药物，都能上行向外，药性都是升浮的；而具有泻下、清热、利尿渗湿、重镇安神、潜阳息风、消导积滞、降逆、收敛及止咳平喘等功效的药物，则能下行向内，药性是沉降的。

（2）确定依据

① 确定中药升降浮沉的主要依据：升降浮沉是表示药物作用趋向，而药物的这种趋向性是针对疾病的病势趋向而发挥治疗作用。也就是说，药物的升降浮沉性能本身就具有显著的药效特性。凡具上行、发散、温养等

属阳性作用者,其性为升浮;凡具下行、向内、约束、封藏等属阴性作用者,其性为沉降。但有些药物作用趋势不明显,或具既有升浮的趋向,又有沉降的趋向,如黄芪补气升阳,实卫固表,作用趋向为升浮,而利水退肿的作用趋势为沉降。须分其主次,以所治病证长者为是。

②确定中药升降浮沉的参考依据。

一是四气五味与气味厚薄:李时珍提出"酸咸无升,甘辛无降,寒无浮,热无沉",后世医家据此认为,温热之品,辛甘之味,其性属阳,故主升浮;寒凉之品,酸苦咸味,其性属阴,故主沉降。然中药性味标定本身存在着一定程度的混乱和不统一,四气五味不能准确地标定药物的作用趋势,如巴豆辛热,芫花辛温,而其功效均为峻下逐水,故性当沉降而非升浮。故四气五味与气味厚薄仅作为标定中药升降浮沉的参考。

二是药物质地轻重、药用部位。张元素谓麻黄"体轻清而浮升",石膏"体重而沉",并提出"根升梢降"。李时珍在此基础上又提出"一物之中,有根升、梢降,生升、熟降"。后世医家据此认为,花叶、质地轻扬的药物升浮,子实、质地重浊的药物沉降。然而,质地轻扬的竹叶、夏枯草、茵陈蒿并非升浮,质地沉重的补骨脂、胆矾并非沉降;旋覆花、槐花、款冬花等性属沉降,蔓荆子、荔枝核等性属升浮。故将药物质地轻重、入药部位作为升降浮沉的确定依据不具普遍意义,仅作参考。

三是药物的作用部位。古人发现,作用于上焦或巅顶头目者,多有升浮之性,如解表药、开窍药等;作用于下焦或腰膝者,多具沉降之性,如泻下药、利尿药等。但这并不具普遍意义。如朱砂、酸枣仁等宁心安神,作用部位在上焦,而性为沉降,附子、肉桂等温补肾阳,作用部位在下焦,而性却升浮。故仅作中药升降浮沉标定之参考。

(3)控制转化

药物升降浮沉的性能可以控制和转化,主要受炮制和配伍的影响。如李时珍所说:"酸咸无升,甘辛无降,寒无浮,热无沉,其性然也。而升者引之以咸寒,则沉而直达下焦;沉者引之以酒,则浮而上至巅顶……是升降在物亦在人也。"

①炮制的影响:某些药物经过炮制后,能改变药物作用的趋向,使中

药升降浮沉的性能发生转化，一般经酒制升提，姜制温散，盐制下行，醋制收敛，炒炭止血，如荆芥升浮，具发汗解表之力，经炒炭，发散之力消失，而出现收涩止血的作用，性属沉降。

② 配伍的影响：性质升浮的药物配伍较多的沉降药物，可以导之下行；性属沉降的药物配伍较多升浮的药物，则可使之上升。如桂枝发汗解表，温经通阳，性本升浮，但配伍杏仁、厚朴则降逆平喘，配伍茯苓、泽泻通利小便。如柯韵伯说："桂枝本营分药，得麻黄、生姜，则令营气外发而为汗，从辛也；得芍药，则收敛营气而止汗，从酸也；得甘草，则内补营气而养血，从甘也。"

（4）临床应用

① 针对病势，调理恢复脏腑气机：各种疾病在病机和证候上，常常表现出向上（如呕吐、喘咳）、向下（如泻利、崩漏、脱肛）或向外（如自汗、盗汗）、向内（如风寒表证）等病势趋向。而药物的升降浮沉性能，正是针对疾病的病势趋向，抑制或改善相应的病势，以调理恢复脏腑气机，达到治疗疾病的目的。这些是中药升降浮沉临床应用的核心部分。

② 因势利导以祛邪外出：所谓因势利导，就是指选用相应的药物，顺应人体对疾病所具有的自愈趋势加以引导，助其一臂之力，以祛邪外出。如麻疹初期，疹毒当以向外透发为顺，这是人体祛邪外出的一种自愈趋势。若遇疹发不畅者，多因邪气闭阻于肌腠皮毛，可选用升麻、葛根之类轻扬升浮之品，因势利导，以助疹毒透发。

③ 顺应脏腑生理特点，调理调养脏腑气机：利用药物升降浮沉之性，顺应四时及昼夜脏腑的生理特点，调理脏腑气机升降。在治疗上，首先考虑人体阴阳的偏盛偏衰，根据"寒热温凉则逆之"的原则选用药物，同时考虑人体气机的升降，根据"升降浮沉则顺之"的原则用药。养生方面，利用药物升降浮沉之性，顺应四时之气，调养气机，如李时珍云："升降浮沉则顺之……故春月宜加辛温之药，薄荷、荆芥之类，以顺春升之气；夏日宜加辛热之药，香薷、生姜之类，以顺夏浮之气；长夏宜加甘苦辛温之药，人参、白术、苍术、黄柏之类，以顺化成之气；秋月宜加酸温之药，芍药、乌梅之类，以顺秋降之气；冬月宜加苦寒之药，黄芩、知母之类，以顺冬沉之气。所谓顺时气而养天和也。"

4. 中药归经

（1）基本含义

归，指药物作用于人体部位的归属；经，指人体的脏腑经络。归经就是指药物对人体不同部位的选择性作用。

药物进入人体，在作用部位上常表现出一定的偏性，即药物的治疗作用一般都是通过特定的部位发挥效力。药物归经就是这种偏性的表现形式，如同属寒凉药，虽都具清热作用，但作用范围不同，或偏于清肺热，或偏于清肝热，各有所长；同为补益药，也有补脾、补肺、补肝、补肾的不同。

在中药归经内涵的探讨中，历代医家尤以引经药的含义争论为甚。一种观点认为，引经药不但本身能归某经，而是能引导其他药物归某经。另一种观点认为，引经药即引子药。实际上，引经就是中药归经理论的一部分，只不过引经药对机体某部位的选择性作用更明显而已。引经药能引诸药直达病所，不符合临床实际，引经药即引子药乃医者之误。引子药是在临床用药中由于某些药材部门不经营，医生让病人自己加入药方中的一些药物，如竹叶卷心、生姜、葱白等。故这些错误说法与归经理论相悖，不能指导临床用药，应当摒弃。

（2）确定归经的主要依据

① 药物所治病证的病位是确定中药归经的主要依据。

一是药物所治病证的脏腑归属为中药归经的确定依据：以直接治疗本脏本腑的病变为依据来确定中药归经。如治疗咳嗽、气喘的中药归肺经，治疗心悸怔忡的中药归心经，治疗阳痿、遗精的中药归肾经，治疗胁肋胀痛的中药归肝经，治疗食少、便溏的中药归脾经。以治疗脏腑所主的组织器官的病变为依据来确定中药的归经，如治疗筋脉病变、治疗目疾的中药归肝经，治疗骨髓病变、治疗耳疾的中药归肾经。

二是药物所治病证的经络归属为中药归经的确定依据：经络和脏腑是一个不可分割的整体，因此，治疗经络所及部位的病变也是治疗脏腑所主的组织器官。如"胃经起于鼻翼旁，挟鼻上行，左右侧交会于鼻根部，旁行入目内眦，与足太阳经相交，向下沿鼻柱外侧，入上齿中，还出，挟口两旁，环绕口唇，在颏唇沟承浆穴处左右相交，退回沿下颌骨后下缘到大迎穴处，沿下颌角上行过耳前，经过上关穴，沿发际，到额前"，故治疗前额头痛、牙龈肿痛等胃经所达之处病变的药物归胃经。

② 药物的形、色、气、味、体、质等自然属性为确定中药归经的参考依据。

一是以五味配五脏来确定中药归经。《内经》时就把五味配五脏，用以说明脏腑的生理与药物的性能。后世将它作为确定药物归经的依据之一，以辛入肺、苦入心、甘入脾、咸入肾、酸入肝来标定药物的归经。如陈皮、紫苏、麻黄味辛归肺经，黄芪、甘草、党参味甘而入脾经，山茱萸、酸枣仁、乌梅味酸而入肝经。此种标定，有部分药物符合客观实际，但不具备普遍意义，如龙胆草味苦并不归心经，故仅作参考。

二是以五色配五脏来确定药物的归经。以色白入肺、色赤入心、色黄入脾、色青入肝、色黑入肾来确定药物的归经。如白及色白入肺经，朱砂色赤入心经，黄芩色黄入脾经等。但此种标定方法不具普遍意义，如麻黄色黄而归经并不在脾。因此，以五色配五脏来标定药物归经的方法并不可取，仅作参考。

三是以五气配五脏来确定药物的归经。《内经》有五气五入的记载，如有臊气入肝，焦气入心，香气入脾，腥气入肺，腐气入肾的说法。如消食药，古人强调炒香使用，认为炒香可增强入脾的作用，即"香气入脾"。但现代研究，消食药经高温炒后，所含有效成分消化酶易于分解而影响疗效。由此可见，以五气配五脏来确定药物归经不具普遍意义，仅作参考。

四是以药物的质地、形态等特征为依据来确定药物的归经：以质之轻者，上入心肺，重者下入肝肾。如质地重坠之牡蛎、磁石能沉坠入肝肾，而标肝肾经，质地轻清之灯草、竹茹则能上浮入肺而标肺经。又如连翘形似心而归心经，枯芩中空似肺之象而归肺经等，此种标定方法多采用取类比象的方法，不能揭示药物归经的普遍规律，仅作参考。

（3）中药归经的临床应用

① 指导临床准确用药：按照归经原则选择用药，有助于提高"论治"的准确性。如同是寒凝气滞的腹痛，但因疼痛部位不同则应根据药物的归经选择不同的药物，痛在大腹，位在足太阴脾、足阳明胃经，则选用归脾经的干姜、丁香，痛在少腹，甚则牵引睾丸，病在足厥阴肝经，应选用归肝经的吴茱萸、小茴香、荔枝核等。

② 指导临床合理地选用炮制品种：根据五味与归经，指导临床合理地选用炮制品，如酸入肝，肝气不舒、胁肋胀痛者，选用醋炒柴胡、香附，增强舒肝止痛作用；又咸入肾，肾阴虚火旺，心烦骨蒸潮热者，选用盐炒黄柏、知母，增强其入肾泻火作用。

③ 指导临床发现中药的潜在功效：以药物归经为线索，可以探索和发现某些药物的潜在功效，如近年来从清肝、平肝药物中，发现不少降血压药，从补肝肾药物中发掘不少抗衰老药物。

5. 中药五脏苦欲补泻

（1）基本含义

五脏苦欲补泻理论是针对五脏病理改变而提出相应治疗用药原则的学说。五脏苦欲补泻的补泻，与一般虚实补泻的概念不同，不能用"虚则补之，实则泻之"，即扶正、祛邪来解释。五脏苦欲补泻中的补泻，实为有利者为补，不利者为泻。因此，五脏苦欲补泻的基本含义可概括为：在机体处于某种病理改变情况下，凡有利于五脏恢复正常生理平衡的药物作用便是补，不利于五脏恢复正常生理平衡的药物作用便是泻。五脏苦欲补泻的基本出发点就是针对五脏系统病理改变而辨证用药，使五脏系统失调的生能机能恢复正常。

（2）理论依据

五脏苦欲补泻主要是以脏象学说为理论基础，以药物自身的性能为标定依据。

① 脏象学说是其理论基础：人体是以五脏为中心的五个子系统形成的有机联系，这就是人体的基本结构。生理状态下，机体五脏系统存在着趋利避害的机能系统，保持"阴平阳秘"。病理状态下，这种趋利避害机能则不能发挥应有的正常作用。因此，药物在治疗疾病时，一定要使机体五脏系统的趋利避害功能得以恢复，发挥应有的作用。

临床在应用中药五脏苦欲补泻时，必须根据脏象学说，认识和理解五脏的正常生理功能，才能明确治疗目的，也就是趋利避害，如丹波元简所谓，"就五脏之本性而言补泻"，就是对五脏苦欲补泻理论基础的高度概括。

② 药物性能为其标定依据：五脏系统发生疾病，就是生理功能出现了偏差，而药物的作用就是纠偏，使其恢复正常的生理功能，正如张景岳所说："药以治病，因毒为能，所谓毒者，以气味之有偏也……气味之偏者，药饵之属是也，所以去人之邪气。"因此，针对五脏系统的病理变化，根据药物的偏性，有利于恢复五脏生理平衡作用的药物，标为补，不利于机体恢复正常生理平衡的药物为泻。

（3）临床意义

① 指导临床五脏病证用药：中药五脏苦欲补泻的精神实质就是根据五脏的病理改变，全面考虑药物的多种作用，指导医者选择有利于机体恢复正常生理平衡、避免不利于五脏病证消除的有效药物，从而更有效地指导临床五脏病证用药。

② 提高临床疗效，减少副作用：由于五脏病证的复杂性，药物作用的多样性，必须在中药五脏苦欲补泻用药原则的指导下，有针对性地选择药物，从而提高临床疗效，减少副作用，如感受风寒引起咳喘、鼻塞，因肺主气，主宣发肃降，其病理改变为风寒袭肺，肺失宣降，气逆而咳，因此选择用药时，依据五脏苦欲补泻用药原则，常选用宣肺散寒的麻黄、杏仁、苏子等。但如果感受风寒而出现腹痛、泄泻、纳呆者，病在脾胃，此因脾之运化失常，升清功能障碍所致，则不选麻、杏之类，常选苍术、厚朴之属。

总之，中药五脏苦欲补泻具有重要的临床意义，正如李中梓《医宗必读》所言："夫五脏之苦欲补泻，乃用药第一义也，不明乎此，不足以言医。"

（4）中药五脏苦欲补泻与中药补泻性能的区别

中药的补泻性能也就是常说的药物虚补实泻的作用，它主要是从药物与邪正的关系这个特定角度来概括，反映药物在影响人体虚实盛衰变化方面的作用倾向。凡以补益精微、扶助正气、治疗虚证为主要功效的药物，其性属补，以驱逐邪气，消除亢盛，治疗实证为主要功效的药物，其性属泻。而中药五脏苦欲补泻中的补是指有利于五脏恢复正常生理平衡的药物作用，泻是指不利于恢复正常生理平衡的药物作用。所以二者是独立存在的，相互不能替代。临床用药时在认识药物补泻性能的基础上，必须注意把药物的补泻性能和五脏苦欲补泻结合起来，才能正确认识药物，指导临床合理用药。

（二）注重中药配伍理论继承与创新

1. 中药寒热配伍

针对临床寒热错杂之证极为常见，应用寒热配伍治疗寒热错杂的方剂为数不少，但对寒热配伍规律研究片面等情况，雷载权指导研究生对寒热配伍的基本含义、目的、特点和作用进行了系统研究。

（1）寒热配伍的含义

将寒性中药与热性中药组合使用，从而增强疗效、降低副作用的配伍，称为中药寒热配伍，如麻黄与石膏配伍治疗表寒里热，黄连与干姜配伍治疗中焦寒热错杂等。

（2）寒热配伍的目的

① 治疗寒热错杂病证：由于感邪的性质有别、患者体质有异，临床易出现寒热错杂的表现，如表寒里热、上寒下热、上热下寒、胃寒肠热等，若单用寒性药物，则只能除其热；单用热性药物，只能治其寒，不能全面照顾病情，故当选用适合病情的寒性药物与热性药物配伍，以达寒热并除的目的。

② 达到去性存用的效果：如治疗寒积便秘，非温热药不能化其寒凝，非攻下药不能除其满实，故仲景选用大黄与附子配伍，以附子除其寒，大黄泻其实。又如治疗胃热呕吐，吴茱萸与黄连配伍，黄连治/制其热，吴茱萸降胃气止呕吐。

（3）寒热配伍的特点

在众多的临床应用和寒热配伍方剂中，形成相对固定的药对，如麻黄与石膏、桂枝与大黄、芩连与姜夏、黄连与吴茱萸、大黄与附子、大黄与当归、栀子与干姜、川楝子与吴茱萸等。总体来看，大多属于苦寒与辛温配伍，苦能"泄"，寒能清热，辛能宣散，温能祛寒。

2. 中药反佐配伍

针对反佐配伍缺乏深入系统研究等情况，雷载权指导研究生对反佐配伍的含义、特点、作用机理、使用原则及适应病证等进行了研究。

（1）反佐配伍的含义

"反佐"一词首见于《内经》，历代医家对《内经》所论的"反佐"

看法不一。雷载权认为，《内经》所指"反佐"就是中药的反佐配伍，其不同于中药的寒热配伍，也不同于中药七情中的"相须相使配伍"，是指与主要药物作用特性相反的少量反佐药物，能协助主要药物发挥疗效，治疗病性或病变趋于单一病证而呈相反相成作用的配伍方式。

（2）反佐配伍的特点

反佐药必须具有与主药相反的功效特性，这种功效特性与病性或病变趋向一致；反佐药与正治药相比，用量小，甚至低于一般常用剂量；反佐配伍的药味少，如滋肾丸中肉桂，其用量小于黄柏、知母，药味亦少；反佐药的功效特性与病性或病变趋向一致。

（3）反佐配伍的作用机理

① 顺应脏腑的生理特点：人体是一个有机整体，存在强大的自身稳定力，在治疗疾病时，如药物的功效特性与机体某脏腑生理特性相违逆，就会妨碍机体自身功能的协调平衡，不利于疾病的痊愈，此时配伍能顺应脏腑生理特性的药物，能激发机体自身的抗病能力。

② 调节机体升降运动功能：人体气机的升降、气血的运动必须协调平衡，才能维持机体正常的生理活动，防止单独用升或降、用行或止的药物影响升降运动的固有生理特性。如治疗中气下陷的补中益气汤少佐陈皮，反能助人参黄芪益气升提。

③ 防治火热郁结：热者寒之，是中医治疗火热病证的基本法则，一般情况下，辛温之品当属禁忌。然在火热证病理过程中，火热易致郁结，而"郁"又为致热之因。对此，《内经》有"火郁发之"的治疗原则。张景岳治疗胃火上炎牙龈肿痛的二辛煎，重用石膏清泻胃火，反佐细辛，发散郁火。

④ 消除寒热格拒：阳虚阴寒内盛之证，或有阴盛格阳者，骤用大剂量热药，会出现拒热药而不纳的现象，服药后反呕吐药汁，或药虽对证而疗效不佳，稍佐寒药或热药冷服，能消除寒热格拒，发挥热药的治疗作用。

（4）反佐配伍的使用原则

张景岳谓"正治不效亦反""病能格药者宜反""火极似水者宜反""寒极反热者宜反"，雷载权认为，一些常法久治不愈的疑难病症、危重证候，中药反佐配伍，可以发挥独特疗效。

（三）注重中药功效理论继承与创新

中药功效是临床中药学区别于传统本草的重要特征，是联系中药性能与应用的桥梁，是理、法、方、药一体化的纽带，是临床中药学学科建立的标志。雷载权40年来，一直致力于中药功效理论的研究，从中药功效的基本含义、分类、历史沿革、与性能的关系、局限性等六方面进行了研究，从而形成了比较完整的临床中药功效理论体系。

1. 中药功效的基本含义

中药功效是应用中医药理论对中药治疗、预防、养生作用的概括。中药功效是药物医疗作用在中医领域内的特殊表达形式，但中药功效并不等同于中药的作用，中药的作用不仅包括中药功效，还包括中药的毒副作用，以及其他的用途，如乌头"杀禽兽"（《本经》）、毛茛"杀蛆"（《中药学》第五版教材）等，故中药功效只是中药作用的一部分。

2. 中药功效的分类

中药包括众所周知的治疗疾病的作用和针对"无病状态"的人发挥预防疾病或养生效用。故中药功效总的分为治疗功效、养生功效两大类。

（1）中药治疗功效

东汉许慎《说文解字》谓"药，治病草也"。可见，中药最主要的用途是治病，其治疗功效是中药功效的主流。其治疗功效又分为消除疾病发生的原因、发挥治本作用的对因治疗和改善疾病症状、发挥治疗作用的对症治疗功效。

① 对因治疗功效：对因治疗功效是祛除病邪，消除病因，恢复脏腑功能的协调，纠正阴阳偏盛偏衰的病理现象。简言之，即祛邪去因、扶正、调理脏腑功能。如麻黄发散风寒，常山截疟等属祛邪去因功效；人参大补元气，当归补血则属扶正功效；二柴胡疏肝解郁，石决明平肝潜阳等则属调理脏腑功能。

中药治疗功效的认识和总结是在中医理论指导下进行的，辨证论治是中医认识疾病和治疗疾病的基本原则，中药治疗功效在认识上的成熟正是由于将中药医疗作用与中医"证"有机地联系在一起,使理、法、方、药成为真正统一整体。也就是说,现有中药中很大一部分功效实际上是直接针对中医所特有的"证"而总结形成的。如果从这一角度去理解重要对因治疗功效,其中绝大多数功效属"对证"功效。具体地说,扶正功效、调理脏腑功能功效及多数祛邪去因功效均属"对证"功效。只有少数祛邪功效不属于"对证"功效,如常山截疟、仙鹤草芽杀绦虫只能算单纯"祛邪"功效。

② 对症治疗功效:由于药物作用的多样性,中药治疗功效中还存在一类能消除或缓解患者自觉痛苦或临床体征的特殊效用,即对症治疗功效。这一作用,无论是从古代医疗文献的记载、古今临床应用实例,还是根据现代药理、药化研究结果,均可证明其客观存在。如麻黄平喘、生姜止呕、玄胡索止痛、三七止血皆属"对症"功效。

(2)中药保健功效

中药保健功效是在中医药理论指导下,对中药预防或养生保健作用的概括和总结。

① 中药预防功效:中药预防功效是治疗作用的延伸,但与治疗功效有本质的区别。治疗功效是针对疾病,而预防功效是应用中药治未病,是使"无病机体"保健健康。一般采用的方式是用一些中药烟熏、洗浴、佩戴以及内服发挥防病作用。如屈原《离骚》"扈江离与辟芷兮,纫秋兰以为佩"。又如《本草纲目》记载,苍耳"为末水服,辟恶邪,不染疫疾"等。

② 中药养生功效:中药养生源远流长,早在《神农本草经》就记载了大量养生延年的药物。如灵芝"久食,轻身不老,延年"(《本经》)。现代研究表明,灵芝能明显延长家蚕的生命时限以及果蝇的平均寿命,具有延缓衰老的作用。

但必须指出,在养生保健方面,精神保健、饮食保健、运动保健在养生保健中占有重要地位,药物保健仅起辅助作用。生、长、壮、老、已是不可抗拒的自然规律,中药养生作用只是尽可能有效地预防疾病、促进健康或增强体质、延缓衰老。同时,应用药物时,还应根据身体状况合理应用,不可滥用,否则反而有损健康。

3. 中药功效与性能的关系

（1）功效与性能一致

中药中多数药物的寒热温凉是根据其所治疗疾病的寒热属性划分的。如黄连、石膏等能减轻或消除热症，故性标寒凉；反之，附子干姜之类，能消除或减轻寒症，药性则标以温热。药性与功能一致。

药物的实际滋味与功效一致，如薄荷、紫苏、川芎等味辛，能行，能散。而实际滋味与功效不一致的药物，以功效反推"药味"，以"味"代表药物功效的符号，则功效与"味"统一，如升麻实际微苦，然因发表透疹而标辛。药味与功效统一。

中药归经实际上是指药物功效作用对机体某一部位的选择性，如麻黄归肺、膀胱经，人参归脾、肺经等。归经与功效一致。

多数药物升降浮沉是以药物功效为依据标定的，即与疾病的病势趋向相对而言。凡能改善或消除病势向上、向外（如咳喘、呕吐、自汗、盗汗等）的药物相对来说性属沉降；反之，能改善或消除病势向下、向内（如脱肛、表证不解等）的药物相对来说性属升浮，这是升降沉浮与功效关系一致。

（2）功效与性能相关

临床上并非所有的疾病都有明显的寒热证象，有些疾病既非寒证，又非热证，治疗这类疾病的药物在四气的标定上出现了困难。为解决这一问题，前任从所治疾病的阴阳属性上划分药物四气，即治疗属阳性疾病的药物（如平肝潜阳药）一般标寒凉，而治疗属阴性疾病的药物（如活血化瘀药）则一般标温热。如红花、川芎之温均是从所治疗疾病的属性上标定的，其温不能助热，亦不能祛寒。

另外，理论上要求一药只能标一性，但药物的作用是多样的，这就不可避免地出现单一药性与众多作用之间的矛盾，实际上就造成了药性与几种作用中某一作用存在着对应关系。这种关系可能是相互统一的，也可能是相关关系。如麻黄性温主要是根据其发汗解表、治疗风寒表证这一功效标定的，所以其温与麻黄之降逆平喘、利尿作用无直接关系。

（3）功效与性能无关

中药性能标定依据的多元造成部分药物性能与功效不统一，两者无关。

如冰片,《海药本草》标微温,《本草经疏》《本经逢原》标温,张元素言热,然冰片实际功效为清热解毒,药性与功效无关。又如地骨皮之淡、山楂之酸、鱼腥草之辛,与实际功效无关。再如"百草霜、釜底墨、梁上倒挂尘,皆是烟气结成,但其体质有轻虚结实之异。重者归中下二焦,轻者入心肺之分"(《本草纲目》)等,性能与功效无关。

4. 中药功效认识的局限性

中药功效归纳采用"有诸内必行诸外"的黑箱方法,说理采用取类比象等自然哲学思辨的方法,造成中药功效理论的局限,如乌梅、诃子药性收涩,对久泻久痢、正已虚而邪不甚者,可发挥"涩肠止泻"功效。而对痢疾之初、正盛邪实,单纯收敛之品有"闭门留寇"之嫌,故宜禁用。然实际情况并非如此,《本经逢原》乌梅"今治血痢必用之"。临床应用表明,乌梅与诃子两种药物对痢疾早、中、晚期均有较好疗效。怎样看待乌梅、诃子治痢作用?在"涩肠止泻"不能包容这一主治时,是否该由这一新应用提炼功效,这有待认识的进一步深入与统一。又如大蒜,从《别录》始即认为其性"温",且古人对大蒜辛温之性非常强调。但大蒜对湿热痢疾疗效卓著,对于热毒疮痈,内服外用均有较好疗效。对这些应用,怎样归纳出功效,可能有待理论的深化和突破。另外,"对证"功效在遵循"异病同治"时,不可避免地要忽略疾病的特殊性,治疗上必然有一定的局限性,而这种局限性本当由"对病"功效予以弥补,但是,金元时期学术争鸣,促使当时论治模式从辨病论治向辨证论治转换,从而使"对病"应用内化为"对证"等功效没有独立发展起来,产生局限。

此外,由于现代科学的介入,新中药品种,中药新的药用部位、新功能、新制剂、新的给药途径等也在不断地被发现、被认识,而表达的形式却是现代科学术语。如苦参升白细胞,青皮、枳实升压抗休克,绞股蓝降血脂,红景天抗疲劳等,这些传统中药功效所反映出的理论上容量的不足是一门古代科学相对于现代科学必然的局限。

因此,雷载权认为,中药功效理论还有待完善,存在的问题应进一步探讨,以更好地指导临床中药学的发展。

（四）注重临床用药规律继承与创新

雷载权从医 50 年，执教 40 载，深研临床用药规律。尤其对汗法、下法、补法，以及温病卫气营血的制法遣方颇有研究。

1. 解表用药规律

（1）辛温发汗透邪与解表

《黄帝内经》对表证的治法有不少明确论述，如《素问·阴阳应象大论》曰："其在皮者，汗而发之。"汉代张仲景在《伤寒论》中说麻黄汤、桂枝汤均为辛温解表的方剂。宋代韩祗和在其《伤寒微旨论》明确提出表证有两大类型，必须分别论治。解表的药物亦分为发汗显著的"发表药"和发汗不明显的"解表药"两类，即"发表药者，桂枝、麻黄、荆芥、枣、葱、当归、附子、干姜之类是也"，"解表药者，石膏、甘草、芍药、生姜、豆豉、薄荷、柴胡、葛根之类是也"。至此，解表法已从最初的"解表=汗而发之"的认识模式转变为"发表（辛温解表）——不务汗多为法"与"解表（辛凉解表）——非谓求汗出而愈"的新型认识模式。至此，解表既包括了辛温发汗透邪，而又不仅限于发汗透邪。

（2）清热解毒与解表

从《伤寒论》开始，在注重辛温发汗透邪的同时，寒凉清热的药物已开始被用于表证的治疗中。金元以刘河间为代表的"寒凉派"强调寒凉清热解毒药物在外感病中的运用，刘氏治疗外感表证的防风通圣散，方中既有甘寒清热的石膏、滑石，又有苦寒清热解毒的栀子、黄芩、连翘、大黄。

（3）辛散透邪，寒凉清热解毒与解表

《伤寒论》大青龙汤即以麻黄、桂枝等辛温发汗之品与寒凉清热之石膏相配伍，共奏发汗解表除烦之功。晋唐时期针对外感表证的治疗，涌现出大量辛温合寒凉清热解毒的方剂，如《肘后方》葛根解肌汤，药用葛根、麻黄、芍药、大青叶、石膏、黄芩等。

雷载权在大量古今文献的基础上，立足于历代医家对表证治疗用药的临床实际，对解表用药的规律进行了较为深入的探讨，系统分析了辛散透邪与寒凉清热解毒在表证治疗中的地位和作用。雷载权认为单用辛温者虽发汗透邪力强，但易助热伤阴；单用辛凉、寒凉者虽能泄热解毒，但表散之力不足，又易致寒凉冰伏或寒凉伤阳。最终阐明辛温与辛凉或寒凉清热解毒药相互配伍已成为现代解表方的重要组方原则，体现了解表方药的用药规律，是表证治疗获效的关键。

2. 下法配伍规律

雷载权在 20 世纪 80 年代初就对下法的理论和应用进行了深入研究，结合数十年的临床实践，提出了独到的见解，提供了独特的经验。现略述如下：

1）寒下

（1）寒下有缓急之异

雷载权认为，一般热结肠胃，燥结不甚，气机壅滞较轻，或燥结虽重，但影响气机通降失调尚微者，均宜缓下，方用调胃沉气汤或小承气汤；若热结与气机通降均为较重，"燥，湿，痞，滞"局见，且病势有恶化趋向者，应急下，方用大承气汤。

（2）泻下与理气并投

胃肠热结，最易影响气机通降，故应针对这一特点，采用泻下与理气药并投，并以泻下药为主的形式，治疗热结胃肠。理气药不仅能使气降则火降，且可协助寒下药的作用，促进热结下行；泻下药的作用强弱缓急，又常随理气药用药量多少而变。

（3）攻补兼施

平素气血亏损，患阳明腑实证；或肠胃热结，本应下夺，有所顾虑，因循失治，燥热壅闭，耗气伤血，下结仍在，正气已虚，此时攻之则正气不支，补之则邪热益盛，惟用攻补兼施，方用黄龙汤。

2）温下

（1）温下有缓急

肠胃冷积，宜用温下。雷载权认为，冷积有久暂，在具体应用时亦有缓急之分。若冷积已久，病情延绵，脾胃已伤，不堪急攻者，温下宜缓，方用《局方》感应丸（木香、丁香、肉豆蔻、川干姜、百草霜、杏仁、巴豆、黄蜡）。若冷积卒起，心腹胀痛，痛如锥刺，便秘不通，气急口噤暴厥，而脉沉紧者，多因恣食寒滞之物，或热食甚饱，继而冷饮过多，食积肠胃，气难运转，上脘不通，下脘不通，升降痞满，而成寒积，治当急下冷积，开通壅闭，方用《金匮》备急丸（巴豆、大黄、干姜），服后2～3小时大便可通，如未下，以热饮投之，泻不止，吃冷粥止之。

（2）攻补兼施

平素中焦虚寒，或过食生冷，脾阳受损，以致冷积便秘，或久痢不止，腹痛，下痢不爽，时作时止，手足不温，脉沉。治当温补脾阳，泻下冷积。雷载权常用《千金方》温脾汤（大黄、附子、干姜、人参、甘草）治疗，并指出方中附子、干姜用量一定要超过大黄，才能改变大黄苦寒之性，起到温下作用。

3）润下

雷载权应用润下通便之法，颇有心得。若伤寒邪传阳明，肠胃燥热，销炼津液，大便秘结，小便多者，寒下与润肠、行气相结合，方用仲景麻仁丸（麻子仁、杏仁、炙枳石、炙厚朴、大黄、芍药）。若阳明温病，热结阴亏，燥屎不行者，滋液与寒下配合，方用增液承气汤（玄参、麦冬、细生地、大黄、芒硝）。若肝肾虚弱，精血衰少，无以濡润大肠，肠燥便秘，小便清长，温润通便，方用济川煎（当归、肉苁蓉、牛膝、枳壳、升麻、泽泻）。若年老体弱，津液虚乏，或产后津亏，以致肠燥便难者，润肠通便，方用五仁丸（杏仁、桃仁、柏子仁、松子仁、郁李仁、陈皮），若改丸为汤，取效尤捷。若习惯性便秘，黑芝麻微炒捣碎，蜂蜜调食。若老年慢性便秘又有高血压者，草决明炒香为末，用鲜牛奶或鲜豆浆泡冲15～30克，调白蜜作饮。

4）峻下

峻下之药，多为虎狼之品，一般医者不敢问津。而雷载权对峻下之法，应用随心，遣方用药，颇有经验。

治疗水饮停于胸胁，咳唾引痛，或腹水胀满实证，非攻不可者，用十枣汤，芫花、甘遂、大戟等分，生研为末，从1.5 g开始，逐渐增至3 g，每日1次，于清晨空腹时枣汤送服，得下后，以稀粥自养。欲取其缓，改汤为丸。

治疗痰涎停滞胸膈，胁肋隐痛，或迫及于肺，喘咳不得卧，而无腹水者，治当逐其痰涎，用控涎丹（白芥子、甘遂、大戟），生研为末，装入胶囊，于清晨空腹时服用为佳。每日1次，剂量从1.5 g开始，酌情渐增至3～4.5 g，姜汤送服，服后一时许，进稀粥以养胃气，连服3～4日，可停1～2天后再服。

治疗腹大水肿，小便不利，脉沉者，用甘遂、黑牵牛各250 g，伽南沉香62 g，琥珀31 g，研末为丸，绿豆大，弱者每服10～20丸，白开水送下，一次顿服，须隔1日或2、3日方可再服，服后大便泻水，小便长多，水肿消退较快。

3. 补法配伍规律

雷载权对补法、补方、补药、补益食品均有深入系统研究，尤其对补法的基本含义、历史沿革、适应证、分类、应用等认识颇具特色。

（1）补法的基本含义

补法是指用补益方药治疗虚证的基本方法。

补法的作用在于，首先是按照辨证施治的原则，针对人体气、血、阴、阳、营、卫、津、液的不足，选择相应的方药，用以增强正气，调整阴阳，消除虚证，恢复健康，收"补可扶弱"之效。其次是针对邪盛正虚或正虚余邪未尽，选择相应的补益方药与祛邪方药同用，扶助正气，祛除邪气，达"扶正祛邪"之功。此外，邪盛而正不虚，但正气有虚衰的倾向，辅以适当的补益方药或补益食品，扶助正气，"预护其虚"。

（2）补法的适应证

① 虚证。《素问·通评虚实论》曰："精气夺则虚"，也就是阴、阳、气、血不足谓之虚。由此而产生的证候叫"虚证"。形成虚证的原因较多，如饮食失调、脾胃受伤、七情劳倦、气血暗亏、房室不节、真阴耗损、久病失治、正气累伤等，但总不外先天不足和后天失养，又以后天失养为主。虚证的基本症候群为：面色苍白或萎黄，精神不振，倦怠乏力，心悸气短，形寒肢冷或五心烦热，腰膝酸软，自汗盗汗，二便闭结或滑脱不禁，脉虚无力等。② 虚实夹杂。邪实则伤正，正虚易致邪。实证失治误治，病程迁延，可转而属虚；正气不足，无力布化，水湿痰饮内停，肠道传导变化不司，

大便不通，又可由虚兼实，统称为虚实夹杂证，临床极为常见。此时仅以补法，则邪气不去，但持攻逐，则正气难支，只有攻补兼施，方为恰当。雷载权多年临床实践证明，洞察正邪斗争的消长进退，把握攻补的轻重缓急，双管齐下，不但能提高常见病、多发病的治愈率，而且每使危笃病人转危为安，化险为夷。③ 预护其虚。邪盛而正气不虚，但正气有衰弱的倾向，应用补益法，预护其虚，防微杜渐，先安未受邪之地。

（3）补法的分类

补法分类源于虚证的分类。虚证的分类方法不同，补法的分类也随之而异。如以虚损的性质分，主要有阴虚、阳虚、气虚、血虚、阴阳两虚、气血两虚等，相应的补法就有补阴、补阳、补气、补血、阴阳并补、气血双补等。以五脏虚损的部位分，相应的补法有补心、补肝、补脾、补肺、补肾。

总之，从不同的角度对补法的分类有别，名目繁多，历来归类比较散乱。雷载权认为，补法的分类，应以气血阴阳为纲，结合脏腑定位，温、清、峻、缓自然寓于其中，可以起到执简驭繁的作用。

（4）补法应用的具体法则

① 阳虚者，宜补而兼温；阴虚者，宜补而兼清，不忘阴阳互济。阴虚者宜补阴以制阳，阳虚者宜补阳以配阴。然阴阳两者是对立的统一，没有阴精就不能产生人体的功能活动，而生理机能活动的结果，又不断化生阴精，此所谓"无阳则阴无以生，无阴则阳无以化"。所以，温补元阳不足时，应兼护其阴；资元阴不足时，应兼顾其阳。切忌损阴以就阳，抑阳以配阴；亦忌助阳而耗阴，益阴而伤阳。故雷载权补阳之时，常佐阴药，使阳气有所依附，且制阳药之刚峻温燥；补阴之时，常佐阳药，使阴精有所生化，并防阴药之柔静凝滞。"阳虚则寒，阴虚则热。"阳虚者，必相对地出现阴寒内盛之象；阴虚者，阳失所依，则浮散于外，必相对地出现阴虚上亢之征。雷载权提出治阳虚，宜补而兼温，补以助阳，温以散寒；治阴虚，宜补而兼清，补以滋阴，清以降火。② 血虚可以益气，气虚可不用血药。气虚补气，血虚补血，气血双亏，两者齐补，此为治疗气血虚弱之常法。然气血之间关系密切，气能生血，气能行血，气能摄血，血能载气，故《脾胃论》曰："血不自生，须得生阳气之药。"《本草通玄》曰："气药有生血之功，血药无

益气之理。"历代多数医家主张,气血两虚者,以养气为主,而辅以补血药;对于一般血虚证,补血药中酌增补气药,以助生机;大失血者,宜益气救脱,不用血药;气虚者,只补气,少用补血之药,以免补血药滋腻滞气。而雷载权认为"气以通为补,血以和为补",补气尚需行气,使气机通调,血行流畅,则补益气血之效更捷。③补五脏不忘整体,注重脾胃。人体是一个有机整体,五脏之间,相互影响。某脏之虚,因本脏病变而致者虽多,但受他脏影响者亦为不少。故虚在一脏者有之,虚在二脏以至多脏者亦有之,虚在本脏而实在他脏者亦有之。故雷载权认为,除了五脏正补之外,还应从整体出发,合理使用五脏间接补法,协调五脏之间的平衡。如肝旺脾虚,木郁乘土之证,肝实不泻,木郁不达,则脾虚难以培补。五脏补法,前人强调脾肾,然补脾补肾谁为首要则有不同意见,有认为"补脾不如补肾",有认为"补肾不如补脾"。雷载权认为,两种观点均有偏颇。脾虚而肾不虚者,则病之本在脾而不在肾,并非火不生土,如果不补脾而补肾,则脾未收益,而相火亢盛,肾精反伤;肾虚而脾不虚者,则病之本在肾而不在脾,若不补肾而补脾,则肾未得谷气之益,而阴精反受辛燥之害。总之,治病当求其本,因命火衰惫而致脾弱者,治宜补肾为先;因脾气虚弱而不养肾精者,治宜补脾为急;若脾肾两虚者,则一并补之。④顿虚不可荏苒,渐虚不能速瘳。人体之虚,有顿虚和渐虚之分,补法有峻补缓补之别,暴染大病,或上吐下泻,或突然脱血,常可出现面色苍白、神情淡漠、汗出不止、气息微弱、四肢逆冷、脉虚欲绝。此时脱在顷刻之际,非峻补之法,不能救其危,防其变。此时须有胆有识,认准病情,选药宜精,用量宜重,服用须频,剂型宜速,单刀直入,峻补其虚。渐损之虚,冰冻三尺,非一朝一夕之故,绝非暂补可以挽回。此时须循序渐进,方可获救。对于正虚而有微邪,致虚不受补之人,亦只能借助缓补之法,以冀驽马十驾之功。否则欲速则不达,反生变证。缓补又称平补,含有平稳、平调之意,平稳则药势不急,寒温偏性不甚,平调则有补有行,补而不滞。

总之,雷载权对补法颇有研究,对虚证、虚实夹杂证、预护其虚,以及虚实真假的辨别颇为准确,对补法的应用、扶正与祛邪的认识颇深,对补法的选择、用量之考究颇为精当。

4.瘟病用药规律

雷载权对温病用药规律颇有研究。他提出，温病初起，病势较重者，宜透表泄热解毒，方用葛黄汤；里有热毒，表邪未解者，当须清热解毒，辛温发表，方用石膏汤等；上焦胸膈热盛，中焦腑气不通者，只需清解胸膈邪热于上，荡涤中焦积热于下，方用凉膈散之流；温热疫邪进入血分者，只需解毒凉血，方用神犀丹之类。他还指导研究生对上述方剂的药效作用及作用机理进行研究。

（1）葛黄汤透表泄热解毒作用的研究

雷载权认为，传统温病学派"在卫汗之可也，到气才可清气"的观点有所不足，但用辛凉解表方药银翘散、桑菊饮之类不能有效地控制和治疗重症温病初期阶段的病势发展。要有效地控制疾病的发展，就必须重用清热药，挫其病势，去热存阴，防其传变，早用苦寒泻下，给病邪找出路，避免气机郁结。方用自拟葛黄汤，该方是在张仲景《伤寒论》葛根芩连汤的基础上，用大黄易黄连，变化而成、具有辛凉解表、清热解毒功效，主治各种温病初期，症见发热或有恶寒、头痛、咽喉肿痛、口渴、口舌生疮、舌红苔白或微薄黄、脉数或浮数，以及现代医学中的多种感染性发热性疾病，如流感、肺炎、扁桃体炎等见上述症状者。方中葛根为君，辛凉发表解肌，逐邪外出；黄芩、大黄为臣，清金降火，通里泄热，尚能苦以坚阴，且大黄能泻火通便，使邪有出路；甘草为使，清热解毒，并缓中以调和诸药，保护胃气。四药合用，辛凉透达表邪，苦寒降泄邪热，辛开苦降，治疗温病卫分重证，防其传变，疗效肯定。雷载权指导其研究生对葛黄汤及其注射液的透表解毒泄热作用进行了研究，结果提示葛黄汤及其注射液通过发汗解热，抗病原微生物，抑制内生性致热原，提高单核细胞吞噬功能，抑制白介素-6（IL-6）升高，抗炎镇痛，而达到辛开苦降、透邪外出、治疗温病卫分重症的目的。

（2）石膏汤解毒作用研究

石膏汤出自《深师方》，谓其"治瘟疫病，表里三焦大热不解，或烦躁大渴，面赤鼻干，两目如火，身形拘急而不得汗，六脉洪数，及阳毒发斑等证。黄芩清上焦之火，黄连清中焦之火，黄柏清下焦之火，栀子通泻三焦之火，使之屈曲下行。夫疫之来也，必从口鼻而入，鼻气通于肺，口气通于胃，肺胃为受邪之薮，故重用石膏，以清肺胃，以杜其传化之源。里热既清，表尚未解，故以麻黄、淡豉发汗解表者，一行于肺，一行于胃，如斯则表里均解耳"。而雷载权临床治疗里有热毒，表邪未解之证，多用石膏汤每获良效，并认为石膏汤为中药寒热配伍，清法、汗法同用的代表方剂，苦寒清热以解毒，辛温发汗以解表。他还指导研究生对其治疗热毒证的作用进行了实验研究，结果提示，石膏汤治疗热毒证的机制在于降低血浆内毒素、肿瘤坏死因子（TNF）、前列腺素 E2（PGE2）含量，改善血液微循环，降低血浆黏度，保护肝肾细胞等。

（3）凉膈散解毒清热机制研究

雷载权治疗上中二焦热毒炽盛之证，多选用凉膈散治之。雷载权认为凉膈散重用连翘清热解毒，黄芩、栀子清热泻火，薄荷疏散心胸之热，用大黄、芒硝泻热通便，导热下行，用甘草清热解毒、调和诸药，以免苦寒攻下太过。诸药合用，连翘、栀子、黄芩、薄荷清解胸膈邪热于上，大黄、芒硝、甘草荡涤中焦积热于下，则上中二焦邪热得解，胸膈得清，诸症可愈。雷载权一再强调，温病邪在中上二焦者，重在解毒清热，"下不厌早""逐邪勿拘结粪"，并对凉膈散解毒清热作用机制进行了研究。结果提示，凉膈散有解毒降温作用、降低血浆内毒素水平、对抗内毒素的毒反应、抑制血小板聚集、降低血浆中的纤维蛋白原（Fb）含量，降低血液黏度、改善微循环等。

（4）神犀丹解毒凉血机制研究

神犀丹为叶天士所创，雷载权认为，神犀丹是治疗血分证的代表方剂，用于治疗各种急重传染病和感染性疾病具有可靠疗效，并抓住该方解毒和凉血两大功效特点，指导博士研究生对其机制进行了研究。结果提示，神犀丹对环磷酰胺、内毒素注射所致大鼠"阴虚血亏，热入营血"证模型，能抑制体温升高，减轻出血症状，降低死亡率，促进单核吞噬细胞分泌白细胞介素1，降低全血黏度，降低血小板黏附，抑制环磷酰胺对胸腺和脾脏的破坏，减少肺、肝、肾病理组织中微血栓，保护肝细胞，对大肠杆菌、绿脓杆菌、鸭沙门氏菌、金葡萄球菌、宋内氏痢疾杆菌均有抑制作用。

（五）重视食疗在疾病治疗中的应用

雷载权秉承"大毒治病，十去其六；常毒治病，十去其七；小毒治病，十去其八；无毒治病，十去其九。谷肉果菜，食养尽之，无使过之，伤其正也"的精神，创编了《实用食疗方精选》。该书按功效分为解表食疗剂、清热食疗剂、泻下食疗剂、温里食疗剂、祛风湿食疗剂、利水除湿食疗剂、化痰止咳食疗剂、固涩食疗剂等十五章，每章下面又根据作用特点进一步细分，如解表食疗剂分为发散风寒食疗剂、发散风热食疗剂；清热食疗剂分为主要用于温热病的清热食疗剂、主要用于脏腑执证的清热食疗剂、主要用于热毒病证的清热食疗剂、主要用于暑热病证的清热食疗剂、主要用于阴虚内热病证的清热食疗剂；泻下食疗剂分为润下食疗剂、攻下食疗剂、峻下食疗剂；温里食疗剂分为温中祛寒食疗剂、温经散寒食疗剂、回阳救逆食疗剂；利水除湿食疗剂分为渗湿利水食疗剂、利水通淋食疗剂、利湿退黄食疗剂等。该书还精选了发汗豉粥、荆芥粥、姜糖苏叶饮、紫苏粥、防风粥、川芎白芷炖鱼头、桑菊薄竹饮、薄荷糖、葛根粥、芫荽发疹饮、石膏粳米汤、石膏乌梅饮、淡竹叶粥、竹沥饮、五汁饮、芦笋饮、生地黄粥、青葙子炖鸡肝、谷精草炖羊肝、夏枯草猪肉汤、牛蒡猪大肠汤、马齿粥、藏青果饮、苦瓜茶叶饮、青蒿饮、枸杞粥、枸骨红枣汤、郁李仁粥、桃花馄饨、吴茱萸粥、小建中汤、艾叶生姜煮鸡蛋、独活酒、五加皮酒、狗骨酒、薏苡仁粥、土茯苓猪骨汤、清蒸鲫鱼、灯心花鲫鱼粥、车前叶粥、石韦饮、茵陈粥、糖渍橘皮、乌梅粥、金樱子膏、山茱萸粥等一系列药食药膳方剂。

川派中医药名家系列丛书

学术传承

雷载权

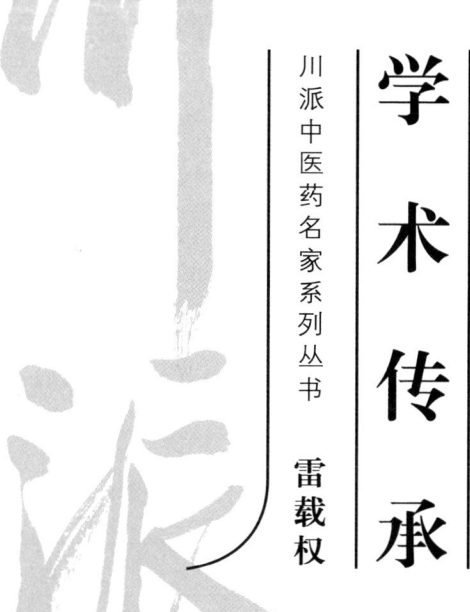

一、联合及独立培养学生

雷载权是我国首批研究生导师,先后联合及独立培养研究生 21 名(其中联合培养 14 人、独立培养 7 人),具体如表 1 所示:

表 1 培养研究生一览表

年级	研究生姓名	类别	导师
1978	张廷模	硕士	凌一揆、雷载权
	李祖伦	硕士	凌一揆、雷载权
	文昌凡	硕士	凌一揆、雷载权
	庄 诚	硕士	凌一揆、雷载权
1981	王 建	硕士	凌一揆、雷载权
	刘 红	硕士	凌一揆、雷载权
1983	张晓春	硕士	凌一揆、雷载权
	琚 伟	硕士	凌一揆、雷载权
	赵可庄	硕士	凌一揆、雷载权
	刘雪松	硕士	凌一揆、雷载权
1986	杨 光	硕士	凌一揆、雷载权、刘继林
	刘 渝	硕士	凌一揆、雷载权、刘继林
1987	孙晓波	硕士	凌一揆、雷载权、刘继林
1988	齐 云	硕士	雷载权、徐治国
	邹文俊	硕士	雷载权、徐治国
1990	张跃飞	博士	凌一揆、雷载权
1992	余林中	博士	雷载权
	薛 燕	博士	雷载权
	吴 锐	博士	雷载权
1993	彭 成	博士	雷载权
	陈建萍	博士	雷载权

雷载权在研究生培养过程中，一是强调基础理论研究与中药新产品开发并重，基础理论研究必须与临床应用结合；二是强调摒弃门户之见，古为今用、洋为中用，既要传承中医传统之精华，又要运用现代科学的理论、方法与技术开展创新研究；三是注重发挥不同学科专家组协同优势，如为92级博士配备了沈映君教授、谢秀琼教授、张之文教授、徐治国教授等组成多学科协作的"导师组"。

二、代表传承弟子

齐云

齐云（1964— ），中国医学科学院、北京协和医学院博士生导师，药用植物研究所研究员。1988—1991年师从雷载权，攻读硕士学位。

齐云在雷载权的影响下继续学习与深造，学术能力迅速提升，现为国家食品药品监督管理局新药评审委员、国家科学技术奖评审专家、中国药理学会中药药理专业委员会委员、中国中药资源学会专业委员会委员；任《中国药理学通报》《中国实验动物学报》《中国实验方剂学杂志》《中药药理与临床》等杂志编委。

学术思想传承

雷载权既是医学家，又是药物学家。其"医药结合"，既重传统（本草），又倡创新，鼓励弟子应将传统理论与现代科学技术相结合。雷载权的学术造诣与学术思想影响了齐云的学术研究与发展道路。

① 继承与发扬中药功效理论研究：硕士期间即以中药功效理论为题展开研究。首次把中药功效以药物的气味、归经、升降浮沉等药性理论来进行研究；对中药功效的含义、中药功效的分类、中药功效的认识发展脉络以及中药功效与中医辨证理论关系等进行了文献的梳理与理论的剖析；提出中药功效是药性理论集中展示，是临床用药的基石，是中药学的核心内容，并阐释了随着明清辨证理论的逐渐定型，中药功效在表现形式上也趋成熟与稳定的学术观点。

② 重视本草文献研究与品种考证：本草是传统中药学的代称。对中药学的发展源流的研究离不开本草文献。所谓正本清源，是研究传统中药相关内容的基本功与必修课。齐云在本草文献研究与品种考证中提出了更为接近历史本来面目的《本经》药物"采造时月"与《新修本草》载药数，也阐释了芎䓖（含川芎）产地及品种变迁及芎䓖与蘼芜关系等问题。

③ 传承导师重视《中药学》教学与教书育人理念：《中药学》课程是中医药中的核心课程，是《方剂学》及中医临床各科的基础。北京协和医学院有百年建校历史，但重心与重点在现代医学。齐云传承导师所重视的《中药学》学科建设，作为课程负责人，通过几年的申请准备，2017年"中药学导论"（60学时）正式获协和研究生院批准，成为协和（硕、博士）研究生必修课程，这是迄今协和研究生课程中第一门中医药课程，目前已开课两届（2018、2019届），学生反响良好。作为研究生导师，齐云迄今指导硕、博士研究生18名，目前毕业研究生13名，其中毕业博士生3名。

④ 采用现代科学技术的方法来研究传统中药：继承导师"医药结合，与时俱进，崇尚创新"的观念，把传统与现代，基础与应用有机结合。其研究涉及中药复方研究、单味中药提取物研究、中药小分子单体研究以及中药复方新药研究等，获得省部级二、三等奖多项，以第一作者或通讯作者身份在国内外学术期刊发表论文70余篇，参编著作8部。

邹文俊

邹文俊（1966—　），成都中医药大学药学院教授、博士生导师；1996—1999年师从雷载权，攻读博士学位；现任中华中医药学会中成药分会常务委员，中华中医药学会临床中药学分会常务委员；2011、2012年入选国家知识产权局知识产权专家库专家，2012年入选国家知识产权局首批知识产权领军人才。

学术思想传承

邹文俊跟随雷载权开展"辛平解表法及其代表方羌蓝汤研究"课题研究，从理论上提出并确立了辛平解表的治法理论在外感表证治疗中的地位和作用，并通过实验研究揭示了辛平解表法及其方药具有重要临床应用价值。

① 继承"崇尚创新"学术思想，拓展传统中药临床应用领域：针对传统常用中药地榆开展深入研究，负责承担国家自然基金项目"地榆有效成分促血小板生成作用及其调控 TPO/c-Mpl 表达和信号途径的研究"，首次研究发现地榆总皂苷成分治疗血细胞减少症作用与机理，进一步发现地榆皂苷和鞣制的单体成分促血小板的生成作用及分子机理，相关研究成果获得授权国内外发明专利 7 项，拓展了中药地榆在促进机体造血功能方面的基础研究和临床应用。

② 继承"崇尚创新"学术思想，坚持中药现代化和国际化研究：中药产品"走出去"是整个中药行业，甚至国家对中医药发展的战略布局。自 2002 年以来，邹文俊致力于中药产品欧盟注册研究，先后负责承担国家科技部"十五""十一五""十二五"中药国际化研究项目——地奥心血康欧盟注册研究，系统深入开展中药欧盟注册法规研究，同时为该产品安全性和有效性研究提供重要支撑。历经十余年努力，该产品成为第一个欧盟境外获得批准的传统草药药品，实现了国内中成药产品以药品身份在欧美发达国家获得上市批准零的突破。

③ 注重传统医学传承与知识产权（专利）保护，推动中医药科技成果转化：近十余年，开展医药知识产权相关研究，尤其是企业和高校专利战略研究及专利管理方面成绩突出；先后主持完成"中药大品种专利网构建模式及战略研究""化学仿制药专利战略研究""中药姜黄产业链知识产权保护网络构建研究""高校职务发明专利转移转化模式与管理机制研究"等多项国家和省市级软科学课题研究；2017 年负责组建成立了国内首家中医药高校知识产权运营中心——成都中医药大学知识产权运营中心，致力于推动中医药传承和科技成果转化。

在以上相关研究领域先后公开发表学术论文 70 篇（SCI 论文 10 篇），编写专著 3 部，获得授权中国发明专利 24 项。此外，受雷载权教书育人思想影响，注重人才培养，先后培养硕博士研究生 30 余名，部分毕业研究生已在高校任教或在企业担任研发和管理骨干。

余林中

余林中（1962— ），南方医科大学教授、主任医师，博士，博士研究生导师；1992—1995年于成都中医药大学攻读中药学专业博士研究生，师从雷载权。

余林中在导师雷载权的教导与关怀下成长，不断筑牢学术根基，现为教育部高等学校中药类专业教学指导委员会委员、中国药理学会中药与天然药物药理专业委员会副主任委员、国家中医药管理局重点学科中药药理学科带头人及重点实验室主任、广东省中药学教学团队及中药学学科带头人，在中药学教学、科研及医疗岗位上取得诸多成绩，作出了贡献。

学术思想传承

余林中师从雷载权开展外感温热病用药规律研究，在中医药理论指导下，运用现代生命科学的理论、方法与技术，开展外感温热病相关方药的配伍规律、组方原理、药理效应与作用机制等基础研究，强调基础理论研究与中药新产品开发并重，基础理论研究必须与临床应用结合的学术思路。

① 提出外感温热病复方的配伍规律与组方原理研究新思路：余林中采用方药—治法—中医药基本理论的系统研究模式，揭示中医相关治法的科学内涵；运用现代实验手段分析方剂配伍、化学成分变化与药理效应改变三者之间的内在联系，以阐明方剂的配伍规律与组方原理，为指导新方创制和经方应用，为研制安全、高效的中药新制剂及提高临床疗效奠定基础；在该方向先后承担国家自然科学基金3个项目（重点项目2项、面上项目1项）研究工作，"经方葛根芩连汤现代研究""麻黄汤组成原理研究"分获2项中华中医药学会科学技术二等奖。

② 提出"外毒启动，内毒介导"的外感温热病致病新观点：余林中认为由外侵入的细菌、病毒、毒素等外来致病因素可被视为"外毒"，由"外毒"刺激机体产生过量的细胞因子等病理介质则可被视为损害机体的"内毒"成分，"外毒"的"化热""致瘀""生变"等致病作用主要是通过"内毒"介导而产生的。他并基于"外毒启动，内毒介导"致病观点，提出了

中药解毒作用机理研究新思路：对机体"内毒"的产生及其损害效应的拮抗，即抑制细胞因子等炎症介质过度产生或拮抗其病理损害可能是中药解毒的重要环节，并依此研究思路开展了"凉膈散"方抗内毒素作用与机理系列研究，先后获得5个国家自然科学基金面上项目资助；登革热证候传变规律及相应治法的生物学基础研究近年再获国家自然科学基金重点项目资助。

③ 建立中药抗内毒素效应研究新方法：余林中基于细菌内毒素是外感温热病发生、发展过程中重要致病物质基础的新认识，构建斑马鱼内毒素炎症模型、内毒素致大鼠急性肺损伤模型等新技术，为外感温热病治疗方药的抗内毒素活性筛选评价提供快速、高效的技术平台。

④ 开发防治外感温热病新产品：他坚持基础与应用研究相结合研究思路，以提高临床疗效为目标，以企业及社会需求为导向，先后主持或参加包括防治外感温热病药物等近10个中药新产品药效与毒理研究。

⑤ 强调防治外感温热病"解毒贵在早"：他谨记导师教诲，在开展防治外感温热病方药的基础与应用研究的同时，加强临床实践。余林中现为南方医科大学附属南方医院中医内科和附属中西医结合医院呼吸科主任医师，在运用解毒法防治外感温热病方面积累了经验，强调防治外感温热病"解毒贵在早"，既可直接消除病因，减轻病理损害，亦可防止传变，扭转病势。

彭成

彭成（1964— ），博士，成都中医药大学教授、博士生导师，1993—1996年师从雷载权攻读博士学位；现为成都中医药大学副校长，世界"双一流"建设学科中药学学科带头人，西南特色中药资源国家重点实验室主任，国务院学位委员会第七、八届中药学科评议组成员，中华人民共和国《药典》委员会第十、十一、十二届委员，全国高等中医药院校"十二五""十三五""十四五"药学类规划教材编委会主任委员，世界中医药联合会道地药材多维评价专委会理事长，中国中药协会中药材检测与认证专家委员会主任委员，中药全球化联盟（CGCM）西南区域联盟理事长，*Phytomedicine*副主编、泰国《中医药》杂志和中国《中药与临床》杂志主编，

国务院政府津贴获得者，新世纪百千万人才工程国家级人选，国家卫生计生突出贡献中青年专家，国家中医药管理局首届中医药传承与创新"百千万"人才工程（岐黄工程）岐黄学者，四川省"天府万人计划"天府杰出科学家，全国高校黄大年式教师团队带头人，国家中医药多学科交叉创新团队负责人；先后负责国家"973"计划、国家支撑计划重点项目、国家自然科学基金重点项目、国家自然科学基金重大项目、国际合作项目等30多项；获国家科技进步二等奖2项（负责1项），国家中医药科技进步二等奖1项（负责），部省级科技进步一等奖9项（负责7项），全国首届优秀教材二等奖1项（主编），国家教学成果二等奖2项（负责），四川省教学成果一等奖4项（负责）；以第一作者或通讯作者发表SCI论文200多篇，最高影响因子60.615分，ESI高被引论文11篇，为全球知名学者、中国高被引学者；参加国际特邀学术报告20多次；主编普通高等教育国家级规划教材《中药药理学》、创新教材《系统中药学》、研究生教材《中药药理学专论》和国家重点图书出版规划项目《中华道地药材》与《中国临床药物大辞典》《中华临床中药学》等教材与专著20多部；获国际PCT专利和国家发明专利40多项；培养博士后30多人、博士研究生70多人。

学术思想传承

① 有毒中药安全性研究：针对中药安全性备受质疑、中药"毒性"引起社会广泛关注、中药毒效的科学评价成为学界必须解决的科技难题的现状，彭成在长期从事中药毒理学研究的基础上，率先构建了中药毒理学学科体系，成为国家中医药管理局"十二五"期间建设的优秀重点学科。他首次建立了有毒中药的安全性评价模式，提出"中药毒效多维评价与整合分析"的研究思路，在国家中药标准化项目的支持下，建立附子、川乌、草乌，以及中成药参附注射液的国家标准，发挥引领作用，起草国家食品药品监督管理局中药心脏毒性指导原则，发挥指导作用。尤其针对中药注射剂的安全质量问题，提出"品质制性用"的研究模式，与华润三九（雅安）药业有限公司共同解决参附注射液生产过程中的关键技术难题，实现了参附注射液的品质控制，产生了显著的社会、经济、生态效益。

② 抗耐药菌创新中药发现：针对全球性的耐药菌、超级细菌问题，彭

成提出"方—病证—菌、药—病菌—证、部位—病证—菌、成分—病菌—证、物质结构—作用靶标"的中药防治耐药菌感染创新药物发现模式,并获国家科技部重大科技专项资金支持,采用化学合成、计算机化学、PK-PD、in vitro/in vivo等手段和技术,从方剂—饮片—组分—成分等环节逐层研究,发现了对当前临床最常见的耐药菌株——耐甲氧西林金黄色葡萄球菌具有抗菌作用的活性物质以及合成衍生物。目前他正开展针对上述耐药菌的人用药和兽用药的开发研究,该研究的开展将为人类寻求攻克耐药和变异菌株感染带来希望。

③ 中药大品种全产业链开发:彭成根据中药的道地性、特殊性、复杂性,组建了"西南道地药材协同创新中心",并提出"品质制性效用"多维评价模式,围绕道地药材附子、益母草、大黄、川贝母、厚朴、川芎、白芷、藿香等中药进行系统研究和综合利用,对中成药大品种参附注射液、益母草注射液、三七通舒胶囊等进行二次开发,已经产生了良好的社会效益、经济效益和生态效益,新增直接经济效益50多亿元,先后获得四川省科技进步一等奖、国家科技进步二等奖。

④ 灾后重建与扶贫攻坚:彭成长期以来将中药的研究与国家、地方和人民的需求紧密结合,将中药研究成果书写在四川的大地上。针对"5·12"特大地震带来的灾区自然生态和植被严重破坏的后遗效应,彭成首次提出"基地建设、生态恢复、产品综合开发与产业发展一体化"的灾区道地药材资源恢复重建和综合开发利用的思路,围绕地震灾区道地药材川贝母、大黄、厚朴的种植与生态重建开展研究,并获得国家科技支撑计划项目资助;通过研究,突破了25项药材种植与生态恢复的瓶颈技术,制订了35项药材种植标准操作规程,在灾区实现种植药材18万亩,生态植被恢复20多万亩;加强产品综合开发,先后制定国际国内和地方标准共13个,研发5个饮片、6个创新药物、7个配方颗粒和4个相关产品,获得2个新品种证书和16个产品的生产许可,成果于2015年获四川省科技进步一等奖。彭成博士针对扶贫攻坚的任务,2015年提出"发挥四川资源优势,实施中药产业扶贫"的建议;他先后组织中药学科科技人员,对炉霍、冕宁、布拖、古蔺、巴中、苍溪、平武等地区的中药特色资源俄色茶、益母草、附子、赶黄草、虎杖、川明参、厚朴等进行系统研究、产品开发和生产指导,

为这些地区药农脱贫致富作出了贡献。

⑤ 国家中药种质资源库建设：针对国家级中药种质资源库缺乏、中药种质资源保存技术缺乏、中药种质资源评价方法缺乏的现状，首次提出中药种质资源"多元保存、多维评价和全产业链开发"研究模式，建立了中药种质资源多元保存技术体系和多维评价方法，建成了全球最大的国家中药种质资源库，制定了珍稀濒危、大宗道地、民族民间中药保存标准，实现了中药种质资源新品种选育、大品种栽培、品质提升等关键技术突破，从遗传、生态、产地加工等方面揭示中药种质资源品质形成机理，开展了基于优良种质资源的全产业链的产品开发，近三年产生直接经济效益138亿元。

⑥ 学科建设与人才培养：彭成作为世界"双一流"建设学科中药学、国家重点学科中药学的学科带头人，针对中药人才培养中存在的"医药脱节、类型单一"等问题，提出"医药结合，系统中药，实践创新，明理致用"的教学理念，建立了分层分型、因材施教、精准育人的中药学三层次三类型多元化人才培养模式，形成了"厚基础—精专业—强能力"的三层次知识和能力构架，并以国家级中药学特色专业为阵地培养复合型人才，以凌一揆中药学基础基地班为引领培养创新型人才，以全国第一个校企合作订单式——中药学太极班为示范培养应用型人才，取得明显成效，获得2018年国家教学成果二等奖；针对我国中药学高等教育本科、硕士、博士分离培养所导致的学生科研思维和技能培养连贯性差、周期长，优质生源选拔机制不健全，学生传承创新、创新实践、交叉融合能力培养不够等主要问题，提出并践行了"本硕博"贯通式培养中药学拔尖创新人才培养理念、模式和体系，获得2022年国家首届研究生教学成果二等奖。

陈建萍

陈建萍（1957— ）博士，香港大学教授、研究员、博士生导师，广州中医药大学，成都中医药大学客座教授。1987—1990年于成都中医药大学攻读"温病用药规律"硕士，师从雷载权、张之文；1993—1996年于成都中医药大学攻读中药学博士，师从雷载权。

在雷载权的关心培养下，陈建萍从中医转向中药，成为中医药复合型人才，之后又到中山医科大学（中山大学医学院的前身）完成博士后，在该校从事中西医结合研究，成为中西医、中医药复合型人才，又到美国布朗大学学习，专注于中药防治肿瘤的研究，目前在香港大学从事教学研究与临床工作，先后培养硕士生、博士生、博士后50余名；先后承担国家、部省级以及多项重大课题50余项，获国家中西医结合科技进步奖、教学名师等奖励，发表学术论文170篇，其中SCI论文50余篇，专著15～20部，其中方剂学、中药学专著5部；多次应邀赴国际学术大会讲演，并获多项奖励。陈建萍目前是成都中医药大学优秀校友、世中联乳腺病专业委员会副主委、全国养生养老专家、国家自然基金评审专家、香港新药评审专家、香港学术评审专家。

学术思想传承

① 中药防治乳腺肿瘤的研究：陈建萍在肿瘤研究中把中医温病"截断扭转"用药规律融入肿瘤的防治中，对肿瘤治疗也采用"截断扭转"、先安未受邪之地的学术思想以及用药规律应用到乳腺肿瘤的防治之中，更进一步提出了防治乳腺病的核心思想是重肝以及脾肾三焦，主张防治的核心是养肝、柔肝、疏肝等学术思想。

② 养血、活血化瘀法防治肿瘤。陈建萍在长期研究与临床中拓展了中药鸡血藤防治肿瘤的研究成果，提出了活血化瘀防治妇科肿瘤的治疗的新理念，拓展了活血养血法防治肿瘤的学术理念及实验研究。

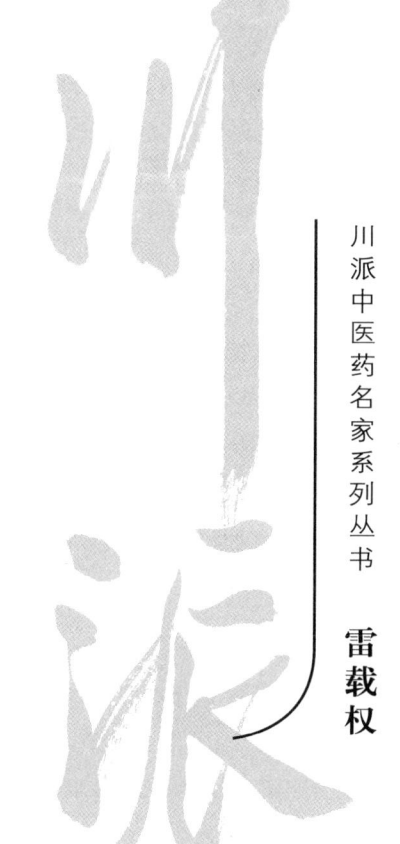

论著提要

川派中医药名家系列丛书　雷载权

雷载权学识渊博，具有深厚的学术素养，一直致力于中药学教学、科研及临床研究。据统计，雷载权先后公开发表有关"汗法论""下法论"的学术论文17篇，其中以第一作者身份独撰2篇。雷载权指导研究生学位论文20余篇。其主编有《中药学》（中医专业自学考试指导丛书）、《中药学》（六版教材）、《中药学》（六版教材学习指导丛书）、《实用方剂学》《实用食疗方精选》《中华临床中药学》《中药学》（西南西北片区高等中医院校试用教材）等教材与著作，并作为主要编写者参与《中药学讲义》（第一、二版教材）、《中药学》（第三、四版教材）、《中药学》（中医医学丛书）等教材与著作的编写。

一、论 文

雷载权勤奋刻苦，治学严谨，十分注重学术研究，学术研究领域广泛，尤其深入研究传统"汗法论""下法论"理论及应用，并指导硕士、博士研究生对传统"温病用药规律及相应治则"进行了一系列研究。1983—2001年，雷载权指导学生开展了四君子汤、凉膈散、葛黄汤、羌蓝汤药理毒理研究及辛凉解表法、解表药用药规律等方向的研究。

（1）"下法论"研究

雷载权在《略谈下法》及《下法在急腹症方面的应用》2篇独撰文章中充分阐释了"下法论"中祛邪下出的理论思想。

下法为"八法"之一。"下"有泻下、攻下之意，就是运用泻下方药以攻逐里实的治法。泻下是手段，攻逐里实是目的，所以下法有时又称攻里。

雷载权将下法分为内服和外用两个方面来谈，又将内服分为寒下、温下、润下、峻下四方面，详细阐述了关于下法的各种症状表现及药法，并提出肠胃积结，水血壅滞，均须用下法以荡涤之，此为其共通点。但这些症候的病机各不相同，故下法的应用亦随之而异。

在"下法"的应用中，雷载权从中医理论出发，把握下法的辨证要点，根据临床实际应用情况，阐述了中医下法对于治疗部分急腹症有良好的疗效，并举例提出下法在急性阑尾炎、急性肠梗阻、胆囊结石与胆囊炎、胆道蛔虫病中的治法，体现了"六腑以通为用"的学术思想。

（2）温病卫分证研究

雷载权注重温病用药规律及相应治则研究，其指导的学生陈建萍开展了早期使用苦寒药与温病卫气传及温病卫分证使用大黄的相关研究。

温病的病因是温热病邪，易化火酿毒，易于传变。其在卫分期停留的时间甚短，然"毒不除热不去，必生变，入于里则热灼营阴"。故要有效阻止疾病的发展，就必须重用清热解毒药。其代表方药主要为两方面，一是清热祛邪，如黄连等，体现了辛寒和苦寒两法合用，方剂首选葛根汤等；二是攻下逐邪，主药为大黄，方如三黄泻心汤。陈建萍在研究中很大程度上凝聚了雷载权的学术思想，重视早用苦寒攻下药、给邪以出路等应用思路。

（3）解表用药规律研究

《素问·阴阳应象大论》曰："其在皮者，汗而发之。"《素问·生气通天论》又曰："体若燔炭，汗出而散。"《素问·热论》认为，各种外感热病皆因于伤寒，前三日病在三阳属表，明确提出"其未满三日者，可汗而已"的治疗原则。可见当时发汗以透邪外出是治疗外感表证阶段的主要手段和方法，因而解表法在当时即被称为"汗法"。即发汗就是解表，解表作用的实质也就是发汗。

2001年，雷载权指导学生邹文俊开展解表药药用规律的研究，从古今文献出发，探讨了"辛温发汗透邪与解表""清热解毒与解表"等与解表用药有关的规律，阐明了辛温与辛凉或寒凉清热解毒药相互配伍在现代解表方中的重要地位，其中很多认知从不同程度反映了雷载权的学术思想。

（4）四君子汤应用研究

雷载权指导学生彭成开展了四君子汤对消化、运动、吸收作用的实验研究及抗脾虚动物胃肠细胞损伤的机理研究，通过实验验证了四君子汤能提高动物消化、运动、吸收功能，以及其健脾益气的作用，并提出四君子汤能促进胃肠细胞更新，增强胃肠循环血量，抗自由基，通过影响胃肠细胞和细胞生存环境达到抗胃肠细胞损伤、保护胃肠细胞的效果。

二、教 材

中医药高等院校建立之初，无教材可用，在本校中药学讲义的基础上，雷载权与凌一揆、陆闻鸿等共同创编了《中药学》第一版教材。全书分绪言、总论、各论三篇，绪言首论中药、中药学的含义和中药学的历史概况。总论包括中药的产地采集与保存、中药的炮制和制剂、中药性能等，各论载药384味，按中药功效分为解表药、涌吐药、泻下药、清热药、芳香开窍药、安神药、平肝息风药、理气药、理血药、补益药、消导药、化痰止咳药、收涩药、驱虫药、外用药共19章。

1963年，雷载权与凌一揆对《中药学》一版教材进行增订修改，形成《中药学》第二版教材。总论中增加"中药的用法"一章；各论中增加载药数目，共计420种，并调整功效分类，具体药物表述，从药名、出处、概述、性味、归经、功效、应用、用量、禁忌、文献摘要10项进行阐释。教材多次重印，发行量达70余万册。

1977年、1978年，雷载权参与了第三版《中药学》、第四版《中药学》教材的编写。

1995年，雷载权主编普通高等教育中医药类规划教材《中药学》（六版教材），改进了前五版教材中药功效分类不完善的不足，将"外用药"分为"解毒杀虫燥湿止痒药、拔毒化腐生肌药"两章，从而使《中药学》教材首次统一以功效分类。

上述教材出版基本情况如表2所示。

表2 一至四以及六版教材概况

版本	书名	编著者	出版时间	出版社	内容量
一版	中药学讲义	成都中医学院	1960	人民卫生出版社	总论3章，各论19章，收载420味
二版	中药学讲义	成都中医学院	1964	上海科学技术出版社	总论4章，各论19章，收载443味
三版	中药学	成都中医学院	1977	上海人民出版社	总论7章，各论21章，收载423味
四版	中药学	成都中医学院	1978	上海科学技术出版社	总论5章，各论22章，收载541味
六版	中药学	雷载权	1995	上海科学技术出版社	总论7章，各论21章，收载480味

总体来看,上述教材分中药基本理论研究和各论具体药物研究两大部分。

中药基本理论是中医基础理论的核心内容,是中药药性形成机制及其运用规律基础理论,是传统中药的功能特征和应用特征,指导着临床用药。历版《中药学》教材均分总论和各论两大部分,总论的具体内容构成见表3。总论主要从中药的起源和发展、产地、采收、炮制、性能、配伍等方面论述。随着中药学的发展,各版本介绍的具体内容不尽相同,呈逐渐丰富的趋势。雷载权在中药基本理论研究上颇有建树,在其主编的第六版规划教材《中药学》(上海科学技术出版社)中充分体现了雷载权的学术思想。

表3 一至四、六版教材总论内容单元对比

版本	起源和发展	产地	采收	贮存	炮制	制剂	性能	配伍	禁忌	剂量与用法	附篇
一版	√	√	√	√	√	√	√	√	√	×	×
二版	×	√	√	√	√	√	√	√	√	×	×
三版	√	×	√	√	√	√	√	√	√	√	×
四版	√	×	√	√	√	√	√	√	√	√	√
六版	√	√	√	×	√	×	√	√	√	√	×

(1)中药及中药学概念的研究

在雷载权先生主要参编的一至四版《中药学》教材中,第一版教材中中药的概念为"由于中医治病,是在中医的理论指导下进行的,因此把这些药物称为中药"。三至四版中中药的概念为"中药的应用充分反映了我们历史、文化、自然资源等方面的若干特点,有着独特的理论体系和应用形式,所以我国人民把它称为中药"。发展至第六版,雷载权将中药的概念简化为"中药是我国传统药物的总称"。

关于中药学的概念，第一版教材指出，中药学即为"研究各种中药的来源、产地、功用、炮制及应用方法等知识的学科"。第二版教材将中药学定义为"是研究中药的来源、产地、炮制、性能、功效及临床应用等知识的专门学科"。雷载权在其主编的第六版教材中，将中药学的概念进一步深化为"中药学就是专门研究中药基本理论和各种中药的来源、采制、性能功效及应用方法等知识的一门学科"。此概念以中药性能为核心，涵盖来源、采收、炮制等知识，体现了中药学的发展。

雷载权在其主编的第六版教材中，一改前五版的面貌，按先秦时期、秦汉时期、魏晋南北朝时期、隋唐时期等不同历史阶段阐述中药学的发展概况，极大地丰富了总论内容。

（2）中药的性能研究

传统中药性能研究主要包括四气（寒热温凉）、五味（辛甘酸苦咸）、归经、升降沉浮、毒性等方面。通过对六版教材分析统计发现，中药学学科关于中药"性能"五个方面的理论具备明显的差异性。

①性能与药性：历版教材阐述的性能均包括四气、五味、归经、升降浮沉。雷载权在其主编的第六版《中药学》教材中，详细介绍了各大历史时期对"中药性能"的解释，其初见于秦汉时期，在《神农本草经·序例》中即总结出药物四气、五味及有毒无毒；金元时期增加了归经、升降浮沉等理论，使其更加完善。同时，雷载权通过对比中药"性能"和"性状"的含义，帮助学习者理解性能的含义。

②五味：五味包括辛、甘、酸、苦、咸，另有淡附于甘，涩附于酸，其中"涩与酸味药作用相似"的观点首见于第三版教材。对于五味的作用特点，历版教材有少许差别，如苦的作用特点，第二版教材提出"苦能坚"的说法，雷载权认为苦能坚阴与其清泄作用相关，故将其纳入第六版教材中，体现了雷载权博学多思的学术修养。

③归经：雷载权勤于思考，通过总结历代医家遣方用药规律，结合自身经验，将其对归经理论研究的学术思想充分体现在第六版《中药学》教材的编著中。书中雷载权将中药归经理论的形成与发展划分为秦汉、唐宋、金元、明清、近现代五大阶段，分别是中药归经理论形成的萌芽阶段、承

上启下阶段、形成阶段、成熟阶段及发展阶段。通过对不同历史时期中药归经理论进行阶段划分,完整地展现了中药归经理论的形成与发展。

中药归经理论以脏腑经络学说和五味理论为基础,第六版教材中,雷载权结合脏腑理论,对于某些药物以经络系统为依据确定归经做了较为详细的阐述,更加完善了归经理论。

④毒性:《神农本草经》根据药物有毒无毒分为上、中、下三品。20世纪50年代出版的各地方版本和第一版教材均未在总论部分阐述毒性相关内容,只在具体药物下以"有毒""有小毒"标注。第二版教材将"有毒与无毒"作为性能的一个方面进行叙述,提出毒性一方面指"偏性",一方面指能导致中毒的毒"副作用"。然而,第三、四版却无"毒性"概念,直到第六版教材首次提出狭义毒性概念,并明确指出"毒性是指药物对机体的损害性"。在中医药几千年的发展历史中,"毒性"概念始终存在,体现了雷载权学术思想的客观性和科学性。

表4 第一至四、六版教材毒性发生较大改变的中药

编号	名称	一版	二版	三版	四版	六版
1	鸦胆子	无毒	无毒	无毒	无毒	有小毒
2	川楝子	无毒	无毒	无毒	无毒	有小毒
3	朱砂	无毒	无毒	无毒	有毒	有毒
4	刺蒺藜	无毒	无毒	无毒	无毒	无毒
5	罗布麻	\	\	\	无毒	无毒
6	罂粟壳	无毒	无毒	无毒	无毒	有毒
7	桃仁	无毒	无毒	无毒	无毒	有小毒
8	黄药子	\	\	无毒	无毒	有毒
9	豨莶草	有小毒	有小毒	无毒	无毒	无毒
10	花椒	有毒	有毒	有小毒	有毒	无毒
11	蜂房	有毒	有毒	有毒	有毒	无毒
12	蛤蚧	有小毒	有小毒	无毒	无毒	无毒
13	山慈姑	有小毒	有小毒	\	有毒	有小毒

此外，1987年雷载权主编的西南西北片区高等中医院校试用教材《中药学》对功效分类进行了较大调整。与第五版教材相比，增加了"截疟药"，将原有的"化痰止咳平喘药"分化为"化痰药"和"止咳平喘药"，"平肝息风药"分化为"平肝潜阳药"与"息风止痉药"，"芳香化湿药"更名为"化湿药"，"芳香开窍药"更名为"开窍药"，"外用药及其他"更名为"攻毒疗疮及其他药"；还在某些章内增设或分化为若干节，如"清热药"中增设"清风明目药"，将"祛风湿药"分为"祛风湿止痛药""祛风湿活络药""祛风湿强筋骨药"；"利水渗湿药"分为"利水消肿药""利水通淋药""利湿退黄药"，"化痰药"分为"温化寒痰药""清化热痰药"，"活血化瘀药"分为"活血止痛药""活血止痛药""活血调经药""活血疗伤药""活血消痛药""破血消癥药"，"止血药"分列为"化瘀止血药""收敛止血药""凉血止血药""温经止血药"，"收涩药"分列为"敛肺止汗药""涩肠止泻药""涩精缩尿药""固崩止带药"等，使功效分类更趋完善。

三、著　作

1.《中药学（中医专业自学考试指导丛书）》（四川科学技术出版社，1989）

（1）编写背景

本书是针对高等教育中医专业自学考试在四川、辽宁、北京、天津、上海五省市进行试点的背景下，成都中医学院作为四川中医专业的主考院校，承担了高等教育自考中医专业各科的命题、评卷等任务并编写了一套"中医专业自学考试指导丛书"。该套丛书计有《中医基础理论》《中医诊断学》《中医方剂学》《中药学》《医古文》《中医内科学》《中医妇科学》《中医儿科学》《中医外科学》《针灸学》《正常人体解剖学》《生理学》《西医内科学基础》等13分册。"中医专业自学考试指导丛书"密切配合高等教育中医专业自学考试的开考科目、紧扣考试计划指定的必读教材，即全日制高等中医院校统编教材（第五版），以卫生部组织编写审定的中医专业自学考试大纲为依据进行编写，内容上着眼于各科的重点、难点、疑点，对自学应考者必须掌握的基本理论、基本知识和基本技能进行指导，具有重点突出、条理清晰、提纲挈领、易学易记、少而精的特点。

（2）主要内容

全书分导言、总论和各论三部分。导言主要谈对本书的自学方法。总论、各论是根据全国高等教育《中药学》自学考试大纲的要求，逐章分条加以叙述，便于自学。总论中包含中药的起源、中药学的发展、中药的产地与采集、中药的炮制、中药的性能、中药的应用五大内容。各论中所载320种药物，除极少数根据药材和使用实际情况略有调整外，其他均为自考大纲中要求掌握、熟悉的药物；对大纲要求明确的术语也做了简要的解释，重点在于突出辨证用药的理法，并有选择地引用古今医家实际应用中药的有效方例，以便自学者领会和掌握前人积累的用药理法和经验。该书还主要根据《中华人民共和国药典·一部》（1985年版）和当时各省区市现行的《药材标准》，对药物来源、产地、采收和炮制的影响等做了补充编写，使之更符合我国当时的中药实际，使自学的内容与实际紧密结合。

2.《实用食疗方精选》（雷载权、张廷模主编，中医古籍出版社，1998）

（1）编写背景

中医食疗是中国医药学的重要组成部分，是中华民族宝贵的科学文化遗产。中国医药学在几千年来治疗疾病的历史过程中积累了非常丰富的食疗经验，并逐步形成许多珍贵的关于食疗的学术思想与专著。《淮南子·修务训》记载："（神农）尝百草之滋味、水泉之甘苦，令民知所避就"，反映了我国人民在远古时期就不断通过大量的实践特别是亲身的体验，逐渐认识食物和药物的性味，用以摄生和治病。在"医食同源"的基础上，中国医药学，包括辨证论治和辨证食疗，都相互联系地发展起来。《内经》最早记载用药膳治病，全书共载13方，属药膳方有6首。《灵枢·五味篇》记载了五脏病变的食治方法。《神农本草经》收载药物大部分都是食药通用的日常食物。《伤寒杂病论》阐述了饮食滋味诸如禽兽鱼虫之属在摄生预防和治疗疾病中的禁忌与功效，强调"所食之味，有与病相宜，有与身为害，若得宜则益体，害则成疾"，同时创猪肤汤、百合鸡子汤、当归生姜羊肉汤等典型的食疗方剂，将辨证药治与食治有机地结合起来，把辨证食治纳入中医辨证论治的理论和实践体系之中，为中医食疗学奠立了重要的基石。曹操曾立"食制"，亲自撰写《四时御食物》。《肘后方》中最早使用海藻治瘿病，羊肝治雀盲。据《隋书·经籍志》所载，在隋以前，有关食疗的专书有27种，但多已失传。《千金方》中专列"食治篇"，分果实、菜蔬、谷米、鸟兽四门，载有许多关于食疗的学术思想和药膳方剂。《食疗本草》是我国现存最早的食疗专著。陈士良著《食性本草》进一步将饮食和药物系统分类，创制药膳方剂，阐述四时饮食与调养的方法及其与医疗的重要关系。《太平圣惠方》有28种病证专门论述了食疗方剂和食治方法。《圣济经》设"食颐"专篇。《寿亲养老新书》（宋代以来集老年病防治学说之大成，是我国现存最早的一部中医老年病学的专著）全书载方231首，其中食疗方达162首。《饮膳正要》是一部著名的食疗专著，对养生、妊娠禁忌、营养疗法、饮食卫生、食物中毒等都有论述；卷三收载有关食物本草约200种；书中还载药膳方14种、汤类35种、抗衰老药膳方21种。《儒门事亲》对中医养生和食疗有许多重要的论述和发挥，具体记载了一系列食剂以养生和治病的方法。《本草纲目》收载了许多药膳方，其中药粥42种、药酒75种。《遵生八笺》载汤类32种、粥类35种，是一部中医养生学专著。明清时期，关于对各种食疗方剂、药物和食物的性味功用的研究有很大发展，先后出现了朱楠《救荒本草》，王颖、卢和《食物本草》，宁原《食鉴本章》等著作。徐春甫的《古今医统大全》是一部兼采名家之长、分科汇编的全书，其中载有菜汤、酒、酱油、鲜果、酥饼、蜜饯等许多品种，并做了比较详细的论述。当时医家还十分重视搜集整理散载于历代医著、宫廷或民间流传的"食谱""粥谱"以及"博物志"中有关食疗和药膳的内容，撰写成不少专著，诸如何克谏《食物本草备考》、王士雄《随息居饮食谱》、费伯雄《食鉴本草》等，都堪称中医食疗的佳作。清代，在王宫贵族中，研究和应用食疗很受重视，《清宫秘方》《清宫食谱》《清宫医案和医方》等都有不少记载。

总之，我国历代有关中医食疗的著作很多，据初步统计，从汉代到清末共有三百多部,而散见于诊籍、医案、医话及其他著述中有关食疗和药膳的内容更不可胜数。虽然历代有关中医食疗的学术思想和实际经验十分丰富,但是,由于历史的原因和时代的局限性,对于中医食疗的丰富理论和经验,长期缺乏系统深入的整理、发掘、研究,尤其令人惋惜的是,其中大量珍品在历代不断散失、失传,现今尚可查到的食疗书籍已经不多了。中医食疗始终缺乏系统化、理论化和规范化,没有在中医理论体系中形成相对独立的分支学科,没有形成比较系统的科学体系。因此,认真地、系统地继承中医食疗的理论经验,在全面整理、深入发掘、系统研究的基础上,逐步加以提高和发展,形成当代中医食疗学新的理论与实践的体系,就成为一项非常迫切而艰巨的任务。

(2)主要内容

《中医学》一书分解表食疗剂、清热食疗剂、泻下食疗剂、温里食疗剂、祛风湿食疗剂、利水除湿食疗剂、化痰止咳食疗剂、消食食疗剂、理气食疗剂、活血化瘀食疗剂、止血食疗剂、安神食疗剂、平肝潜阳食疗剂、补益食疗剂、固涩食疗剂共十五章,每章中首先说明其定义、立法依据、功效与适应证、使用注意等。收载体现中医治疗法则的常用代表食疗方剂544首(其中正方183首),其内容有组成、用法、功效与适应证、方义解说、使用注意等五项,功用近似的方剂则作附方,附列于正方之后。书中收录的食疗方剂均经过临床实践检验,疗效确实,具有代表性,并有医药文献资料为依据。其中有的在原著中不具方名,此次统一拟定方名。方义解说一项是全书的重点内容,该部分试图以中医药基本理论和知识,说明该方的功能应用特点及其防治疾病的机理。

3.《中华临床中药学》(雷载权、张廷模主编,人民卫生出版社,1998)

(1)编写团队

《中华临床中药学》由卫生部前部长张文康任编委会顾问,国家中医药管理局前副局长任德权任编委会主任委员,著名中医药专家雷载权任第一主编,由成都、北京、南京、广州中医药大学及福建中医学院,中国人民解放军第一军医大学共30位中药学专家编写。全书以临床实用性为主旨,选择常用和比较常用的中药600余种，去芜存菁，探幽发微，融会今知，见地新颖，体例合理，内容丰富，可谓继承不泥古，发扬不离宗，独树一帜。其在学术性和可读性等方面，均能反映出该系列的质量。

（2）主要内容

全书为上、下两卷，分总论、各论、索引三部分。

总论较全面深入地阐述了中药学的基本理论，首先介绍本草、中药、中药学的含义，学科性质与特点；概述中药的形成和中药学的发展，其中着重阐述各个历史时期学术发展特点及主要本草著作，介绍了中药的广泛来源，常见的命名、分类方法。本书是以突出临床应用为主，故采用了按功效分类的方法；着重介绍中药的产地、采集、贮存与药效的关系，以及在保证药效前提下如何发展道地药材生产和适时采集与贮存中药的有关知识；介绍中药的炮制的目的和方法，强调合理炮制，以确保疗效与使用安全；介绍中药作用的基本原理，无论是在治疗、保健还是毒、副作用方面都进行了一定的探讨，于功效，则着重分析了它的理论发展进程和与性能间的关系；中药的性能是总论的重要组成部分，主要阐明四气、五味、升降浮沉、归经、补泻、毒性和其他有关中药药性理论的概念及中药治病的基本原理；对中药的配伍、用药禁忌、剂量、用法等加以论述，其中配伍则以阐明配伍的目的、原则和七情的含义为主，用药禁忌以概述病证用药禁忌、配伍禁忌、妊娠用药禁忌和服药时的饮食禁忌等的概念和内容为主，剂量与用法部分着重介绍了剂量与药效的关系，确定剂量大小的依据，以及中药的一般常见服用方法等内容。

各论系统整理了全国各地常用和比较常用，且为目前国家中药材公司或市场有所营销者共611味（其中正药583味、附药28味），按主要功效分列为21章介绍。每章先立概说，介绍该草药的含义、性能特点功效与适应证，配伍原则和使用注意等。章下有节者，亦在节前简要概述其共有的特点。对各药临床应用的有关知识，均着意加以归纳阐释和发挥，又尽量避免繁杂的引证和文献资料的堆例，既要全面介绍和评价，又力求做到"新""精"兼备。

每味药则以《中华人民共和国药典》（1995年版一部）及有关省的现行《中药材标准》和本草学沿用已久的名称为"正名"，并注明其记载的最早本草文献。而后概括介绍药物一般情况，包括原植物、动物或矿物的中文名、拉丁学名、药用部位、主要产地，采收、优质药材的主要性状特征、加工炮制及贮存要求等。历史部分扼要介绍本草文献中有关的异名、必要的释名及古今对其功用发展的综述。然后，运用中医药基本理论着重总结归纳出该药的"性能""功效""应用"等项的具体内容，其中"应用"一项是重中之重，要全面突出主治病证和阐明其在辨证用药方面的理法特色，并有选择地引用古今医家实践有得的名方为例，以便读者领会掌握这些丰富而宝贵的用药经验、研究成果。"用法用量"介绍成人内服一日剂量，有特殊剂型、给药途径及用量者，亦一并介绍；对炮制后功效有变化者，说明其区别用法；对有毒药物剂量的标定，则充分注意其安全有效。使用注意，除从证候、配伍、妊娠、饮食等方面的用药实际予以介绍外，对某些毒副反应表现及特异解毒方法，亦尽量加以说明。按语部分，以讨论为主，凡对该药内容的诸方面需要正误、补充、澄清或商榷者，均在此逐一分项讨论，以充分反映当代新的成果、进展或作者的学术见解，为临床用药提供参考。现代研究部分，着重精选有关化学成分和药理实验结果的主要内容，并有选择地但却是尽量地介绍临床新用。这样的目的，是想让传统中医药的优势特色逐步与现代科学技术相结合。如有附药，将其内容概括为一段文字，附列于后。

"临床新用"是针对凡在功效、主治病证、因证配伍、剂型及其他用法等方面，有别于传统的使用方式，且以该药单用，或以之为主，组方较精，配伍药味不多（一般在三四味），而归入"应用"部分，又感不太成熟或欠可靠者，均纳入这一项下。

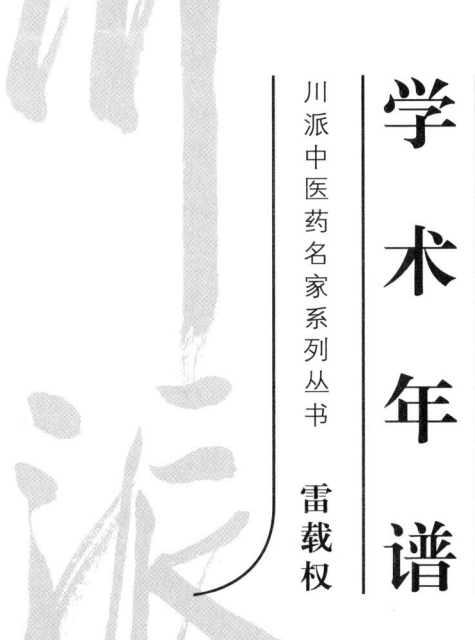

川派中医药名家系列丛书

学术年谱

雷载权

1928年 5月28日，出生在四川省内江市。

1952年 任内江市东兴医院中医内科医师。

1954年 考入四川省中医进修学校。

1956年 调入成都中医学院。

1960年 获"全国文教卫生战线先进工作者"，参编《中药学》第一版教材。

1964年 参编《中药学》第二版教材。

1977年 参编《中药学》第三版教材。

1978年 晋升讲师，获四川省科技二等奖，参编《中药学》第四版教材。

1979年 获成都市先进生产（工作）者。

1981年 晋升副教授、硕士研究生导师，任中药教研室主任。

1987年 晋升教授，主编西南西北片区高等中医院校试用教材《中药学》。

1989年 主编中医专业自学考试指导丛书《中药学》。

1992年 晋升博士研究生导师，列为国务院学位委员会中医药学科评议组成员，享受政府特殊津贴。

1995年 主编普通高等教育中医药类规划教材《中药学》。

1998年 主编《中华临床中药学》《使用食疗方精选》。

2016年 5月20日，因病离世。

主要参考文献

一、图书

[1] 成都中医学院.中药学讲义[M].北京：人民卫生出版社，1960.

[2] 四川中药志编写组.四川中药志[M].成都：四川人民出版社，1979.

[3] 雷载权.中药学[M].成都：四川科学技术出版社，1989.

[4] 雷载权.中药学[M].上海：上海科学技术出版社，1995.

[5] 雷载权，张廷模.中华临床中药学[M].北京：人民卫生出版社，1998.

[6] 雷载权，张廷模.使用食疗方精选[M].北京：中医古籍出版社，1998.

[7] 梁繁荣.名老中医药专家学术经验选编[M].北京：人民卫生出版社，2017.

[8] 王建.凌一揆[M].北京：中国中医药出版社，2018.

二、论文

[1] 雷载权.略谈下法[J].成都中医学院学报，1983（3）：48-52.

[2] 雷载权.下法在急腹症方面的应用[J].成都中医学院学报，1983（2）：17-18.

[3] 彭成，雷载权.四君子汤对消化、运动、吸收作用的实验研究[J].中药药理与临床，1995（5）：6-8.

[4] 彭成，雷载权.四君子汤抗脾虚动物胃肠细胞损伤的机理研究[J].中药药理与临床，1996（1）：1-4.

[5] 彭成，雷载权.四君子汤抗脾虚动物胃肠细胞损伤的研究[J].中药药理与临床，1995（6）：7-10.

[6] 彭成，雷载权.人参皂甙健脾益气作用的实验研究[J].中药药理与临床，1997（5）：18-20.

[7] 彭成，雷载权.人参皂甙抗脾虚动物胃肠细胞损伤机理的研究[J].中国中西医结合杂志，1999（S1）：54-56.

[8] 邹文俊，雷载权，张廷模.解表用药规律探讨[J].成都中医药大学学报，2001（1）：7-9.

[9] 邹文俊，王家葵，雷载权，等．羌蓝汤解热作用机理的探讨[J]．中药药理与临床，1999（3）：27-29．

[10] 陈建萍，张之文，雷载权．辛凉解表法的再认识[J]．广州中医药大学学报，1998（3）：223-224．

[11] 陈建萍，张之文，雷载权．辛凉解表法的再认识[J]．中国中医基础医学杂志，1998（7）：34-36．

[12] 陈建萍，张之文，雷载权．早期使用苦寒药与温病卫气传变[J]．中医杂志，1998（7）：443-444．

[13] 陈建萍，张之文，雷载权．关于温病卫分证使用大黄的认识[J]．广州中医药大学学报，1998（1）：6-9．

[14] 陈建萍，雷载权，张敏，等．葛黄汤对肺炎球菌感染大鼠白细胞介素-6的影响[J]．中山医科大学学报，1998（1）：80-81．

[15] 余林中，吴锐，黄泳，等．凉膈散对家兔内毒素温病模型的解毒作用研究[J]．中药药理与临床，1996（5）：4-6．

[16] 余林中，吴锐，陈红，等．凉膈散对小鼠内毒素血瘀模型微循环的影响[J]．中药药理与临床，1996（2）：3-5．

川派中医药名家系列丛书

徐楚江

主编 ◎ 余凌英 胡昌江

西南交通大学出版社
·成都·

图书在版编目（CIP）数据

川派中医药名家系列丛书. 徐楚江 / 余凌英，胡昌江主编. --成都：西南交通大学出版社，2023.11
ISBN 978-7-5643-9566-7

Ⅰ. ①川… Ⅱ. ①余… ②胡… Ⅲ. ①徐楚江–生平事迹②中医临床–经验–中国–现代 Ⅳ. ①K826.2 ②R249.7

中国国家版本馆 CIP 数据核字（2023）第 223857 号

徐楚江生活照　　　　　　　　徐楚江生活照

徐楚江（左）在门诊

徐楚江（左）在会议上发言

徐楚江在全国会议发言

徐楚江（中）和老药工在一起

徐楚江（左二）赴日本讲学

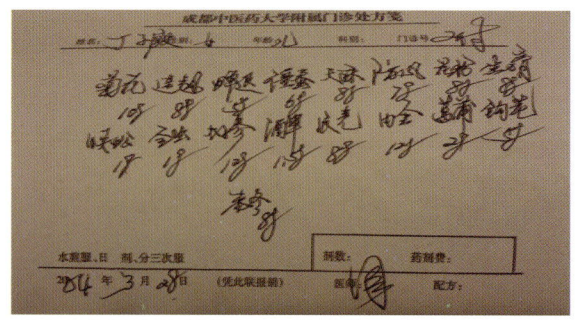

徐楚江处方手迹

编委会

《川派中医药名家系列丛书》编委会

总 主 编：田兴军　杨殿兴

副总主编：李道丕　张　毅　和中浚

总 编 委：尹　莉　陈　莹

编写秘书：彭　鑫　贺　飞　邓　兰

《徐楚江》编委会

主　　编：余凌英　胡昌江

副 主 编：陈志敏

编　　委：（按姓氏笔画）

　　　　　刘荣强　余凌英　陈志敏

　　　　　胡昌江　徐万勇

总序——加强文化建设，唱响川派中医

四川，雄居我国西南，古称巴蜀，成都平原自古就有天府之国的美誉，天府之土，沃野千里，物华天宝，人杰地灵。

四川号称"中医之乡、中药之库"，巴蜀自古出名医、产中药，据历史文献记载，从汉代至明清，见诸文献记载的四川医家有1000余人，川派中医药影响医坛2000多年，历久弥新；川产道地药材享誉国内外，业内素有"无川（药）不成方"的赞誉。

医派纷呈　源远流长

经过特殊的自然、社会、文化的长期浸润和积淀，四川历朝历代名医辈出，学术繁荣，医派纷呈，源远流长。

汉代以涪翁、程高、郭玉为代表的四川医家，奠定了古蜀针灸学派，郭玉为涪翁弟子，曾任汉代太医丞。涪翁为四川绵阳人，曾撰著《针经》，开巴蜀针灸先河，影响深远。1993年，在四川绵阳双包山汉墓出土了最早的汉代针灸经脉漆人；2013年，在成都老官山再次出土了汉代针灸漆人和920支医简，带有"心""肺"等线刻小字的人体经穴髹漆人像是我国考古史上首次发现，应是迄今我国发现的最早、最完整的经穴人体医学模型，其精美程度令人咋舌！又一次证明了针灸学派在巴蜀的渊源和影响。

四川山清水秀，名山大川遍布。道教的发祥地青城山、鹤鸣山就座落在成都市。青城山、鹤鸣山是中国的道教名山，是中国道教的发源地之一，自东汉以来历经2000多年，不仅传授道家的思想，道医的学术思想也因此启蒙产生。道家注重炼丹和养生，历代蜀医多受其影响，一些道家也兼行医术，如晋代蜀医李常在、李八百，宋代皇甫坦，以及明代著名医家韩懋（号飞霞道人）等，可见丹道医学在四川影响深远。

川人好美食，以麻、辣、鲜、香为特色的川菜享誉国内外。川人性喜自在休闲，养生学派也因此产生。长寿之神——彭祖，号称活了800岁，相传他经历了尧舜夏商诸朝，据《华阳国志》载："彭祖本生蜀"，"彭祖家其彭蒙"，由此推断，彭祖不但家在彭山，而且他晚年也落叶归根于此，死后葬于彭祖山。彭祖山座落在成都市彭山县，彭祖的长寿经验在于注意养生锻炼，他是我国气功的最早创始人，他的健身法被后人写成《彭祖引导法》；他善烹饪之术，创制的"雉羹之道"被誉为"天下第一羹"，屈原在《楚辞·天问》中写道："彭铿斟雉，帝何飨？受寿永多，夫何久长？"反映了彭祖在推动我国饮食养生方面所做出的贡献。五代、北宋初年，著名的道教学者陈希夷，是四川安岳人，著有《指玄篇》《胎息诀》《观空篇》《阴真君还丹歌注》等。他注重养生，强调内丹修炼法，将黄老的清静无为思想、道教修炼方术和儒家修养、佛教禅观会归一流，被后世尊称为"睡仙""陈抟老祖"。现安岳县有保存完整的明代陈抟墓，有陈抟的《自赞铭》，这是全国独有的实物。

四川医家自古就重视中医脉学，成都老官山2021年冬出土的汉代医简中就有《逆顺五色脉臧验精神》一书，其余几部医简经整理定名为《脉书·上经》《脉书·下经》《刺数》《叐理》《治六十病和齐汤法》《疗马书》。学者经初步考证推断极有可能为扁鹊学派已经亡佚的经典书籍。扁鹊是脉学的倡导者，而此次出土的医书中脉学内容占有重要地位，一起出土的还有用于经脉教学的人体模型。唐代杜光庭著有脉学专著《玉函经》三卷，以后王鸿骥的《脉诀采真》、廖平的《脉学辑要评》、许宗正的《脉学启蒙》、张骥的《三世脉法》等，均为脉诊的发展做出了贡献。

昝殷，唐代四川成都人。昝氏精通医理，通晓药物学，擅长妇产科。唐大中年间，他将前人有关经、带、胎、产及产后诸症的经验效方及自己临证验方共378首，编成《经效产宝》三卷，是我国最早的妇产学科专著。加之北宋时期的著名妇产科专家杨子建（四川青神县人）编著的《十产论》等一批妇产科专论，奠定了巴蜀妇产学派的基石。

宋代，以四川成都人唐慎微为代表撰著的《经史证类备急本草》，集宋代本草之大成，促进了本草学派的发展。宋代是巴蜀本草学派的繁荣发展时期，陈承的《补注神农本草并图经》，孟昶、韩保昇的《蜀本草》等，丰富、发展了本草学说，明代李时珍的《本草纲目》正是在此基础上产生的。

宋代也是巴蜀医家学术发展最活跃的时期。四川成都人、著名医家史崧献出了家藏的《灵枢》，校正并音释，名为《黄帝素问灵枢经》由朝廷刊印颁行，为中医学发展做出了不可估量的贡献，可以说，没有史崧的奉献就没有完整的《黄帝内经》。虞庶撰著的《难经注》、杨康侯的《难经续演》，为医经学派的发展奠定了基础。

史堪，四川眉山人，为宋代政和年间进士，官至郡守，是宋代士人而医的代表人物之一，与当时的名医许叔微齐名，其著作《史载之方》为宋代重要的名家方书之一。同为四川眉山人的宋代大文豪苏东坡，也有《苏沈内翰良方》（又名《苏沈良方》）传世，是宋人根据苏轼所撰《苏学士方》和沈括所撰《良方》合编而成的中医方书。加之明代韩懋的《韩氏医通》等方书，一起成为巴蜀医方学派的代表。

四川盛产中药，川产道地药材久负盛名，以回阳救逆、破阴除寒的附子为代表的川产道地药材，既为中医治病提供了优良的药材，也孕育了以附子温阳为大法的扶阳学派。清末四川邛崃人郑钦安提出了中医扶阳理论，他的《医理真传》《医法圆通》《伤寒恒论》为奠基之作，开创了以运用附、姜、桂为重点药物的温阳学派。

清代西学东进，受西学影响，中西汇通学说开始萌芽，四川成都人唐宗海以敏锐的目光捕捉西学之长，融汇中西，撰著了《血证论》《医经精义》《本草问答》《金匮要略浅注补正》《伤寒论浅注补正》，后人汇为《中西汇通医书五种》，成为"中西汇通"的第一种著作，也是后来人们将主张中西医兼容思想的医家称为"中西医汇通派"的由来。

名医辈出，学术繁荣

新中国成立后，历经沧桑的中医药，受到党和国家的高度重视，在教育、医疗、科研等方面齐头并进，一大批中医药大家焕发青春，在各自的领域里大显神通，中医药事业欣欣向荣。

四川中医教育的奠基人——李斯炽先生，在1936年创办的"中央国医馆四川分馆医学院"（简称"四川国医学院"）中，先后担任过副院长、院长，担当大任，艰难办学，为近现代中医药人才的培养立下了汗马功劳。该院为国家批准的办学机构，虽属民办但带有官方性质。四川国医学院也是成都中医学院（现成都中医药大学）的前身，当时汇集了一大批中医药的仁人志士，如内科专家李斯炽、伤寒专家邓绍先、中药专家凌一揆等，还有何伯勋、杨白鹿、易上达、王景虞、周禹锡、肖达因等一批蜀中名医，可谓群贤毕集，盛极一时。共招生13期，培养高等中医药人才1000余人，这些人后来大多数都成为新中国成立后的中医药领军人物，成了四川中医药发展的功臣。

1955年国家在北京成立了中医研究院，1956年在全国西、北、东、南各建立了一所中医学院，即成都、北京、上海、广州中医学院。成都中医学院第一任院长由周恩来总理亲自任命。李斯炽先生继担任四川国医学院院长之后又成为成都中医学院的第一任院长。成都中医学院成立后，在原国医学院的基础上，又汇集了一大批有造诣的专家学者，如内科专家彭履祥、冉品珍、彭宪章、傅灿冰、陆干甫；伤寒专家戴佛延；医经专家吴棹仙、李克光、郭仲夫；中药专家雷载权、徐楚江；妇科专家卓雨农、曾敬光、唐伯渊、王祚久、王渭川；温病专家宋鹭冰，外科专家文琢之，骨、外科专家罗禹田，眼科专家陈达夫、刘松元；方剂专家陈潮祖，医古文专家郑孝昌；儿科专家胡伯安、曾应台、肖正安、吴康衡；针灸专家余仲权、薛鉴明、李仲愚、蒲湘澄、关吉多、杨介宾；医史专家孔健民、李介民；中医发展战略专家侯占元等。真可谓人才济济，群星灿烂。

北京成立中医高等院校、科研院所后，为了充实首都中医药人才的力量，四川一大批中医名家进驻北京，为国家中医药的发展做出了巨大贡献，也展现了四川中医的风采！如蒲辅周、任应秋、王文鼎、王朴城、王伯岳、冉雪峰、杜自明、李重人、叶心清、龚志贤、方药中、沈仲圭等，各有精专、影响广泛，功勋卓著。

北京四大名医之首的萧龙友先生，为四川三台人，是中医界最早的学部委员（院士，1955年）、中央文史馆馆员（1951年），集医道、文史、书法、收藏等为一身，是中医界难得的全才！其厚重的人文功底、精湛的医术、精美的书法、高尚的品德，可谓"厚德载物"的典范。2010年9月9日，故宫博物院在北京为萧龙友先生诞辰140周年、逝世50周年，隆重举办了"萧龙友先生捐赠文物精品展"，以缅怀和表彰先生的收藏鉴赏水平和拳拳爱国情怀。萧龙友先生是一代举子、一代儒医，精通文史，书法绝伦，是中国近代史上中医界的泰斗、国学家、教育家、临床大家，是四川的骄傲，也是我辈的楷模！

追源溯流，振兴川派

时间飞转，掐指一算，我自1974年赤脚医生的"红医班"始，到1977年大学学习、留校任教、临床实践、跟师学习、中医管理，入中医医道已40年，真可谓弹指一挥间。俗曰：四十而不惑，在中医医道的学习、实践、历练、管理、推进中，我常常心怀感激，心存敬仰，常有激情冲动，其中最想做的一件事就是将这些中医药实践的伟大先驱者，用笔记录下来，为他们树碑立传、歌功颂德！缅怀中医先辈的丰功伟绩，分享他们的学术成果，继承不泥古，发扬不离宗，认祖归宗，又学有源头，师古不泥，薪火相传，使中医药源远流长，代代相传，永续发展。

今天，时机已经成熟，四川省中医药管理局组织专家学者，编著了大型中医专著《川派中医药源流与发展》，横跨2000年的历史，梳理中医药历史人物、著作，以四川籍（或主要在四川业医）有影响的历史医家和著作为线索,理清历史源流和传承脉络,突出地方中医药学术特点,认祖归宗,发扬传统,正本清源,继承创新,唱响川派中医药。其中,"医道溯源"是以"民国"前的川籍或在川行医的中医药历史人物为线索,介绍医家的医学成就和学术精华,作为各学科发展的学术源头。"医派医家"是以近现代著名医家为代表,重在学术流派的传承与发展,厘清流派源流,一脉相承,代代相传,源远流长。《川派中医药源流与发展》一书,填补了川派中医药发展整理的空白,是集四川中医药文化历史和发展现状之大成,理清了川派学术源流,为后世川派的研究和发展奠定了坚实的基础。

我们在此基础上,还编著了《川派中医药名家系列丛书》,汇集了一大批近现代四川中医药名家,遴选他们的后人、学生等整理其临床经验、学术思想编辑成册。预计编著一百人,这是一批四川中医药的代表人物,也是难得的宝贵文化遗产,今天,经过大家的齐心努力终于得以付梓。在此,对为本系列书籍付出心血的各位作者、出版社编辑人员一并致谢!

由于历史久远,加之编撰者学识水平有限,书中罅、漏、舛、谬在所难免,敬望各位同仁、学者,提出宝贵意见,以便再版时修订提高。

中华中医药学会　　副会长
四川省中医药学会　　会长
四川省中医药管理局　原局长
成都中医药大学　教授　博士导师

2015 年春初稿
2022 年春修定于蓉城雅兴轩

编写说明

徐楚江教授是全国有名的中医药专家，他从13岁起就开始学习中医中药，对中医药有深刻的体会和丰富的经验，并在长期临床实践中不断完善。他生前不止一次希望将平生所学、所得保留下来，否则太可惜了。喜逢四川省中医药管理局组织编写"川派中医药名家"系列丛书，获准对中医药名家徐楚江教授学术思想及医药经验进行系统整理，希望此次收集编写整理能在一定程度上达成他的心愿。

本书收集了徐楚江教授相关资料、书籍、文章、手稿，并对相关人物进行访谈，然后对资料进行了分类整理、总结，包含徐楚江中药鉴定、炮制经验；中药制剂特别是中药丹剂制备的相关经验，临床经验、药膳；介绍了徐楚江在实践中如何对中药、方剂等进行相关研究的观点，从医药两方面反映了徐楚江教授医药兼善、医药有机结合的学术特色。

按照四川省中医药管理局课题要求，结合徐楚江教授在学术方面的具体情况，通过与相关人员交流，结合他的手稿以及出版的论文、论著，力求将他的经验、观点与学术思想体现出来，以使后人能够从中学到相关知识，也使他的学术思想能够继承与发展。

在编写过程中，我们力图通过理论与实践相结合的方式进行完整的表达，使读者能清晰地了解其相关思想与方法，也希望能够为中医、中药的发展提供一些有益的帮助。

此次整理获四川中医药管理局经费支持与帮助，编写过程中还得到了成都中医药大学、徐楚江教授的家人、学生以及其他相关人员的支持和帮助，特在此表示衷心的感谢！

目录

- 101 生平简介
- 105 学术思想
  - 106 一、遵古而不泥古
  - 107 二、中药炮制必须突出中医药临床指导，并紧密结合临床
  - 108 三、融会贯通的学术思想
  - 109 四、检验炮制质量的唯一标准是临床疗效
- 111 药学经验
  - 112 一、中药传统经验鉴别
  - 131 二、中药炮制的建树及贡献
  - 162 三、传统中药制剂独树一帜
- 171 医药结合
  - 172 一、医　话
  - 178 二、医　论
  - 183 三、常用独特药物及方剂
  - 190 四、药　膳
  - 190 　　（一）药膳相关理论
  - 195 　　（二）药膳的应用

207	**学术传承**
213	**论著提要**
214	一、论　文
219	二、著　作
227	**学术年谱**
231	**主要参考文献**

生平简介

川派中医药名家系列丛书　徐楚江

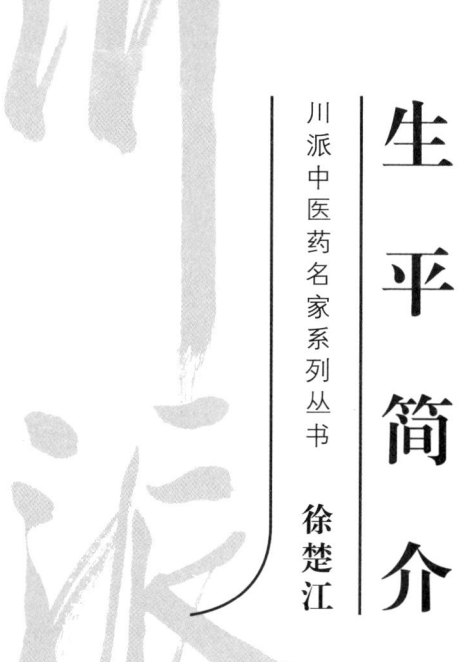

徐楚江（1921—2004），男，教授，硕士研究生导师，享受国务院颁发的政府特殊津贴，著名中医药专家，成都中医药大学中药炮制学科创建人之一。徐楚江1921年7月22日生于成都一个私塾世家，4岁读书，祖父、父亲兼喜医道，家中有中医药书籍，对他今后从事医药方面的工作起到了启蒙作用。徐楚江少年时家境贫穷，在13岁时到成都龙堂会药铺当学徒，拜成都名医段鹤龄为师。段鹤龄有40多年的行医经历，临床经验丰富，在当地颇有名气，同时他还开设了配方部兼批发部，以及"中伦"药材行栈。徐楚江请求投到他门下，希望成为医、药方面的通才。在入门之初，段鹤龄要求其先读《雷公炮炙论》《汤头歌诀》，后读《内经》《伤寒》《脾胃论》等著作，一般每位门人都要求每晚必读书3小时，白天则要识别药材，切药，调配处方，制备膏、丹、丸、散等传统剂型。中药丹剂是较难掌握的一项技术，处方组成、药性处理、火候控制和最后调配，各药房都是相互保密的。当时的师傅们都在深夜制备丹药，徐楚江也跟着熬更守夜，用黄连或熊胆等提神，经过勤学苦练，终于掌握了各种升丹、降丹的制备技术。在老师的严格督促、指导下，徐楚江积极、认真进行各项学习和创新，提高实践能力和认识水平。在跟随老师学习的过程中，徐楚江耳濡目染，各方面的水平不断提高，对老师的一些临床经验颇有体会，并在临床中不断实践。老师的思想、行为举止，使门人们敬重、敬佩，也使他们以师为目标，努力闯出自己的路。徐楚江立志献身中医药事业，光大学术，并暗下决心：不精通中医药专业理论知识与技能就不结婚，要发愤学习，努力提高自己的专业水平，并为中医药事业奋斗终生。为达成自己定下的目标，他发愤刻苦，夜以继日，手不释卷地勤读苦研，本着"人一能之，己十之；人十能之，己百之"地去战胜险阻，攻克了一个又一个难关。随着医药知识的逐渐丰富和深化，现有的学习状况已不能满足徐楚江旺盛的求知欲。他想遍访名医，无奈当时家庭条件不允许，他只能根据当时状况，因地制宜地学习。如成都人喜欢坐茶馆谈天说地。当条件允许，老师与同行在茶馆畅饮谈论时，他就仔细聆听，收集他们关于治病的经验、案例等。他尽一切可能，努力吸收所需知识，丰富自己，并由此逐渐形成了自己的学术思想体系。

随着时间推移，中国社会也在不断发生变化，中华人民共和国成立前，国民党政府提出了"废止旧医以扫除医药卫生之障碍案"，蓄意消灭中医中药，未果，又提出"废医存药"等主张，以肢解中医中药。成都举行了全市国药界工人员工大罢工，提出成立成都国药技工工会、提高待遇、改善工作条件等三项要求，向伪市政府请愿。徐楚江不顾个安危，挺身而出，并被推荐为首席代表。经过十余日的斗争，虽最后仍失败了，但此次活动团结了同行，增强了凝聚力，也进一步促进了他对中医药事业的热爱。他更加潜心阅读，理解与应用中医药经典著作，把理、法、方、药一体化，促进记忆、理解。成都解放后，"成都医药工会筹委会"成立，他当选为筹委会主任，并被选为成都市总工会筹备委员。在全行业的努力下，工会建立，完善了药工待遇、地位等。基于对事业的执着追求，他毅然舍政走回专业之路。

1951年5月，成都市第一人民医院成立。他到中医门诊部工作，并主持筹建了成都市第一家国营中药房——成都市第一人民医院中医门诊部中药房。良好的管理对全市相关行业起到了示范作用。在此期间，四川医学院药学系特聘他任教，从事中药鉴定、炮制制剂的教学，教学效果极好。学院希望他去从事专业教授，但市一医院舍不得放人，他只好三天在四川医学院教学，三天在市一医院门诊部工作。1962年，他又被成都中医学院特聘为中药炮制制剂教师，1964年，学校用2个本科生与中药材公司交换，他才正式调入成都中医学院。时值药学系创建初期，条件艰苦，没有成熟的办学方案，他自编教材，指导实验，在艰苦条件下培养了一批又一批中医药人才。

徐楚江精通中药炮制、中药鉴定、中药制剂。在中药鉴定方面，他有丰富的鉴别经验，善于鉴定常用中药不同产地的品种，对一些贵重药材的鉴别有自己的方法；在中药炮制方面他也有丰富的经验，对川派炮制也有体会，并结合历史文献，特别是唐代的相关资料，对传统道地药材的分布与现代地理关系进行了相关研究。他对传统中药制剂特别是传统丹药的制备有自己的经验，可以制备多种独特的丹药，并在临床实践加以应用。徐楚江对传统中药有深厚的理论基础和实践经验，同时对中医临床用药也有很高的造诣。他大半生从事中药炮制、中药制剂的教学、科研工作，但从不放松临床。他一直提倡医药紧密结合，认为要讲授好药学方面的课程，就要有扎实的中医学功底。他在授课时广泛结合中医药知识，深入浅出，体现医药的相关性、药物与临床疗效的关系等，深受同行和学生好评。他以严谨的科学态度对待祖国医药事业，做了大量研究工作，特别是抢救性地研究发掘了炮附子的炮制工艺，促进了中药炮制的发展。他曾先后担任中国中医药学会理事、中国药学会四川分会和中华全国中医学会四川分会理事、国家药典委员会委员、高等医药院校中药专业教材编审委员会委员、《全国中药炮制规范》编委、四川省政协医卫组成员、四川省科技顾问团顾问、教研室主任等，享受政府特殊津贴。他是硕士研究生导师，培养了 2 名硕士研究生。1991 年，徐楚江被国家确定为继承老中医药专家学术经验指导老师。

徐楚江担任了全国高校统编教材《中药炮制学》第一版和第二版主编；编写了《中药房管理学》；参与编写了《中华人民共和国药典》1985 年版和 1990 年版、《中华本草》《四川中药炮制经验集》和《四川省中药饮片炮制规范》；主审全国中专教材《中药炮制学》和专著《中药炮制与临床应用》等；在国内有影响的杂志上发表了多篇学术论文。

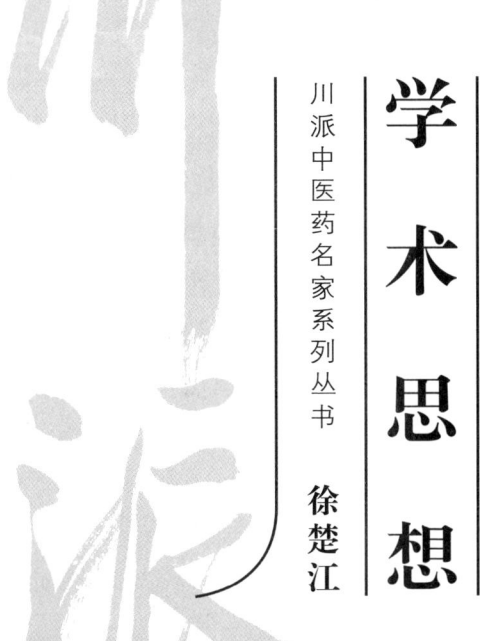

川派中医药名家系列丛书

学术思想

徐楚江

一、遵古而不泥古

中药炮制是我国的一项传统制药技术，是在中医辨证施治的实践中不断总结，逐步发展起来的，是历代中医药家经验的总结，是祖国医学宝库的一部分，有悠久的历史、丰富的经验和理论，对临床用药安全与有效起着重要作用，值得继承和发扬。

中药炮制在单味药的基础上逐步形成了理论。但理论落后于实践，如"炒炭存性"早在张仲景的时代就已经被提出来了，但时隔两千多年也没有多大的发展，徐楚江认为主要原因只有继承。炮制理论散载于医学书籍中，"炒炭存性"理论在妇科专著中也提出过，妇科应用炭也相对较多。徐楚江建议从妇科入手研究炭药。现存炮制理论的实用性有待科学评价。对中药炮制，要整理炮制清单，搞清楚炮制特点和规律是继承发扬的关键。徐楚江认为，对于具体药物，应明确炮制原意，重点整理炮制沿革，在此基础上对炮制方法进行分析。例如，就炮制过程而言，分为净选、切制、炮炙，每一步的操作是否必需且合理，如有的药物要求去心，因去心操作过程相对复杂，可否简化工艺不去心？该如何软化才能使药物的成分最大限度保存，并使生产时间缩短？如有工艺要求天南星、半夏等漂七七四十九天，这么长时间漂洗就没有必要。切制的片型是有利于提高药物疗效还是有利于鉴别？药物炮制后有增效减毒、利于临床应用等作用，但方法、辅料应用是否合理？如鱼鳔为补益药，滑石粉烫后易裹附较多的辅料，而滑石粉（白）有利尿作用，与鱼鳔的补肾作用是相矛盾的，所以徐楚江不建议用此法炮制鱼鳔。

中药炮制是为临床服务的，也应方便生产，应该用辩证的、科学的态度看待。中药炮制有许多行之有效的方法，提高了临床用药安全性和有效性。但中药炮制认识水平、生产条件、科学技术也在发展变化，不应该一成不变地全部按照传统方法进行炮制，合理的、科学的炮制方法与技术应该得到继承。遵古炮制与炮制的继承与发展并不矛盾。

传统中药炮制是基于作坊式的生产，以传统中医药理论为基础，并不一定是完全科学的，所采用的炮制方法与条件是根据当时所具有的生产条件、设备制定的。随着科学技术的发展和对炮制原理的逐步厘清，加之设备也在更新，规模在扩大，对炮制方法等的改进就提上了日程。徐楚江鼓励对品种进行工艺改进，以适应工业化生产需要，提高临床疗效。有些传统炮制工艺过程复杂，生产周期长，为生产效率和生产成本考虑，需要对工艺进行研究改革。如大黄、何首乌等传统生产工艺为九蒸九晒，操作手续繁冗，所需时间长，消耗了不少辅料和大量人力、物力，在不影响临床疗效的前提下，可对工艺进行改进。如百药煎，绝大多数用五倍子打细，加茶叶汁、酒曲拌匀而发酵，徐楚江在发酵时加入乌梅以增加生津止渴的功能，对百药煎的工艺进行了改革。

对炮附子工艺进行改进。附子是川产道地药材，但有毒性，临床多用炮制品，且需久煎，传统炮制方法复杂且濒临失传，附子炮制品规格也较多。故徐楚江在担任四川省科学技术顾问团顾问期间，对附子进行了系统研究。在附子的炮制工艺研究中，根据附子炮制目的，结合当时的设备，从传统方法至新兴的技术设备都进行了考察研究，考察指标包括外观性状、颜色、气味，并对疗效和毒性进行了全面比较，最后选择了微波炮制法，既能在性状上满足要求，又能提高安全性，增强疗效，并缩短生产时间。他的研究思路与方法给后人启示：遵古但不能拘泥于古。传统中药炮制方法需要继承，但也要根据科学技术的发展进行改进，但不能盲目，需要全面的科学基础研究，既保证药物安全有效，达到炮制目的，又能提高生产效率。

中药炮制需要传承，也需要发扬，二者要有机结合，不能硬性分开，各搞各的，将研究目的与研究手段明确，进行有组织、有计划、多学科结合的研究，方有利于中药炮制的发展。

二、中药炮制必须突出中医药临床指导，并紧密结合临床

中药饮片是汤剂和中成药的原料，中药炮制是联系中医和中药的桥梁。中药炮制的每一个环节都能对药物疗效产生不同程度的影响，因此临床疗效是炮制合理与否的标准。

中药采用不同的方法炮制后，形成不同炮制规格，四气、五味、升降

浮沉等性能产生变化，临床适应证也有差异。徐楚江在中药和中医方面均有丰富的造诣，将中药炮制与临床实际应用结合，更加深刻地体会中药炮制对中医临床的影响。

炒法是炮制的基本方法之一，与炙法、蒸、煮等方法有一定关系，都需加热或加辅料。如炒法用于辛凉类解表药，这类药性味辛凉，发汗解表作用较缓和。根据解表药的特点是"引邪外出"，外感症状多有恶寒发热，辛凉解表药可散风热引邪外出。由于肺主周身之气，气滞不行则寒颤，温邪内郁必以火化而为发病趋势，风热相搏，星火燎原，治则宜展气化以轻清，则火郁发而不陷，主要点在"宣"，故开合上焦，以伸越阳气。所以牛蒡子、白芥子等要炒，就属于"宣"发，若过于发汗就会伤津引起咳嗽等副作用。

中药炮制的研究应以中医药理论为指导，并结合药物的功能主治和临床应用。如巴豆是剧毒药，具有峻下冷积、逐水消肿、豁痰利咽之效。巴豆油是毒性成分，也是有效成分，主要刺激肠黏膜而泻水，泻下作用强烈。若丢掉残渣，只用巴豆油稀释至含油量18%～20%作为巴豆炮制品用于临床，就没有巴豆疗效中的破积作用，巴豆先破积后行水，标本兼治，若不攻积只行水，则达不到治愈目的。巴豆炮制只用巴豆油，达不到临床所需要的效果。作为传统用药，称"败龟板"即接近于枯朽，泡后再日晒雨淋后成败龟板，使浸出物含量降低，但临床上滋阴潜阳就用此药，研究中仅以浸出物含量变化不能很好地说明炮制品的临床效果，所以中药炮制研究不能脱离中医药理论，应结合临床进行。徐楚江曾指出炮制研究在结合临床方面不足，对指导临床应用也不足。

三、融会贯通的学术思想

中医中药博大精深，有丰富的理论和实践经验，留下了许多中医药著作。学习中医中药，必须读中医经典著作，特别是中医经典《黄帝内经》《伤寒杂病论》等，应认真、仔细读，也可结合临床医家的注解理解医理与方剂。除经典著作外，还应学习历代医家的特长，掌握医案精华，博采众长，注重临床实践，积累临床基础，逐步加深理解，融会贯通。叶天士说，医者，必须天资聪悟，要勤奋读万卷书，非如此，不能成良医。所以药乃刀刃耳熟，既可以救人，也可以杀人。所以后世子孙，非如此，不要为医。多读书，多思考，多总结，多实践才有利于学习好中医中药。

中医在长期的临床实践中积累的处方数以万计，作为医者，并不需要把所有的方都记下来。经方是经过临床实践证明疗效极好的处方，在经方上进行加减，对疾病的治疗有重要作用。但临床疾病千变万化，医者需要根据患者表现做出精准判断，方能给出符合病情的处方。《成方切用》曰："设仲景于今日，将必有审机察变，损益无已者，而谓录方可不切于时用乎！且病有标本先后，治有缓急逆从，医贵通变，药在合宜，苟执一定之方，以应无穷之证，未免实实虚虚，损不足而益有余，反致杀人者多矣。"方不在多，关键是能够根据病情，灵活应用经典处方。

中医临床治病，讲究理、法、方、药缺一不可。医者即使能辨证准确，给出合理的治法，但是如果对药不了解，也可能事倍功半。中药来源于自然，品种多，产地也多，炮制加工方法也多，不同药物性能各异，特点不同，若医者不知所用药物具体情况，不能合理给出适合疾病情况的药物与剂量，临床效果也将受影响。应做到"医知药情，药知医用；药到病除，妙手回春"。

中医中药是一个整体，应全面理解中医中药的理论，结合实践，将其融会贯通，为中医临床、中药生产服务。

四、检验炮制质量的唯一标准是临床疗效

中药炮制是为了使临床用药更安全、有效、方便所采用的方法。对于炮制品质量的分析判断，采用不同的方法与指标，但最终炮制质量是通过临床疗效来验证的。

长期以来，中药炮制程度没有客观的控制指标，以主观判断为主，而炮制程度与临床疗效息息相关。《太平圣惠方》中亦设专章讨论炮制技术，指出："凡合和汤药，务必精专，甄别新陈，辨明州土，修治合度，分两无差……草石昧其甘辛，炮炙失其体性，筛箩粗恶，分剂差殊，虽有疗疾之名，永无必愈之效。是以医者必须殷勤注意，再四留心。"《本草蒙筌》

中指出:"凡药制造,贵在适中,不及则功效难求,太过则气味反失。"由于炮制对药物质量有重要影响,对饮片质量的判断就尤为重要,在不同历史时期采用的方法与指标也不同。古代受技术条件限制,由老药工的经验,主要对炮制品的性状做出判断,此为主观判断,人为影响因素大。随着技术的发展和对中药研究的加深,中药饮片的质量控制已逐渐采用仪器检测,在经验判断基础上增加了一些客观指标。但由于基础研究程度不够,选用的控制指标有的只是部分有效成分,而且有些检测指标仅是指标性成分,其含量高低并不能与疗效等同。因此虽然在控制药材炮制质量的方法上有进步,但所采用的控制质量指标并不能真正反映饮片的疗效。

虽然用多项指标对中药饮片的质量进行控制,但其含量高、指标多并不一定代表饮片质量好,临床效果的好坏才能说明饮片质量的高低。临床疗效是检验饮片质量的唯一标准。

川派中医药名家系列丛书

药学经验

徐楚江

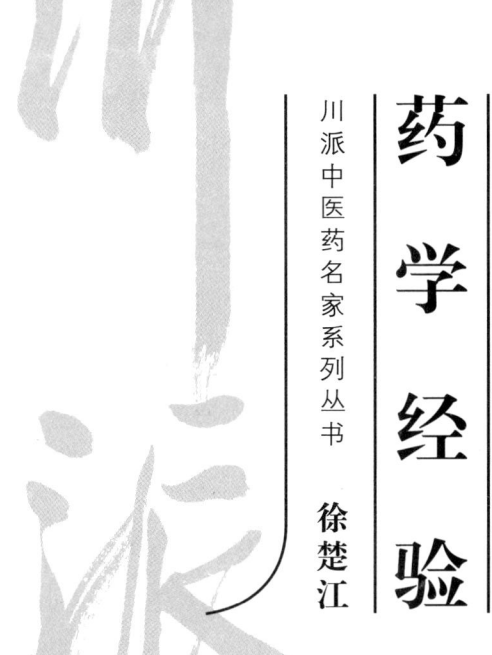

中药是在中医理论指导下应用的药物。中药来源于植物、动物以及矿物类，植物药占大多数，历代将记载中药的书籍称为"本草"。对中药的认识是我国劳动人民在长期的实践中逐渐深入的，由简单的认识、应用到方法、理论的系统总结，并采用先进技术手段进行科学研究，逐渐形成了中药学、临床中药学、中药鉴定学、中药炮制学、中药制剂学、中药药理学等多个分支学科。每种药物都有其自身的性味、功效，药物的疗效与它的来源、采收加工、炮制、制剂、贮存、运输以及临床合理运用等均有关系。因此，对中药的科学认识应采用全面系统的方法与手段，以使临床疗效更加明显。

徐楚江自少年时起就与中药打交道，经长期学习、实践，在中药鉴定、炮制、制剂等方面积累了丰富的经验，他也结合现代科学技术手段进行研究，对中药的传承与发展做出了重要贡献。

一、中药传统经验鉴别

中药品种众多，要保证临床疗效，需要明确中药的来源，才能有效鉴别中药的真、伪、优、劣。中药鉴定就是研究和鉴定药材品种和质量、制定中药质量标准，寻找和扩大新的药用资源。而中药来源是否合格，对药物的临床疗效有明确的影响。在以前没有仪器设备检验药物质量优劣的时期，全靠经验鉴别，但经验鉴别不是一朝一夕能够掌握的，凭的是长时间的积累，所以徐楚江在药材质量优劣鉴别方面经验显得尤为重要，现总结于后。

1. 对道地药材的鉴别整理

中药来源于自然，质量受自然环境、气候等方面因素的影响，不同环境、不同气候条件下，药材质量有所差别。药材可分为道地药材和非道地药材。道地药材是指一些具有历史悠久、产地适宜、品种优良、产量大、质量优、疗效突出、带有地域特点的药材。历代中医药学家都关注药材产地，如《神农本草经》载有"土地所出，真伪陈新……"，强调了区分药材的产地，讲究道地的重要性。其他重要的医药著作均对道地药材有所论述，包括《内经》《本草经集注》《新修本草》《千金翼方》等，特别是《新修本草》的论述："窃以动植形生，因方舛性，春秋节变，感气殊功。离其本土，则质同而效异。"这说明产地对药材质量的影响。

时代在变迁，药材产地也随时间推移可能发生变化，对药材道地产区的确认需要考证。徐楚江认为，药材由于产地不同，对药效有影响。道地药材因地质与气候有利于药材生长，质量相对较好，更有利于临床疾病的治疗。徐楚江在道地药材鉴别方面有很高造诣。他认为，唐代国力昌盛，科学发达，医药事业备受国家重视，道地药材的概念比较明确。唐代将全国分为13道、133州，由国家统一组织，将各道州有特色的药材收集起来加以整理研究，并发行了我国及世界历史上首部药典《新修本草》，图文并茂，对当时和现在的用药都有很强的指导意义。为此，徐楚江对唐代的道地药材分布、特点进行了系统研究和总结，以探索道地药材的原始意图。

以下按唐代地方行政区域13道，并关联现在的区域，分别根据产地分析不同药材的分布情况：

（1）淮南道

在淮水以南，东临北海，西抵汉水，南距长江，北距淮海。

表5 淮南道药材分布

原地区	现地区	药材名称
扬州	安徽当涂、黄山一带	白芷、鹿脂、鹿角、蛇床
寿州	安徽寿县一带	石斛
舒州	安徽怀宁	石斛
蕲州	河北蕲春	石斛
黄州	湖北黄石	石斛
光州	河南潢川	石斛
申州	河南信阳	白及

（2）江南东道

在长江以南，江苏、安徽南部及浙江、福建等地。

表6 江南东道药材分布

原地区	现地区	药材名称
润州	江苏镇江	踯躅、贝母、鬼白、半夏
越州	浙江绍兴	榧子、刘寄奴
婺州	浙江金华	黄连
歙州	安徽歙县	黄连
建州	福建建瓯	黄连
睦州	浙江淳安	黄连
泉州	福建闽侯	干姜

（3）河西道

在黄河以西，武威西北部，新疆东南部，祁连山以北。

表7 河西道药材分布

原地区	现地区	药材名称
凉州	甘肃武威	大黄、白附子、鹿茸
甘州	甘肃张掖	椒根
肃州	甘肃酒泉	肉苁蓉、百脉根
伊州	新疆哈密	伏翼、葵子
辰州	甘肃安西	甘草
西州	新疆吐鲁番、鄯善	葡萄
沙州	甘肃敦煌	石膏

（4）岭南道

在我国广东、广西及越南部分地区。

表8 岭南道药材分布

原地区	现地区	药材名称
广州	广州以北	石斛、白藤花、丁根、决明子、甘椒根
韶州	广东曲江	石斛、牡蛎、钟乳石
春州	广东阳春	石斛
封州	广东封川	石斛
泷州	广东罗定	石斛
潘州	广东茂名	蚺蛇胆
贺州	贵州德江东南部	蚺蛇胆
梧州	广西苍梧	蚺蛇胆
象州	广西象县	蚺蛇胆
恩州	广东恩平	蚺蛇胆
桂州	广西桂林	蚺蛇胆、滑石
柳州	广西马平	钓樟根、桂心
融州	广西融县西南	桂心
交州	越南河内一带	槟榔、龙眼、三百两根、木蓝子
峰州	越南北部	豆蔻

（5）河南道

在河南、山东黄河以南，江苏、安徽淮水以北。

表9 河南道药材分布

原地区	现地区	药材名称
洛州	河南宜阳一带	秦椒、黄鱼胆、黄石脂
穀州	湖北穀城一带	半夏、桔梗
郑州	河南、荥阳	秦椒
陕州	河南陕县	秸蒌、柏子仁
汝州	河南嵩山临汝	鹿角、鹿茸
许州	河南许昌	鹿茸
虢州	河南灵宝	茯苓、桔梗、寄生、细辛、秸蒌、石英
豫州	河南禹县	吴茱萸、鹿茸
齐州	山东历城	阿胶、防风、紫婆药
莱州	山东莱州	牡蛎、海藻、蛤、石决明、海螵蛸、牛黄
密州	山东诸城	海蛤、牛黄
泗州	江苏宿迁东南	麋脂、麋角
徐州	江苏徐州	桑寄生
淄州	山东淄川	防风
沂州	山东临沂	石英

（6）河北道

在东部临海，南至黄河，西距太行、恒山，北通山海关、居庸关。

表 10　河北道药材分布

原地区	现地区	药材名称
怀州	河南沁阳	牛膝
相州	河南安阳	知母、磁石
箕州	山西辽县	人参（党参）
檀州	河北密云	人参（党参）
幽州	河北涿州市	党参、知母、蛇胆
营州	河北迁安西部	野猪黄
平州	河北昌黎	野猪黄
沧州	河北沧县	蘿菌

（7）山南东道

在湖北西部长江以北，河南西部，四川东部。

表 11　山南东道药材分布

原地区	现地区	药材名称
邓州	甘肃文县	夜合欢、菊花、蜈蚣、牡荆、栀子花
均州	河北均县以北	玉竹
荆州	湖北江陵	橘皮
襄州	湖北襄阳	蓝实、雷丸、乌梅、蜥蜴、蜈蚣、贝母
夔州	重庆奉节	橘皮
硖州	湖北宜昌西北部	杜仲
房州	湖北房县武当山	獾脂、野猪黄
唐州	河南泌阳	鹿茸

（8）江南西道

在安徽西部长江以南，湖北南部长江以东及湖南东部。

表 12　江南西道药材分布

原地区	现地区	药材名称
宣州	安徽宁国	半夏、黄连
饶州	江西鄱阳	黄连
吉州	江西吉安	陟厘
江州	江西寻江	石斛
郎州	湖南常德	牛黄
永州	湖南零陵	石燕
郴州	湖南郴县	钓樟根
辰州	湖南沅陵	丹砂

（9）陇右道

在甘肃陇坂以西，武威以南，青海东部等地。

表 13 陇右道药材分布

原地区	现地区	药材名称
秦州	甘肃天水一带	防葵、芎藭、狼毒、鹿茸、麝香
成州	甘肃成县	防葵、狼毒
阆州	甘肃	肉苁蓉、鹿胶
武州	甘肃武都西北	石胆、雄雌黄
廓州	甘肃贵德一带	大黄
宕州	甘肃岷县	藁本、当归、独活

（10）剑南道

今四川剑阁以南，大江以北，甘肃蟠家山以南。

表 14 剑南道药材分布

原地区	现地区	药材名称
益州	四川广汉	黄环、姜黄、苡仁、常山、干姜
眉州	四川眉山	巴豆
绵州	四川绵阳北部	附子、瓜蒌
资州	四川资中	甘皮、巴戟天、析伤木
嘉州	四川乐山	巴豆、紫葛
邛州	四川邛崃	卖子木
泸州	四川泸州	蒟酱
茂州	四川茂县	升麻、羌活、金牙、芒硝、马齿矾、雄黄、大黄
巂州	四川越西	高良姜
松州	四川松潘	当归
当州	四川叠溪西北部	当归
扶州	甘肃文县	芎藭
龙州	四川江油	乌头类、巴戟天
柘州	四川康定一带	黄连

（11）关内道

在陕西终南山北，宁夏东南部，黄河以东。

表 15 关内道药材分布

原地区	现地区	药材名称
雍州	长安西北	柏子仁、茯苓
华州	陕西南部，汉中一带	五味、覆盆子、杜衡、防己、冬花、远志、白术
同州	陕西大荔	麻黄、芫黄
岐州	陕西凤翔岐山一带	防己、秦艽、甘草
宁州	甘肃东部、宁县庆阳	奄闾子、芜菁、蔓荆子、虻虫
鄜州	陕西鹿县一带	芍药、奄闾子、秦艽、黄芩
原州	甘肃固原一带	狼牙、苁蓉、白芍、黄芪、枫柳皮
延州	陕西延安	芫黄
泾州	陕甘边境、泾川长武	泽泻、防风、秦艽、黄芩
盐州	宁夏盐池	青盐
灵州	宁夏灵武一带	代赭石、肉苁蓉、野猪黄

（12）河东道

在黄河以东，山西全省。

表 16　河东道药材分布

原地区	现地区	药材名称
蒲州	山西永济	龙骨、化齿、紫参、五味、石胆
绛州	山西新绛等地	防风
隰州	山西隰县	当归、大黄
汾州	山西汾阳	石龙芮、石膏
潞州	山西长治	石脂、党参
泽州	山西阳城之西部	人参、防风、禹余粮
并州	山西阳曲	鬼督邮、白菀、龙骨、柏子仁、甘草
晋州	山西临汾	白垩、紫参
代州	山西雁门关、代县	柏子仁
蔚州	山西灵丘	松子
慈州	山西吉县	白石脂

（13）山南西道

在陕西汉中，四川川东至嘉陵江北部。

表 17　山南西道药材分布

原地区	现地区	药材名称
梁州	陕西南部	芒硝、理石、小檗、苏子、防己
洋州	陕西洋县	野猪黄
凤州	陕西凤县	鹿茸
始州	四川剑阁	重台、巴戟天
通州	四川达县	黄药子
渠州	四川渠县	卖子木
商州	陕西商县	香橼皮、厚朴、熊胆、龙胆草、菖蒲、獭肝、常山、秦椒、杜仲、莽草、枳实、芍药
金州	陕西安康	獭肝、莽草、枳实、枳茹、枳刺

2. 常用中药的鉴别经验

中药历史悠久，品种多、产地广，质量参差不齐，在临床应用中存在许多问题：历代本草记录有差别；地方习语、使用习惯不同；类似品、代用品、民间用药不断出现；药材外形很相似，功效差异明显，缺少鉴定指标；同名异物，同物异名等混杂现象普遍存在；不法商人，以次充好，以假乱真，制假、售假；管理环节上有漏洞，让中药材质量难以保证，严重影响到医生临床用药的安全有效。辨识药材的真伪优劣是一项重要的基础工作。

目前中药鉴别方法包括经验鉴别、显微鉴别、理化鉴别、DNA遗传分子标记技术、免疫技术、聚类分析法、指纹图谱技术等。除传统经验鉴别外，其他方法均要借助仪器设备或试剂、试药才能进行。不同方法各有优缺点。

传统经验鉴别是医药学家在长期实践中逐渐总结而得的，主要通过眼看、鼻闻、手摸、口尝、火试、水试等方法，结合药材自身的形、色、气、味等判断药材的质量，具有快速、简便的特点，是有效的中药鉴别方法。但该类方法要求鉴别者有丰富的实践经验。徐楚江在这方面有自己独到的经验，对多种常见药物鉴别得心应手，他能分别鉴别出不同品种、不同产地、不同质量的中药材。通过对徐楚江鉴别经验的总结，我们希望进一步挖掘出更多、更有用的鉴别经验为中药鉴别特别是快速鉴别提供有益的帮助。

（1）人参

人参根据产地可分为东北人参、朝鲜参和美国参；按生长方式有园参、移山参和野山参，其中野山参来源少，产量低，市场多无流通，只作为礼品赠送。

徐楚江认为一支完整的人参应具备下列九个方面的特征：第一，芦体节紧，即芦碗整齐，边缘齐轮，形如马牙，故称"马牙芦"，年代愈久其芦愈多；"灯草心"指园参芦细，芦碗只有一面或两面，不是几面，园参无圆芦。第二，"下垂艼"，指芦头下生一须根，多顺生下垂，不向上伸或旁伸，呈枣核形或纺锤形。园参则无，偶尔有也是上伸或上翘，只能称为参腿。第三，体（主根部分）部特征：野山参短横体纺锤形，又分"文形"和"武形"、菱角形或上粗下细，体态灵动，有灵性，称为"灵体"；园参则体态笨拙，"灵气"差，称为"笨体"或"呆体"。第四，具参气，味甜微苦，断面具深色环。第五，"铁线纹"，指环纹细密，色黑而清楚，肩部更为清楚，呈螺旋状，且一纹到底，园参则较少，如果有环纹也不深，较浅。第六，"落肩膀"，指芦头以呈落肩膀。第七，"细节皮"，指光而粗，皮细节，纵缩面小，园参无细节，纵缩面较大。第八，"少数腿（支根）"，是指野生者支根1～2条，很少3条，其腿上粗下细，园参腿多，粗细不一，或两条腿合生。第九，"珍珠尾"（须根尾），指一般人参质柔软，咬之如麻，有明显的小疙瘩；园参短而脆，多重生，如扫帚状，且五年以上才可能有此特点。

人参因品种、产地或炮制方法等不同，有不同特点。

① 园参

园参指人工种植的人参，因炮制加工方法不同，又分很多种。

生晒参：外形略扁，色黄白，味甘微苦，浆汁无损，质量较好；细质、细皮、结实、滋润、皮内粉者为优。粗皮、质松、皮破烂者为次，内心发黑者为劣。

白干参：趁鲜去其栓皮者，又称抛光参，外皮光滑，代充东洋参出现，其质量与生晒参同。

掐皮参：去其粗皮，干后用白线缠，其皮润，个（体）长，尾长，芦长。

白人参：加工方法与掐皮参相似，但不用线缠，其色好，无纵横纹，近芦碗处有横纹，支根上下无横纹，且连有须根。

糖参：与白参相近似，将浆水足者做成白参，不足者做成红参，先用排针打孔，浸糖，1 斤参浸 1.2 斤冰糖。

大力参：又分为粗顶光参和细顶光参，其尾椭圆，质坚硬。

参尾：系加工时修下的腿条或尾须，上端有横纹或条纹。质软、浆足、色白者为优，粗条又称为折尾参，细条称为细顶光。

参须（直须和弯须）：直须较好，弯须较次，理不伸更次，均要求色白、浆足。

红参：一般由园参去栓皮蒸后干燥即得，其色棕红，微透明，支根常摘去，其支根称为红参须，表面有纵纹，顶光，味微苦。支大长条形美观、皮老芦长叉子少、上有节、色红润者质优。

② 朝鲜参（高丽参）

朝鲜参在我国销售的品种以红参为多，白参较少。其红参又称为别直参，须根除去，根的上部不透明，红棕色，黄马挂，下部红黄色，微透明（淀粉糊化，呈角质状）。主要鉴别特征：芦头粗大而短圆，有双芦（东北产单芦）；芦头与正身不陷裂，正直下方直立不弯，无细尾，分叉少，色红润，带宝光，质极坚硬，煎汤不易糊化，煎出之汤澄清不混浊，以大小分档与边条参相似。主产于朝鲜的开城和板门，亦是栽培参。选择 5～6 年栽培者，以浆水足、重量达标为标准，5 条 / 斤为优品。

高丽参红参的炮制方法：以 2 磅压力蒸 80～100 分钟，再以 80～90℃维持一段时间，至全熟为止，80～90℃干燥，然后逐步降温，2 小时后保持 50～60℃干燥 1～2 小时，取出，在日光下晒干，蒸软包装。

③西洋参

西洋参为五加科植物西洋参的根。其商品又分为原皮参和去皮参等，其中原皮参又分为野原皮参、种原皮参和充原皮参等几个品种。

野原皮参：凡采挖后洗净直接晒干或烘干。大者如拇指，小者如蝉，形如菱角，内面淡白色，外土黄色，体实质轻，横纹发黑，细而致密是优品。

种原皮参：皮色淡黄，皮细，横纹不黑，体结实而沉重，味稍淡。

充原皮参：连皮晒干，切成小段，皮色灰黑，纹不细密，有纵槽纹，质坚硬，有酸、涩味。

去皮参：在原皮基础上喷水加浸（回潮），用细砂撞去外皮，也称之为粉光参。

野山参：正光 1 号西洋参，形如蚕，有细密横纹，间有槽纹，体直不弯，质轻有香味（参味），以支头大小分等级。

1 号粉光：1～3 寸大小，属去皮野山参范围，顶端有分枝。

2 号粉光：属栽培，颜色见白，纹络不及野山参紧密，体重。

进口参比轻重，注意其上浆否，以及是否浸入淀粉类物质充粉光。

（2）黄芪

呈圆柱形，极少分枝，上粗下细，表面灰黄色或淡棕褐色，有纵皱纹及横向皮孔。质硬略韧，断面纤维性，并显粉性，皮部黄白色，木部淡黄色，有菊花心，显放射状纹理及裂隙，气微、味微甜。

根据黄芪的产地来源，分为黑皮芪、白皮芪、红芪和箭芪。

① 黑皮芪

外皮灰黑，显很老的颜色。有些是用五倍子煎水染成此色的。

卜奎芪：外皮黑，质松，味带参气，皮松肉紧，味甘甜。主产于卜奎（今齐齐哈尔）。

延边芪（宁古塔芪）：外皮浅黑，内色淡黄。

正口芪（独石口主产）：主要指内蒙古芪，外皮灰黑，皮松肉紧。

其共性是灰黑色，气香，味甜，质滋润。

② 白皮芪（又称马芪或土地黄芪）

主要特点：外皮浅黄或土黄。

武川芪：根不直，土灰色，近根头处旁大，中间有髓心。

灰原芪：根淡棕色或灰棕色，横切片皮部淡黄色，木部淡棕黄色，形成层处呈棕色。

壮芪：根圆柱形，两头小中部偏大，有纵皱纹，断面纤维重，主产陕北与内蒙古附近。

绵芪（山西芪）：有粉性，外皮浅黄至土黄色，多弯曲，外浅中间鲜黄，称"金井玉兰"，质坚韧，气微，味甘。表面有丝网状物，能在手上挽圈又能拉伸，质绵。

③ 红芪（以甘肃岷县为中心）

分为野生和家种两种。表面灰红棕色，栓皮易脱，呈淡黄色的皮部及纤维。

正炮台芪：选适中的根条，均匀柔软者，用沸水焯过，揉搓使其根直，但味不如红芪。

冲正芪：染成黑色，人工做成黑皮芪，条大皮嫩，但根短，而不呈皮松肉紧。

④ 箭芪（又称库伦黄芪）

根条挺直如箭，近头部有枯心，外皮有绵网纹，皮灰色，质柔韧，坚而不脆，横断面黄白色，有"金井玉兰"，气清香，具有豆腥味，味甘香，久嚼无渣，主产蒙古国。

质量上乘之黄芪应该是主根挺直，皮松肉紧，皮部和木产有明显区别，菊花心，金井玉兰明显。

（3）当归

根呈圆柱形，外皮细密，黄棕色至深褐色，有纵缩纹及横长皮孔，根上端膨大，上粗下细，多扭曲，有少数须根茎，断面黄白色或黄棕色，皮部厚，有油点，形成层呈黄棕色环状，木质部色较淡，根茎部色较淡，根茎部分断面中心通常有髓和空腔。有浓郁香气。本品以身条干，支大，根头肥大，体长，腿少，外皮金黄色棕色，肉质饱满，有粉质，断面白色，味甜，辛香气浓者为好。

佛头归（秦归）：以甘肃岷县为中心产地，根头肥大，内白带粉，掰去腿、膀，防止枯心。还可分为全支归（归身以友头大小分档）、归腿、归尾、归须。前山货特点：头粗，身短，尾长，色深，有枯枝者差，采挖时用火炕而致。后山货质量为优，头稍细，腿长。

川、陕产当归：支条瘦，甜味少，味辣，不白渣。

云南归：头粗身短，叉子多，质硬，具有特异性气味，味苦辣，有归头、归尾之分。圆头，白叉，味甜，身长为优，须细长，味苦，枯枝均属次品。

（4）党参

凤党：外皮黄白色，或灰黄色，皮细，横纹到顶，条粗，质软，内心白色，头上有点状黑色瘢（糖粉或浆汁渗出痕迹），味香甜，嚼时化渣，主产于陕西凤县、甘肃天水等地。

纹党：其产于甘肃文县中寨的党参又称为"晶党"，具有四个特点："狮头蛇尾""铁线纹""美人面"（断面红白相映）、"菊花心"。纹党具体特点是黄鳝头，横纹密，色淡黄，内白色，味甜，肥大者称晋口党，嚼之亦化渣。主产于甘肃南部的白龙江流域，包括甘肃文县、武都、岷县等地。

野党：分为岷党，外皮灰白，断面黄，主产四川南坪；河党，质松，断面微黄，产于甘肃、青海；阶党，又称河党，蒸后扎把装箱；南山党，灰白色。

白皮党：又称潞党、怀党、白党。种子繁殖称种党，芽子繁殖的称芽党。略香，味淡（糖分少），以根条粗、味甜、糖分多者为优，主产于山西、陕西。

五台党：根条粗壮，木质少，皮厚，有横纹，微香，主产于山西五台山。

单枝党：又分为野生、家种两种，根条短，味淡，以外皮有环纹为佳。产于渝东巫山地区、鄂西恩施地区。

汉中党：顶端有较稀环纹，质坚硬、甜味淡。产于沿大巴山至陕南地带。

叙党：粗大为优，产于岷山山脉，多野生于云贵川交界处，以宜宾为集散地。

东党：条形粗短，下部有侧根，头大尾细，表面有纵绉纹，横纹少，微显黑色，但易去掉。

（5）大黄

又称锦纹，断面具红黄相间的纹理，上等黄应是甘肃平凉的凉黄、庄浪的庄黄。鉴别要点：身干，质坚实，具锦纹，气清香，味苦，不涩。具体鉴别方法如下：生品外表要具瓦楞形，两头凹陷，外表显黄色；体圆，无瓦楞，两头平或突，表示有糠心；体质轻重适度，重者里面快要有糠心，轻者已经有糠心了；看叉口，断面叉口最多分四叉，最上等货还可分为朱砂叉、荞叉、茶叉、黑叉。一般而言，家种的体轻，朱砂点不明显，野生的质重，朱砂点明显，如有白色点状，就更差，不能入药。

另外，注意防止大黄出现"十大九糠"，主要是由于西北地区天气寒冷，受冻而糠，水分不易外泄。

① 西宁型大黄（产地以青海为中心）

人工做成的鸡蛋形，表面锦纹多，红白相间的朱砂点，内呈槟榔纹。

西宁蛋吉：质坚硬，去表皮，亮锦纹，削成的蛋形，每个用纸包裹。

西宁中吉：剖面可见空心，属统装货。

西宁香片：对剖有锦纹，槟榔纹明显。

河川大黄：个圆，体质轻松，黄色不明显，次于西宁货，叉口红。产于甘肃。

岷县大黄：形圆，色淡，本地湿度大，用绳子穿起来干燥，故留有绳穿之眼，不易干燥，易糠。

凉黄：与明黄相近似，呈狗头形，不规则，横断面红色较明显。产于甘肃平凉、武威。

② 铨水型大黄

对剖，加工成段块状，称中吉或苏吉。武都、文县大黄亦开片；清水、庄、凉地区的开片，色偏红，但黄色居多。

③ 马蹄形大黄

主指雅黄，人工削成马蹄形，色黄，质轻泡，内心疏松，似丝瓜络状；对剖称打卦黄，主销日本。以四川雅安为集散地。

④ 蛇黄

断面偏绿，青黄称块黄，显绿色，特点是不糠，出口多作染料。产于重庆南川至贵州等地。

（6）白术

本品以细皮白肉，无硬筋，个大，香气浓者为佳。

杭术：形如如意，体重质实，红皮白肉。以杭州为中心。

仙居术（金钱术）：根茎保留细长苗茎，习称金钱吊葫芦，体柔润，气清香。

于术：根上端弯曲，如鹤腿，外皮红润光泽，内心朱砂点，质柔软，气清香。主产天目山。

冬术：质柔软，断面红黄，质柔润香气明显，不具燥性（因没有火炕）。

天生术（平江术）：加工成形如鸡腿，立冬后采，形长，根肥壮，阴干，发酵致内皮油黑色，味甜时，再晒，再发酵，再晒，直至体柔软，质润，色红黄时再晒干，经发酵后燥性大减。主产湖南平江与浙江杭州临安等地。

（7）白芷

杭白芷：形圆，根头部略为方棱，外皮灰白色，疙瘩多，内心呈方形，香气浓郁。

川白芷：根条挺直，疙瘩较少，外皮黄或灰白色佳，内心呈方圆形。

禹白芷：根条较细，粉少，体质轻松，香味淡，味微酸。主产河南。

祁州白芷：皮缩，折断面粗糙，香味淡，质次之。主产安国。

亳白芷：与禹白芷相似。

（8）白芍

杭折芍：外皮淡红黄色，根条粗长，质坚实，入水沉重，粉性强。

亳芍：外色白，线纹不明显（上过浆，将其熬汁渗入川芎），粉性强，质轻。

川芍：粉性重，以中江为佳，西河为次。

云贵芍：外色淡黄，皮粗糙，有纵缩，粉性差，两头粗细差距大。

西白芍：外表光洁，颜色灰白，质轻，粉性少，似赤芍味，具马汗气。主产平凉、宝鸡一带。

（9）苍术

茅术：外形连珠状，有须根，体质结实，表面灰棕色，有皱纹、横曲纹及残留的须根，断面黄白色或灰白色，散有多数橙黄色或棕红色油点，习称"朱砂点"，暴露稍久，可析出白色毛状结晶，气味浓，油性足。另有茅术须，其特点是燥湿而不发汗，但产量不大，适于南方湿度大的地方应用。

北苍术：呈长圆形疙瘩块状，体光滑，表面棕黑色，质较疏松，无白毛状结晶析出，香味较淡。

汉苍术：个形小，皮色黑，筋多，习称露盘货。主产陕西汉中，小路货；东北产的称为关苍术，质量同上。

苍术以江苏茅山苍术为正宗，大白山产的亦可。以个大、质坚实、断面朱砂点多、香气浓郁者为佳。

（10）黄芩

有老根、新根之分，老根俗称枯芩，其根头部大多破坏，有腐心，呈黄褐色，断面中心红棕色。新根称子芩，内部充实，不见腐心，中心黄绿色为次品，服后导致腹痛。

以条长、个大、质坚实、色黄、中间腐心黑色者为佳，腐心黄者为次品，带绿色者为劣品，是叉路货。

热河黄芩：根部如鸡腿，称腿芩，根条坚实，外皮光滑，色金黄，内部枯黄，枯心部要小。

河北黄芩（以安国为中心）：根条较细，断面枯心较大。

东北黄芩：根条长，根头小，断面青黄色，鲜时将外皮撞掉，枯心部更小，中空，无枯心者均算劣品。

（11）甘草

甘草一般分为蒙古草和西北草。

① 蒙古草

为正品，特点为"细皮、抽钩、缩屁股"，还可分为以下几类：

梁外草：其根大小均匀，外皮枣红黄色，体质结实有韧性，内心淡黄色，粉性强，出粉率高。国际上流行，出口又分为大草级、中草级、细草级。

王爷地草：单枝独干，一头稍大，一头稍小，略有鼠尾，大头一端凹陷，外皮色较梁外草深，粉性较梁外草差。

西正草：外皮红褐色，条子粗，两头平，不凹陷，皮细粉足，但粉性较梁外草少一半。产于内蒙古、宁夏一带。

上合川草：间有去皮部分，条顺皮细，通杆，嫩皮去后显微黑色。

下合川草：头大尾细，折断质显硬，粉质较差。

② 西北草

特点：叉子多、质松、条短，头大尾细、外黑褐色，内黄褐色，粉性较差，主产于陕北至甘肃加宁夏边界，还可分为以下几类：

山西草：条细、外皮棕红、皮粗糙，中心黑色，质轻松。

东北草：外皮暗红色，条长皮松，易破损，粘汁重，断面有裂隙，味特甜。主产今内蒙古、河北、辽宁部分区域。

一般鉴别，有凹性，粉性大，菊花心有隙，黏度大较好，质坚皮细属劣质草。除此之外还有立草，以较泡、粉性强、直条为好，横草粉性差，疙瘩大者较次。

（12）牛膝

怀牛膝：根粗大，稍肥壮，通身黄白色，如果没受加工贮存的影响，皮细肉白，无枝叉，无污斑，越大越好。凡是有分叉者为次品，油浸者为劣品。

川牛膝：以天全梗稍长，呈圆柱形，稍弯曲，外面棕黑色，柔软，质硬的质量差；断面有脆性，维管束呈米心。以油性大者佳，质硬易脆者差。看轴心，轴心越小越好，轴心大者差，天全称米心，口尝味甜者为优，苦者为差。主产四川天全、名山一带。

红牛膝：分全红、关红，主要功效活血，其叶片全红如苋菜，半红色稍淡。

白牛膝：分甜、苦两种，切片全白，味甜者入药，味苦者不入药。

金河牛膝：外形与川牛膝相似，其特点是体坚，质硬、味苦。产地以四川乐山为中心，金沙江至青衣江一带。

（13）玄参

按照外观形态的不同可分为细皮玄参和粗皮玄参。

细皮玄参：形体粗短，弯曲，如牛角（又称角参），顶端芦部小，中部肥满，两头细，皮细，断面紫黑色，中心有不明显的菊花纹，愈黑、愈光亮、有土腥气质量愈佳。主产于浙江。

粗皮玄参：形体扭曲，多似羊角，芦头粗大，中部也显肥满，但下端较细，皮粗糙，显灰色，质轻，断面中心有筋束或木心，木心愈明显质量愈差。主产于四川。

（14）菊花

怀菊：花头较小，色微偏红，舌状花短而浓密，质柔软，气清香。

滁菊：朵头大，舌状花细而浓密，色洁白，无红丝，质柔软，花灰绿色，无异味。

徽菊：花蒂小，有碧绿色花蒂，又称绿蒂菊。

川菊：红、白、黄色均有，其中以白色为佳，黄色为次，又称中江菊。

杭菊：花头大，呈扁形，一般不散开，花瓣宽疏呈米黄色，内有黄心露出，体质极软，多作茶用。质优的杭菊应是花瓣色白，肥厚，齐全，无叶片，花序要大。又称甘菊。

总之，菊花应是花瓣细，柔软，舌状花为好，前四种菊花均微带苦味。

（15）鹿茸

花鹿茸：原以关东产的梅花鹿茸品级最高，品种定型，收取也定时。第一轮出茸，红皮黄色，称"头杠"；第二轮出茸皮色更浅，称"二杠"，以细柔软程度论质量，好的能擦眼，其次能擦脸，否则就老了，质量就差。分叉呈八字形、圆柱形，"头杠"茸圆头，呈马鞍形；"二杠"弯头，分二叉，有主尖和副尖之分，手掰之应有弹力。"挂角"向后倾斜，"三杠"的副尖略弯，毛粗糙，以手摸无"苦瓜棱"，骨质不重表示还可作茸用。

头杠在4—5月采取，二杠在7—8月采取，横切面呈淡黄色，习称红皮，黄毛，淡黄心，研粉似绿豆粉，手捻有滋润感，带玉光，有腥臭味。除此之外，还分为：

马茸：马茸不像梅花茸细腻，黑皮，灰黄色毛，还是以叉数为等级。看尖子，应圆头，秃顶（顶端无毛）体轻，挂角与主角掰之有弹力，具粉嘴。正尖与副尖上是否有苦瓜棱，挂角以下可作茸用，挂角以上就老了。主产于东北、西北、内蒙古、新疆等地。

西茸：称草茸、血茸，横断面带血，有腥臭味。黑皮、灰白色毛，以全白为好，灰白各半者差。分级与马鹿同，正叉，假八叉，尖子肥壮称元茸。质量是抓老嫩指标；抓血色，全红，半红，棱底红；抓有无蛆，特殊腥味；摸主角，一段一段地摸，看是否毛细，是否光滑。嗅味重的均有蛆，因被猎人打了受伤后，跑到阴山后死的，称阴山货，毛不光滑，血色就差，嗅味也重。六叉，掰主副角，再掰副挂角，有无弹性，再摸下端有无苦瓜棱、风槽子。西茸补血，品种不及关东茸，服后稳定性差，容易流鼻血。主产于陕西、甘肃、宁夏、青海、四川、新疆等地。

春茸：黑皮，金黄色毛，但毛片较稀疏，毛黑硬。打开为酥油心，油分较重，作用较强，但容易过敏，全身发痒，故又叫南茸。关东茸导管细，其他品种导管粗。主产于我国云南、四川及缅甸。

岩茸：杠 1/2 以上是扁的，下面的不扁了，但老了。苦瓜棱特多，毛片较乱。毛无光泽，体泡（十岩九泡），无蛆，无腥气。每种应分枝呈圆柱形，雄壮，入手分量要轻，分叉两支对等，主角要竖直。主角，副角均不能向后倾斜，顶端要圆满，皮色细嫩，毛细、柔软，体表有细纹无筋，如有筋就沿筋找鼓丁子、风槽子、苦瓜棱，脱皮长短。看老化的程度，敲之空响，体松；掰之有弹力；看叉数，分叉愈高，老化愈多。传统还分为三种，反背茸，即一边三叉，一边二叉；分叉上粗下细，称打鼓捶，这种茸较老；狗尾草，毛无规律较乱，顺摸下去有苦瓜棱也是老化的标志。主产于西南地区。

研粉：关东茸绿豆面色；南茸玉米面色；西茸洗砂色。

（16）犀角（中国已禁用犀牛角，此处仅基于传统经验为鉴别提供相关知识）

① 全角

形体雄伟（寿命 60～70 年），偏黑色，称乌犀角。有峰，上部光滑，有芝麻点纹，角尖锐，内弯，前部有纵长的天沟，底长圆形，底板与"天沟"相对应的地岗,底盘内似蜂窝称砂底,容易劈开,一劈即开,要一丝到底。

片断鉴别:乌黑发亮,无裂纹,外部显粗糙,内面显细纹,纹理清晰,无牵连乱丝。一片一片的剖面要具"云头雨脚"(乌、白、黄),劈片对光可见透明点,优品具通天花纹,白乌花纹。主产于泰国、斯里兰卡、肯尼亚等国。

② 天马角(旱犀角)

无盘脚,上端扁圆形,无天沟,地岗,网纹很细无纹理,不易劈开,角质坚硬。

③ 蛇癞角

角尖弯,似鹰嘴,短,盘根有钉齿,色黑有光亮,不具犀角特点,类似羊角。

④ 牛角

纹丝细,呈螺旋纹,劈片不具芝麻点。

犀角还分为鼻角,体大,呈竹笋形,额角呈馒头形,其质量优于鼻角。纹理细、直,云头雨脚更明显,光泽更好。

(17)熊胆

由于采收的时间不同,将其分为金胆、菜花胆和墨胆,其颜色、质地等均有不同。

金胆:颗粒松脆,手捏有涩涩响声,似琥珀色,一般采集时间为春天。

菜花胆:颗粒松脆,手捏声音小,黄绿色。采集时间为端午节前。

墨胆:不易干燥,质柔,色黑,用香槽抽出,有光泽,油脂重,采集时间为端午节后。

熊胆的真伪鉴别:口尝,苦至钻舌,清凉感,在口中能完全溶化,苦能回甜,有腥气;取清凉水,放一粒于水中,黄色一根线下垂至底,没溶的在水面上旋转;将胆囊敲碎,像玻璃碴。

(18)羚羊角

细长弯曲,顶端稍细,有曲折,横形环,称竹节环,顶端1/2处呈半透明状。基部内面有骨塞,上面无骨塞,有通天眼(纹)。呈三角状、扁圆形。

骨塞剖后，骨皮有齿纹，凹凸相扣，子母相扣，角底不规则的锯齿状，适用于一丝一块的鉴别。肉呈白质或嫩白色，发宝光，内有红心，顶端有凤眼（乌尖点），中有透明点，逐渐下延。通体有纵向纹理，自然的曲折环，如刻的纹，上大下小；对光看纹能透进去，如果人工刻成只在表面。

如果是小羊，称血角，呈血红色，红点浸进去质量好，对光纵向纹理，角塞没形成，里面子母扣完全相扣。

（19）麝香

手捏之有回力，按之让手，放之复原，无回力有硬便有假，就要用"十三太保"来检查。先用探针探，真香吃针，假香顶针。顶针便有假，再用香槽抽，真香冒槽，假香呆板离槽。再用香刮刮下，其色外黑里黄，黄香黑子。再看"当门子"，麝香中呈不规则圆形或颗粒状者可称"当门子"，应有毛，其毛应与壳子上毛相似。还可分为：第一，洗香，取粉末少许置掌中，加水湿润，搓之能成团，轻揉即散，不应沾手、染手、顶指或结块，如果加淀粉就会溶化。如果染掌，则多掺有荔枝核、桂圆核、儿茶粉。第二，闻香，俗称三口香，即每10秒钟一次，共三次。三口香味应一致，若一香二臭，则掺入的是动物血、肝脏、肌肉等。第三，口尝，有轻微的刺舌感，臭味从里往外出，应有特殊的香味。第四，火烧，用火烧锡箔纸下面，应起泡或有响声，冒油珠，芳香气先来，迸裂蹦跳是真香，如果见火起烟者则掺了植物油，黑色者掺了动物油。第五，水试，取透明干净的玻璃杯，倾入鲜开水，放香仁于内，真香入水中立即溶解，有银皮（角质化的全皮），假香不溶解，卷曲很紧。

西路香：毛长，灰或白色，来源于四川都江堰、青海、甘肃一带；南路香，又称打箭炉香、毛色灰、草鞋板，来源于四川康定、西藏一带。

（20）珍珠

分为装饰珠和药用珠。现多为人工培养，由于蚌的种类不同，基质不同，水质不同，其质量也不同。特点：有珠光（俗称珠光玉润），彩光，外表平滑，呈美丽光泽，黄、红、绿、灰色相间称彩光；米珠，洁白色，表面不等，不一定光滑，但要有彩光。

药用珍珠要求形圆，彩光足，剖开有层，中心无核。表皮越细越好，如不光滑，有纵痕均为次品；粉红色为上品，白色亦可，黄青色、古铜色为次品；滴珠滚圆为上，电灯形、耳垂珠、馒头形、铜锣形为差。

凡珍珠是歪斜的，生珠色佳，僵珠无影，多有釉点（黑点），中心有胎子，整体呈滞，碾粉不细的，不能作药用。呆滞无神，无润色，无宝光，眼口不圆大，烧之不爆裂，只起1～2条裂纹均为伪品。

二、中药炮制的建树及贡献

中药炮制是一门独特的制药技术，主要目的是增效减毒。经过几千年的实践与发展，形成了炮制的特点与优势，这门学科有自己的理论和方法，中药炮制是中医临床用药的特点。四川以前中医药长期以来的经营模式基本上是"前店后作坊"，临街的店堂作为医生坐堂应诊、饮片配方的地方，而店堂后面则是药材加工炮制的作坊，都是小规模的。但是这种方式很适应中医的临证处方，随方配药。传统中医行业曾经十分兴盛，各药店均有自己独特的炮制技艺，生产药效灵验、质量优良的中药制品，特别是一些老字号的药铺。

徐楚江在全国中药界有很高的声誉，在中药炮制界也有特殊地位。他长期从事与中药炮制等相关的工作，在中药炮制方面有自己的实践经验、看法，并进行了相关研究等，为中药炮制的继承与发展做出了重要贡献。

1. 炮制经验

中药炮制长期以来，通过口传心授得以传承。徐楚江通过跟师学习以及自己长期不断实践，掌握了传统中药炮制的制作方法，并且有自己的体会。

（1）传统中药炮制经验

中药炮制是一门实践性很强的学科，操作对中医临床效果有重要影响，是临床疗效的保证。而中药炮制的工艺以前大多靠操作人员主观判断，缺乏客观参数，如何操作才能保证炮制后的药物达到临床所需的效果，从事中药炮制的人需要认真，仔细考虑，并从事相关研究，以使临床用药稳定、可靠。中药炮制操作需要从头到尾重视。

① 重视炮制法定依据与传统经验的结合

中药炮制强调依法炮制，目前中药炮制主要依据《中华人民共和国药典》、部颁标准以及各省、自治区、直辖市药监部门制定的炮制规范。但中药炮制需要继承与发扬，徐楚江认为，中药炮制应体现临床与药性两方面，需要对文献进行整理，从中挖掘。如明代陈嘉谟的《本草蒙筌》指出："酒制升提，姜制发散，入盐走肾脏，仍仗软坚；用醋注肝经，且资住痛；童便制，除劣性降下；米泔制，去燥性和中；乳制，滋润回枯，助生阴血；蜜制，甘缓难化，增益元阳；陈壁土制，窃真气骤补中焦；麦麸皮制，抑酷性勿伤上膈。乌豆汤、甘草汤渍曝，并解毒至令平和。"清代张仲岩《修事指南》卷首序言中补充了这方面的内容，例如："吴萸汁制抑苦寒而扶胃气，猪胆汁制泻胆火而达木郁，牛胆汁制去燥烈而清润，秋石制抑阳而养阴，枸杞汤制抑阴而养阳……牡蛎粉制成珠而易研，黄精自然汁制补土而益母，黑芝麻制润燥而益阴，矾汤制去辛烈而安胃，皂角水制利窍而疏通……"刘完素指出：病在头面及皮肤者须用酒炒；在咽下膈上者洗之；在下者生用；寒药须酒浸曝干恐伤胃；当归酒洗助发散之用也。再如，香附子一味，生用则上行胸膈，外达皮肤，熟用下走肝肾外达腰足；炒黑则止血；童便浸炒入血分而补虚；盐水浸炒入血分而润燥；青盐炒则补肾气；酒浸炒则行经络；醋浸炒能消积聚；姜汁炒则化痰饮等。历代的炮制专著以及医药学家对中药炮制理论的论述是传统炮制的依据，也是今天炮制继承与发展的基础。通过上述内容，我们也可以看出中药炮制有极其重要的意义，也充分体现了药物各有特性，应制而为用，变而可通，故有以性为出发，有以制约为出发，有以协同为出发，有以损益为出发，等等。炮制依据是多方面的，也是一个辨证的标志，应深入研究，才能融会贯通，触类旁通。

炮制方法的改进或调整需要有充分的依据。如酒炙法，传统用黄酒，如果改用白酒，用量是黄酒的一半，徐楚江认为此法不妥。黄酒是粮食发酵制备，含量乙醇、维生素等成分，而白酒是蒸馏酒，主要含有乙醇、小分子物质等，二者差异较大，其差异并不能单纯用乙醇量衡量。炮制方法的改变不能仅用某成分含量说明问题，如人参去芦，只用人参皂苷含量评价去芦的合理性；又如麻黄蜜炙增强止咳平喘作用也不能仅用麻黄碱评价。采用蜜炙法炮制药物，一般先加辅料，吸尽后再炒干，有人就将炒干改成烘干。对此，徐楚江认为此法制得的炮制品缺乏蜜炙品焦香气。

充分了解药物的炮制目的，重视炮制依据，有的放矢，才能更好地为临床服务。

② 高度重视炮制前充分准备

根据药物性质与临床用药的要求，需要采用不同方法，在动手操作前对炮制对象和炮制方法应用做充分的了解，并做好相关的准备，如药物的来源、质量、材料、设备，预估可能出现的问题，并有相应的解决办法。特别注意安全问题，所在空间应有预防与控制可能出现安全问题的相关措施等。

若药物需要采用辅料炮制的，对辅料的质量和规格也应进行相应检查，对固体辅料，有些有粒度要求，应过筛，如蛤粉、滑石粉等。并且，应根据品种要求，准备相应的剂量。如蛤粉炒阿胶，蛤粉的粗细直接关系成品质量，太粗，和阿胶接触不好，受热不均匀。

③ 炮制过程中对火力、火候的准确控制

中药炮制火力包括文火、中火、武火、文武火等，采用的火源因不同时期与环境而有所差异，可根据需要，结合实践经验进行控制。火的大小对饮片质量有显著影响。有些饮片火力太小，达不到所需的饮片性状，如王不留行要求炒至大部分爆花，若火力太小，则爆花率达不到要求，火力宜适当加大。饮片因火力控制不当而对临床疗效产生影响。火候也是炮制过程中必须重视的，饮片炮制后性状变化程度是判断质量的重要指标。中药成分复杂，很多中药我们还不清楚其所含的具体成分，有待研究具体成分以及建立成分与疗效之间的关系。因此，对中药炮制程度的控制，在目前的状况下，性状是很重要的鉴别依据。由于饮片性状鉴别以主观评价为主，缺乏客观指标，人为造成的差别较明显，如何建立客观、规范的方法与指标是需要研究的内容。徐楚江建议多实践，多与经验丰富的老师傅交流学习，提高鉴别水平，在客观检测条件与指标不能满足检测需要时，经验鉴别起着较重要的作用。

④ 炮制过程应重视细节

炮制中药饮片，合格的饮片应该是片型均匀一致，片面光滑、整洁，有药材固有的气味。中药炮制过程分为净制、切制和炮炙，而炮炙又根据所用方法与辅料的不同，采用不同火力与设备。炮制过程中，操作条件对饮片质量产生影响。饮片质量是生产出来的，应重视炮制细节，提高饮片质量。

净选，目的是将与药用部位无关的其他部位、杂质或霉变品等选择出来，同时也需要为下一道工序提供方便。操作前应该了解药用部位特点以及可能所含有的杂质，准备好相关炮制工具等。如朱砂净洗时需要去除铁屑时，应该用磁铁等。将杂质与非药用部位等清除干净，使净度符合要求。对后续工艺需要炮炙或切制的药材，分档是重要的操作。分档工具、方法的选择对生产效率产生影响，如颗粒类药材玄胡索，采用筛选，选择单独用一个筛或多个不同规格的筛分选，生产效率不同。

切制，将药材切制成临床所需要的大小。通过切制处理，有的药材可以促进有效成分的溶出；或使饮片大小一致，方便炮炙工序，使其受热均匀，使饮片质量一致，也有利于饮片的鉴别。饮片切制时应尽可能保留药材的鉴别特征，防止临床用药出现混淆。中药饮片切制包括鲜药材切制和干药材软化后再切制，临床常用的是后一种。这种方法包括软化、切制、干燥三个环节。软化需要考虑药材性质与软化环境，药材性质不同，吸水情况有差异，水处理时间应合理，一定要贯彻"少泡多润，药透水尽"原则。润药是软化的关键，对饮片质量起到重要作用，在此过程中应勤加检查，防止药物变质。软化程度一定要符合要求，要严格看水头（检查药材水处理后软化程度是否符合切制要求的过程）。应结合炮制、鉴别等需要切制成符合要求的饮片。要使片型一致，一定要将药材码整齐，切制刀片前药材推进速度一致。干燥应及时，干燥程度适宜，太过则过于干燥，饮片易碎，产生碎屑；不及则水分过多，饮片贮存易霉变。

炮炙过程中，投料量可对饮片质量产生影响。通过多次实践确定品种的操作规程，应严格按照规定操作，不能随意调整投料量；当投料量与常用剂量有差异时，宜根据饮片性状变化调整炮制时间。一次投入量不宜过大，须与设备容量一致，防止操作时间过长而导致药物失效。出锅要及时，防止因余热导致火候太过。炒制时饮片翻动宜均匀、有规律，使饮片受热均匀。

⑤ 部分药物的炮制经验

中医临床配方以及中成药投料生产所用的药物均为饮片，每味药物在炮制时均需要根据自身特点选择适宜的炮制条件，以达到更好的临床效果。

A. 王不留行

本品为石竹科植物麦蓝菜［*Vaccaria segetalis*（Neck.） Garcke］的干燥成熟种子。夏季果实成熟、果皮尚未开裂时采割植株，晒干，打下种子，除去杂质。临床常用的炮制品有生品和炒制品。王不留行质地比较坚硬，炒爆花后有利于有效成分的溶出以增强疗效，一般情况，该药炒后成为白花状，爆花率在80%以上。但要达到条件，需要在炮制过程中控制火力与火候。选择净制后的王不留行，先预热炒制容器，一般采用中火加热至容器比较炽热时投入药物。若火力低，预热不足，可能炒成"僵子"或爆花率低；药物的量应与容器配套，投料量不宜过多，防止药物受热不均匀，爆花率不高；翻动药物所用的工具不宜用铲子，可用刷子类器械，药物受热更易均匀，翻动速度要快，与用铲子比较，爆花效果明显增高；炒制时间不宜过长，否则药物颜色会变黄、变焦。

王不留行：取原药材，除去杂质，洗净，干燥。

炒王不留行：取净王不留行，置炒制容器内，用中火加热，炒至大部分爆成白花，取出，放凉。

B. 马钱子

本品为马钱科植物马钱（*Strychnos nux-vomica* L.）的干燥成熟种子。冬季采收成熟果实，取出种子，干燥。临床所用的炮制品有生品和制品。马钱子为有毒中药，毒性强。为临床用药安全，一般生品不内服，以外用为主，炮制后的马钱子毒性降低，可以内服。马钱子形如纽扣，质地坚硬，表面有绒毛，采用较高的温度炮制马钱子，有利于质地酥脆，利于粉碎，同时降低毒性。故采用砂炒或油粉炸，选用中等粗细的河砂，用水清洁，除去泥沙、杂质等，加热除去水分和有机物，制得普通砂，再加入1%～2%植物油加热至油烟散尽从而制得油砂。砂炒马钱子，待砂温度较高，投入药物，炒至鼓起，颜色加深；若温度过低或时间不足，药物鼓起不明显，颜色未能达到要求，降低毒性的效果可能不理想。

马钱子：取原药材，除去杂质。

制马钱子：有砂烫和油炸两种炮制方法，其中砂烫是将砂置锅内，用武火加热至灵活状态，容易翻动时，投入马钱子，拌炒至鼓起并显棕褐色或深棕色，内部红褐色，并起小泡时，取出，筛去砂子，放凉；油炸是取麻油适量，加热至油沸腾时加入马钱子，炸至老黄色，立即取出，沥去油，放凉，用于研粉。

C. 穿山甲

本品为鲮鲤科动物穿山甲（*Manis pentadactyla* Linnaeus）的鳞甲。收集鳞甲，洗净，晒干。临床常用生品、炮山甲和醋山甲。该药物是动物药，质地坚韧，有腥味，一般生品少直接入药，通过炮制以改善其质地，矫味。利用砂温较高，使其酥脆，卷起，利于粉碎以及成分溶出。因穿山甲有大小、厚薄之不同，炮制时，其受热程度不同，导致饮片炮制程度不易掌握。先对穿山甲分档，将砂加热至较高温度（用手试有明显的炽热感）时投入药物，翻炒至所需要程度，将药物与辅料出锅，分离。此操作速度宜快，因砂温高，防止炮制太过。控制砂温可以通过手试的方法确定，但没有经验或经验不足的人可借助其他方式达到目的。现代有非接触式红外测温仪直接测定表面温度，但早期没有这类工具，建议用温度计直接插入砂中一定深度测量或者借助辅助物放入砂中，将规定时间内类其颜色变化程度作为判断依据。

穿山甲：取原药材，除去杂质，洗净，干燥。

炮山甲：将砂置锅内，武火加热至灵活状态，容易翻动时，投入净穿山甲片，拌炒至发泡，鼓起，卷曲，呈金黄色时，取出，筛去砂子，放凉。

醋山甲：取砂置锅内，用武火加热后，投入净穿山甲片，拌炒至发泡，鼓起，卷曲，呈金黄色时，取出，筛去砂子，趁热倒入醋中，略浸，捞出，晒干。每 100 kg 穿山甲，用醋 30 kg。

D. 阿胶

本品为马科动物驴（*Equus asinus* Linnaeus）的皮经煎煮、浓缩制成的固体胶。临床常用的品种有生品和阿胶珠。阿胶常温下质地坚硬，利用胶类物质受热后逐渐软化性质，切制前的软化一般采用烘、烤等加热方法软化，趁热切制，软化程度与受热时间、温度有关，切制规格一般是 1cm 左右的方块。加入蛤粉炒至灵活状态，投入阿胶，适当调整火力，令其迅速完全鼓起膨大呈球形且无气体放出，表面颜色呈黄色或灰棕色，内部呈蜂窝状，无溏心，取出。本品为动物类药物，温度对阿胶性状影响较大，炮制过程中温度不宜过高，防止焦化，温度也不宜过低，否则不能松泡鼓起。除借助其他辅助工具控制温度外，也可以采用试投的方法，将少量的阿胶丁投入已预热的炒制容器中，根据阿胶丁的状态调整炮制条件。

阿胶丁：取阿胶块，置文火上烘软，切成小方块。

蛤粉炒阿胶：取蛤粉适量置热锅内，用中火加热炒至灵活状态时，投入阿胶丁，不断翻动，炒至鼓起呈圆球形，内部呈蜂窝状，无溏心，质松泡时，取出，筛去蛤粉，放凉。每 100 kg 药物，用蛤粉 30～50 kg。

蒲黄炒阿胶：将蒲黄置热锅内，用中火加热炒至稍微变色，投入阿胶丁，不断翻动，炒至鼓起呈圆球形，内无溏心时取出，筛去蒲黄、放凉。

E. 苍术

本品为菊科植物茅苍术［*Atractylodes Lancea*（Thunb.）DC.］或北苍术［*Atractylodes chinensis*（DC.）Koidz.］的干燥根茎。春、秋二季采挖，除去泥沙，晒干，撞去须根。苍术临床常用的品种有生品苍术、麸炒苍术以及焦苍术。苍术一般切厚片，干燥时温度宜低，防止苍术所含挥发性成分损失。

苍术：取原药材，除去杂质，洗净，润透，切厚片，干燥，筛去碎屑。

麸炒苍术：先将炒制容器用中火加热，均匀撒入定量的麦麸即刻烟起时，投入均匀的净苍术片，快速翻动，炒至苍术表面深黄色，麦麸黑色时，立即取出，筛去麦麸，放凉。每 100 kg 苍术片用麦麸 10 kg。

焦苍术：取净苍术片，投入用中火加热的炒制容器内，炒至表面焦褐色时，喷淋少许清水，再用文火炒干，取出，放凉。

F. 黄柏

本品为芸香科植物黄皮树（*Phellodendron Chinense* Schneid.）的干燥树皮。习称"川黄柏"。在《中国药典》2005年版以前，黄柏还包括芸香科植物黄檗（*Phellodendron amurense* Rupr.）的干燥树皮，习称"关黄柏"。剥取树皮后，除去粗皮，晒干。二者均以小檗碱含量为指标，但差异较大，川黄柏有含量要求，一般不低于3.0%，而关黄柏仅要求不低于0.60%。临床常用品有生黄柏、盐黄柏和酒黄柏。黄柏为皮类药材，需要去粗皮，以保证临床用药剂量。黄柏切片一般切成细丝，或者先将黄柏切成段，再纵切成骨牌片。黄柏含有黏液质，在软化切时需注意水头，防止吸水过多导致发黏，难以切片。黄柏断面鲜黄，若在太阳下暴晒，易使其颜色变暗，应阴干或烘干。黄柏分别用盐水或纯水软化时，其吸水量不同。贮藏注意防潮。

黄柏：取原药材，除去杂质，刮去残留的粗皮，洗净，润透，切丝，干燥，筛去碎屑。

盐黄柏：取净黄柏丝，用盐水拌匀，稍闷，待盐水被吸尽后，置炒制容器内，用文火加热，炒干，取出晾凉，筛去碎屑。每100 kg黄柏丝用食盐2kg。

酒黄柏：取净黄柏丝，用黄酒拌匀，稍闷，待酒被吸尽后，置炒制容器内，用文火加热，炒干，取出晾凉，筛去碎屑。每100 kg黄柏丝，用黄酒10 kg。

黄柏炭：取净黄柏丝，置炒制容器内，用武文加热，炒至表面焦黑色，内部深褐色，喷淋少许清水灭尽火星，取出晾干，筛去碎屑。

G. 当归

本品为伞形科植物当归[*Angelica sinensis*（Oliv.）Diels]的干燥根。秋末采挖，除去须根及泥沙，待水分稍蒸发后，捆成小把，上棚，用烟火慢慢熏干。临床应用的饮片有生当归、土炒当归、酒当归和当归炭。当归质柔韧，切片前适量水润，润制时间短，再切成薄片。当归暴露在空气，吸收空气中的水分也可质软达到切片要求。若采用全当归切片，先将当归捋顺，再用重物将其压扁，再顺切。若当归较干燥，可适当喷水使湿润，再压制切片。当归香气浓郁，含有挥发油，干燥时宜低温，贮存也应注意防虫，防止发霉。

当归：取原药材，除去杂质，洗净，稍润，切薄片，晒干或低温干燥。

酒当归：取净当归片，加黄酒拌匀，闷润，待酒被吸尽后，置炒制容器内，用文火加热，炒干，取出，放凉。每 100 kg 当归用黄酒 10 kg。

土炒当归：取灶心土粉，置炒制容器内，炒至灵活状态，倒入净当归片，炒至当归片上均匀挂土粉时，取出。筛去土粉，摊晾。每 100 kg 当归用灶心土粉 30 kg。

当归炭：取净当归片，置热的炒制容器内，用中火加热，炒至外表微黑色，取出放凉。

H. 大黄

本品为蓼科植物掌叶大黄（*Rheum palmatum* L.）、唐古特大黄（*Rheum tanguticum* Maxim. Ex Balf.）或药用大黄（*Rheum officinale* Baill.）的干燥根及根茎。秋末茎叶枯萎或次春发芽前采挖，除去细根，刮去外皮，切瓣或段，绳穿成串干燥或直接干燥。临床常用大黄炮制品种为生大黄、酒大黄、醋大黄和熟大黄等。一般大黄切厚片。因生大黄主要作用为泻热通便，所含成分不耐热，故大黄切片后应注意控制干燥条件，防止大黄的泻下作用受影响。由于大黄泻下作用强，生用易出现腹痛，炮制加热处理后，其泻下作用减弱。大黄炮制后不腹痛曾是判断炮制好坏的标志。熟大黄临床主要应用其活血化瘀功能，炮制时就需要尽可能蒸制时间充分，使泻下作用降低。熟大黄颜色以黑色为佳。

大黄：取原药材，除去杂质，大小分开，洗净，润透，切厚片或块，晾干或低温干燥。

酒大黄：取净大黄片或块，加黄酒拌匀，闷润，待酒被吸尽后，置炒制容器内，用文火加热，炒干，取出，放凉。每 100 kg 大黄用黄酒 10 kg。

醋大黄：取净大黄片或块，用米醋拌匀，闷润，待醋被吸尽后，置炒制容器内，用文火加热，炒干，取出，放凉。每 100 kg 大黄用米醋 15 kg。

熟大黄：取净大黄片或块，置蒸制容器内，隔水蒸至大黄内外均呈黑色为度，取出，干燥。或取净大黄片或块，加黄酒拌匀，闷 1~2 小时至酒被吸尽，装入适宜容器内，密闭，隔水炖 24~32 小时至大黄内外均呈黑色时，取出，干燥。每 100 kg 大黄用黄酒 30 kg。

大黄炭：取净大黄片或块，置炒制容器内，用武火加热，炒至外表呈焦黑色时，喷淋清水少许，灭尽火星，文火炒干，取出，放凉。

I. 川芎

本品为伞形科植物川芎（*Ligusticum chuanxiong* Hort.）的干燥根茎。夏季当茎上的节盘显著突出并略带紫色时采挖，除去泥沙，晒后烘干，再去须根。临床常用品为生川芎和酒川芎。川芎质地较坚硬，一般切薄片，含有挥发性物质，在常温软化切片时，防止出油变质。在夏天，由于温度较高，软化时更加需要加强检查，以免变质。干燥宜低温，防止挥发性成分损失。另外，川芎切片时按形状顺切，饮片呈蝴蝶状，称为川芎蝴蝶片。

川芎：取原药材，除去杂质，大小分开，略泡，洗净，润透，切薄片，干燥。筛去碎屑。

酒川芎：取净川芎片，用黄酒拌匀，稍闷润，待酒被吸尽后，置炒制容器内，用文火加热，炒至棕黄色，取出晾凉，筛去碎屑。每 100 kg 川芎片用黄酒 10 kg。

J. 白芍

本品为毛茛科植物芍药（*Paeonia lactiflora* Pall.）的干燥根。夏、秋二季采挖，洗净，除去头尾及细根，置沸水中煮后除去外皮或去皮后再煮，晒干。白芍临床常用生品白芍、炒白芍和酒白芍。一般切薄片。切片前软化，首先应大小分档，针对不同规格，处理时间不同。白芍质地坚硬，致密，采用冷水软化，时间长；若采用温水软化，由于温度提高，软化时间缩短，可提高软化效率，减少变质。白芍软化操作，一般认为泡至指甲能入表面再润制，切制后色泽好气味足。但由于所含的成分易溶于水，因此在软化时宜少泡多润，以减少白芍与水的接触，防止有效成分损失过多。在夏天软化白芍，需要注意防止变质，泡的过程中，必要时可加入白矾防腐。润药过程中应经常检查，防止发馊以及发霉。对质地坚硬的药物，强调尽量采用润法操作，使水分均匀进入药物，质地变软，易于切片。

白芍：取原药材，除去杂质，大小条分开，洗净润透，切薄片，干燥，筛去碎屑。

炒白芍：取净白芍片，置炒制容器内，用文火加热，炒至微黄色，取出晾凉。筛去碎屑。

酒白芍：取净白芍片，用黄酒拌匀，稍闷润，待酒被吸尽后，置炒制容器内，用文火加热，炒干，取出晾凉。筛去碎屑。每 100 kg 白芍片用黄酒 10 kg。

K. 麻黄

本品为麻黄科植物草麻黄（*Ephedra sinica* Stapf.）、中麻黄（*Ephedra intermedia* Schrenk et C. A. Mey.）或木贼麻黄（*Ephedra equisetina* Bge.）的干燥草质茎。秋季采割绿色的草质茎，晒干。临床常用炮制品有生麻黄、蜜麻黄、生麻黄绒和蜜麻黄绒。由于麻黄药用部位是草质茎，主要功能是发汗解表，而麻黄根有收敛止汗作用，功效冲突。炮制时，净制环节应将麻黄残根去除。

麻黄：取原药材，除去木质茎、残根及杂质，切段；或洗净后稍润，切段，干燥。

蜜麻黄：取炼蜜用适量开水稀释后，加入净麻黄段中拌匀，闷透，置炒制容器内，用文火加热，炒至深黄色，不粘手时，取出晾凉。每 100 kg 麻黄段用炼蜜 20 kg。

麻黄绒：取原麻黄段，碾绒，筛去粉末。

蜜麻黄绒：取炼蜜用适量开水稀释后，加入净麻黄绒中拌匀，闷透，置炒制容器内，用文火加热，炒至深黄色，不黏手时，取出晾凉。每 100 kg 麻黄绒用炼蜜 20～30 kg。

L. 半夏

本品为天南星科植物半夏 [*Pinellia ternate*（Thunb.）Breit.] 的干燥块茎。夏、秋二季采挖，洗净，除去外皮及须根，晒干。临床常用的炮制品有清半夏、姜半夏和法半夏。半夏炮制时间长，炮制前一定要大小分档，且在不同季节，因温度差异，注意浸泡时间，特别是清水浸泡半夏，加强检查，防止变质。

生半夏：取原药材，除去杂质，洗净，干燥。用时捣碎。临床一般不作内服。

清半夏：取净半夏，大小分档，用 8% 白矾溶液浸泡至内无干心，口尝微有麻舌感，取出，洗净，切厚片，干燥。每 100 kg 半夏用白矾 20 kg。

姜半夏：取净半夏，大小分档，用水浸泡至内无干心，另去生姜切片煎汤，加白矾与半夏共煮至透心，取出，晾至半干，切薄片，干燥。每 100 kg 半夏用生姜 25 kg、白矾 12.5 kg。

法半夏：取净半夏，大小分档，用水浸泡至内无干心，取出；另取甘草适量，加水煎煮二次，合并煎液，倒入适量的石灰液中，搅匀，加入上述已浸透的半夏，浸泡，每日搅拌 1～2 次，保持浸液 pH 值 12 以上，至切面黄色均匀，口尝微有麻舌感时，取出，洗净，阴干或烘干。每 100 kg 半夏用甘草 15 kg、生石灰 10 kg。

M. 附子

本品为毛茛科植物乌头（*Aconitum carmichaeli* Debx.）的子根的加工品。六月下旬至八月上旬采挖，除去母根、须根及泥沙，习称"泥附子"，由于泥附子较难保存，常加工成下列品种。

盐附子：选择个大、均匀的泥附子，洗净，浸入食用胆巴（主要成分为氯化镁、硫酸镁和氯化钠的固体混合物，其水溶液又称卤水）的水溶液中过夜，再加食盐，继续浸泡，每日取出晒晾，并逐渐延长晒晾时间，直至附子表面出现大量结晶盐粒（盐霜）、质地变硬为止。

黑顺片：取泥附子，大小分档，洗净，浸入食用胆巴的水溶液中数日，连同浸液煮至透心，捞出，水漂，纵切成厚约 5 mm 的片，再用水浸漂，用调色液使附片染成浓茶色，取出，蒸至出现油面、光泽后，烘至半干，再晒干或继续烘干。

白附片：取泥附子，大小分档，洗净，浸入食用胆巴的水溶液中数日，连同浸液煮至透心，捞出，剥去外皮，纵切成厚约 3 mm 的片，用水浸漂，取出，蒸透，干燥。

熟附片：选择个大均匀的泥附子，洗净，浸入食用胆巴的水溶液中数日，连同浸液煮至透心，捞出，剥去外皮，切成厚约 4 mm 的片，用水浸漂，取出，蒸至透心，晒干或烘干。

黄附片：取泥附子，按大小分别洗净，浸入食用胆巴的水溶液中数日，连同浸液煮至透心，捞出，剥去外皮，切成厚约 4 mm 的片，用水浸漂，取出，用调色液染成黄色，晒干或烘干。

卦附片：选择个大均匀的泥附子，洗净，浸入食用胆巴的水溶液中数日，连同浸液煮至透心，捞出，剥去外皮，对剖，成为两瓣如卦形的附片，再用水浸漂，用调色液染成浅茶色，取出，蒸制至出现油面光泽，晒干或烘干。

炮天雄：选择个大的泥附子，洗净，浸入食用胆巴的水溶液中数日，连同浸液煮至透心，捞出，水漂，剥皮，再用水漂制，姜汁浸泡自然发酵至透心，取出，蒸至透心，烤制至酥脆。

附子的产地加工方式较多，除泥附子外均有蒸或煮等操作，使毒性降低。附子的加工过程中加入了食用胆巴，虽然有利于附子的保存，但一是增加了漂洗工序，致有效成分损失较大；二是胆巴的加入可能影响附子临床应用的安全性。应选用质量合格的胆巴，否则可能因选用质量差的胆巴导致附子麻味增大，造成中毒。因此必须格外重视附子处理过程中胆巴的质量。对于用胆巴处理过的附子，应浸漂尽量除去胆巴。另外，虽然有炮天雄炮制规格，但实际应用较少。

附片：取黑顺片、白附片，除去杂质，直接入药。

淡附片：取盐附子，用清水浸漂，每日换水 2～3 次，至咸味漂尽，取出，与甘草、黑豆加水共煮透心，至切开后口尝无麻舌感时，取出，除去甘草、黑豆，切薄片，干燥。筛去碎屑。每 100 kg 盐附子用甘草 5 kg、黑豆 10 kg。

炮附片：取砂置锅内，用武火炒热，加入净附片，拌炒至鼓起并微变色，取出，筛去砂，放凉。

附子商品规格众多，需要进一步加强附子炮制研究，以指导临床合理用药。

（2）川派炮制的经验

徐楚江是川派炮制的代表性人物，在全国有很大的影响，加之四川素有"中医之乡，中药之库"的美誉，全川中药资源占全国中草药品种的 75% 左右。炮制技术在形成过程中，因地域广博，由此形成了各具地域特色的炮制技术，包括"樟帮""川帮""京帮""建昌帮"等，其中"川帮"是全国四大帮体系和中药炮制的主要流派之一。

川帮炮制以复制法为主，代表性炮制品包括复制大黄（分别有九制、十五制和二十四制大黄）、胆南星等，但由于炮制工艺复杂，这些品种在临床应用较少，掌握这些炮制工艺的老药工并不多。徐楚江也对部分炮制品进行了相关炮制工艺的实践。

① 复制大黄

酒大黄：取大黄切成立方颗粒，加入20%黄酒浸泡至酒吸尽，晒干。

九制大黄：取酒大黄加黄酒后蒸透晒干，如此反复处理九次。每次蒸后，将锅内的甑脚水拌入，日晒夜露，直到颗粒干燥，体质酥脆，断面色淡黑有光时为止，称九制大黄，制剂研末和蜜制丸，称独黄丸。

十五制大黄：酒大黄做成后，再以下列药物（绿豆、黑豆、广皮、槐、桃叶、麦芽、车前草等）处理，各药分别浸泡熬煎。分次用药液浸拌酒军，待完全渗入后，蒸制，八成干时加入第二制辅料，如法炮制。待透后，即行晒、晾、露，干后又进行一次蒸制，并将甑脚水拌入。如此反复处理十五次者为十五制大黄。

二十四制大黄：在十五制大黄的基础上加丹皮、泽泻、薄荷、石斛、玄参等药物炮制，反复处理至二十四次，称为二十四制大黄。

复制大黄所加入的药物如下：一次绿豆，二次黑豆，三四次槐、桃叶，五次广皮，六次麦芽，七次桑叶，八次车前草，九次苍术，十次黄芩，十一次厚朴，十二次香附，十三次焦术，十四次韭菜，榨汁，十五次藕节，此为十五制大黄。在此基础上再加入丹皮、泽泻、薄荷、石斛、玄参、连翘、知母、尖贝、苡仁，为二十四制大黄。

复制大黄的性状：不定形颗粒，边缘显破碎，色淡黄，体实而脆，断面有光泽，体质较生品轻。

② 胆南星

方法一：取生天南星 50 kg，用浓米泔水浸泡三日（每天换水一次）。取生姜 10 kg 捣碎，煮汁浸泡天南星（水平药面），待汁水被天南星吸入后取出晒干，盛缸内。每日加入牛胆汁（保持淹过药面）日晒夜露，每晚彻底搅拌直到天南星化为糊状，质细腻，色黑亮，有清香气，搓之无粗粒或丝条时，再装入牛胆囊内，挂通风干燥处，随时揉捏，使凝结均匀，直到内部紧密结合无活动现象时即成。炮制时间至少两年，愈久愈佳。

方法二：取生天南星 50 kg，用生姜 10 kg 取汁浸泡，待汁水被天南星吸入后取出晒干，碾成细粉，盛入缸内。陆续加入牛胆汁（保持淹过药面）日晒夜露，每晚彻底搅拌直到质细腻，色黑亮，有清香气，呈黏稠状为度，再装入胆囊内，挂通风干燥处，随时揉捏，使凝结均匀，直到内部紧密结合即成。炮制时间不得少于一年。

胆南星性状：整块切开后，色纯黑，有油亮光泽，细腻柔软，有极浓郁的特异香气，味苦。

方法三：取生天南星 50 kg 加牛胆汁 75 kg，搅匀装缸内，缸埋地下十分之九，一年后取出，谓之阴转；再以 50 kg 阴转南星，兑胆汁 9.375 kg 搅匀，分装于牛胆皮内挂通风处，谓阳转。次年取下，剥去胆皮，砸成粗末。再以每 50 kg 兑胆汁 56.25 kg 搅匀，再装胆汁皮内，挂通风处阴干，次年再兑胆汁 50 kg 搅匀，放于胆皮内。如此反复操作，但兑胆汁量逐减，第五年为 43.25 kg，第六年 37.25 kg，第七年 31.25 kg，第八年 25 kg，第九年为 18.75 kg，复挂于通风处，经年即成九转南星。

九转南星胆汁总用量：每 50 kg 南星用胆汁 346.875 kg。该南星入药前均再炙一次：取炙胆南星轧面，每 59 kg 加黄酒 25 kg，泡约 3 天，待软化搅拌均匀，置笼屉内蒸透，微晾搓成条，再切成段，长约 5 分，晾干即得。

③ 熟地

取生地 59 kg，洗净泥沙，晒干。另取生姜 1.5 kg（打烂）、陈皮 2.5 kg 温浸取汁。将取汁后的药渣加适量水分熬成浓汁，并入前浸液中，加酒 1.5 kg 混合均匀，共浸生地，至药汁被吸干，生地质地变软时，轻放于甑内，先以武火蒸至圆气，药质柔软为度，每次蒸后即行取出日晒夜露，待其干后，将甑脚水拌入，用伏法伏闷一夜，再蒸，如此反复九次（不得少于五次），以蒸、晒、露至熟地色黑、如漆如饴为度，最后一次加砂仁研细为末拌匀同蒸，蒸至圆气，取出，晒干即得。

2. 炮制研究的贡献

中药炮制是一门重要的学科，来源于医药学者长期不断的临床实践，是我国医药遗产的重要组成部分。徐楚江认为在学习研究时，必须在继承的基础上加以提高，就需要了解其在各个时代的发展及变化过程，探索得失，这样才能去粗取精，去伪存真。中药炮制在历代的炮制专著较少，许多炮制方法与理论散载于医书、药书中。因历史的原因，有些记载并十分清楚，需要通过文献等进行考证，以提高准确性；另一方面，中药炮制理论与方法是否科学，需要用现代科学技术进行研究确认，并在此基础上进一步促进中药炮制的发展。

（1）研究《雷公炮炙论》成书年代

《雷公炮炙论》是世界是最早的制药专书，又是中药炮制的第一部专著，后世诸本草对于药物修治、制药、炮炙等方法，均奉雷氏说法为准则，至今对中药炮制有很大影响，因此受到极大重视。然而关于《雷公炮炙论》成书年代则有不同观点。有认为是赵宋时，也有认为是五代、隋朝、南朝刘宋等。持南朝刘宋观点者最多。对该书的成书年代进行探索，对搞清炮制的历史沿革有重要意义。

由于历史原因，上古有一位药学家"雷公"。汉张仲景《伤寒论》序："上古有神农、黄帝……雷公"，晋皇甫谧《甲乙经序》："上古神农始尝草木而知百药，黄帝咨访岐伯、伯高……雷公受业，传之于后"，《五藏论·医人》："雷公妙典，咸述炮炙之宜"……徐楚江认为这些典籍所云雷公并非《雷公炮炙论》作者之雷公——雷敩。一方面两者都云"雷公"，另一方面不排除该书确实收载了上古雷公的炮制方法和内容，加之明代李梴和徐春甫又望文生义，分别在《医学入门》和《古今医案》中加以具体化，他们说雷公为黄帝之臣，姓雷名敩，著有药性炮炙二卷问世。这样一来，两个同名异代的雷公就混淆起来了，使《雷公炮炙论》成书年代早出几百年。李时珍在《本草纲目》曾辨别过这一讹传，他认为《雷公炮炙论》为刘宋时雷敩所著，非黄帝时之雷公。然而这一观点并没得到后世医药界的重视，讹传并未得到扭转。该书在写成之后，并没有得到广泛流行，近代成都人张骥说"惜自元以来久无专行之本，盖是书之亡久矣"这句话是可信的，因为在宋代以后一直就没有发现新材料，这部历史文献不致失传应归功于宋代的唐慎微。唐慎微1105年所著《经史证类备急本草》抄录了《雷公炮炙论》

的序和近乎全部内容，才使《雷公炮炙论》免遭湮没。李时珍的《本草纲目》仅仅做了一些文字上的修饰，又将《大观本草》所引材料原封不动地转抄过来，以后诸家所引，均不外唐、李这两书，故雷公《炮炙论》的内容赖以流传。对各个朝代的炮制资料加以搜集、分析、比较，即可发现《雷公炮炙论》不像5世纪的作品。

首先介绍《雷公炮炙论》源流的是宋代赵希弁《郡斋读书志》卷二："《雷公炮炙论》三卷，古代雷敩撰，胡洽重定，述百药性品炮熬煮炙之法，其论多本于乾宁晏先生，敩称内究守国安正公，当是官名，未详。"自晋至宋有关胡洽的资料如下：

《隋书·经籍志》："胡洽百病方（原书已失传）。"

梁陶弘景《本草经集注·序录》："宋（指刘宋）有胡洽……凡此诸人，各有其撰用方。"陶氏增注的《肘后备急方》引过胡洽的水银丸，"夫治水肿，利小便"。

唐王焘《外台秘要》及日本《医心方》各引胡洽方一条。

宋王敬叔《异苑》卷8《胡洽传》："胡道洽者，自云广陵人，好音乐医术之事。体有臊气。"根据"体有臊气"可推断出胡洽是刘宋时侨居我国的传教士，既重定《雷公炮炙论》，则雷敩自然是刘宋时代前后的人了，过去许多人都相信了这一点，从而纷纭《雷公炮炙论》是5世纪的作品。但是，从已知胡洽事迹看来都和雷敩联系不上，炮制方法也不同。一般而论，具有一定社会基础，使用频率和价值很高的作品都有人加以重定，既经重定，其流传面就必然更广，然而《雷公炮炙论》在唐代以前未见于著录，所以就不能相信胡洽曾"重定"《雷公炮炙论》。

再研究一下乾宁晏先生，李时珍说："乾宁先生名晏封，著《制伏草石论》六卷，盖丹石家书也。"此书曾著录于《新唐书·艺文志》，则晏封应该是唐朝人了。赵希弁说"其论多本于乾宁晏先生"则非事实，因为雷敩引自《乾宁记》只有5条，98字，现摘录于后。雌黄条下："按《乾宁记》云：指开拆得千重，软如灿金者上。"骨碎补条下："又《乾宁记》云去毛，细切后，用生蜜拌蒸，从巳至亥，准前暴干，捣末用。"鹿茸条下："从《乾宁记》云：其鹿与游龙相戏，乃生此异耳。"白花蛇条下："《乾宁记》云此蛇不食生命，只吸芦花气并南风，并居芦枝上，最难采，又不伤人，又有重十两至一镒者。"其序中云："作末，以黄精汁丸服之，可力倍常十也。出《乾宁记》宰。"其中骨碎补是750年唐玄宗赐名的，原名猴姜，开元皇帝以主伤折补骨碎，故作此名耳。又在白花蛇条下引用了《元和治风录》的几句话，元和是唐玄宗（806—820年）的年号，此外在雄黄条下述及的"夹石黄"是宋代才著于本草的，以上三条都是8世纪以后的事情，关于"乾宁"是唐代末年昭宗（894—897年）的一个年号，故《乾宁记》是成书于乾宁年间，而《雷公炮炙论》引用了《乾宁记》的材料，当然就晚于9世纪了。

唐代的炮制资料反而比雷敩的更为简单，这一现象是不符合历史发展规律的，而唐代又是我国文化医药大有进步的辉煌时代，炮制技术怎能反而退步了呢？就算《千金方》《外台秘要》等重医方、药性而略炮制也并非事实，《唐本草》是国家颁布的药典，国家应该深知炮制对药性的重要性，但连药汁制的这一方法也没提及，而《雷公炮炙论》则广泛用药汁制，其炮制工艺要先进得多了。加之收载唐以后才出现的药物占1/5以上，同时在叙文里也提到唐以后的药物，后人增写的可能更小了。据此推断《雷公炮炙论》成书年代应是唐代以后了。

从《证类本草》所录"雷公曰"的药名考证，证实《雷公炮炙论》成书年代晚于唐代。

如水银条下，雷公曰："凡使……先以紫背天葵并认交藤自然汁二味，同煮一伏时，其毒自退。"所用药名"夜交藤"，据《本草图经》云："此药因何首乌而得名。……唐元和七年（812年）僧文象茅山老人遂传其事。"水银炮炙问题应是812年以后的事了。

如补骨脂条下，雷公曰："凡使，性本大燥毒，用酒浸一宿后……晒干用。"《医方类聚》引《简易方》载唐岭南节度使郑佃序云："舶上破故纸，蕃人呼为补骨脂……故录以传。元和十二年二月十日。"元和十二年为817年，则补骨脂炮炙应是817年以后的事了。

如仙茅条下，雷公曰："凡使仙茅……于乌豆中浸一宿，取出，用酒拦湿蒸之……"《本草图经》云："始婆罗门僧，献方于唐玄宗。"当时上禁言不传，天宝（742—755年）之乱，方书流散，此药才传入民间，仙茅的炮炙问题应是755年以后的事了。众所周知，从药物发现到用来炮炙药物还有一个较长的发展过程。从此也可推断《雷公炮炙论》的成书年代应是唐代以后的事了。

此外，后蜀（934—965年）韩保升的《蜀本草》引用过雷敩的材料，就可推论出《雷公炮炙论》成书于此时之前或属同时代的作品。因《雷公炮炙论》卷末有"马齿苋勿用大叶者，不是马齿苋，其内无水银"。这是针对李勣责力的《英公本草》"马齿苋叶大青不堪用，叶小乾叶节间有水银，如十斤有八两至十两"。马齿苋不可能含有5%～6%的水银，李氏误将露水珠说成水银。

又如《雷公炮炙论》序中有"海竭江枯，投游波而立泛"。"游波"这个名字始见于《蜀本草》。又云："圣石开盲，明目而如云离日。"圣石是光明盐的别名，《证类本草》"光明盐"条下引《蜀本草》注云："光明盐亦呼圣石"，前代本草则无，只有《蜀本草》才用此名，这才是五代十国时蜀人的地方用名，而《雷公炮炙论》序中亦用圣石，那就提示《雷公炮炙论》与《蜀本草》是同时代的作品了。据上述可推断出《炮炙论》成书于900—960年，即10世纪前半期，也就是唐宋之间的五代十国时期的作品了。

《雷公炮炙论》是早期用"砒"的文献之一，它标志着炼丹术向医药方面的转移。该书还提到"硝石自然伏火"，这为研究我国火药发明年代提供了线索。原来炼丹家们认为硝、黄、碳混合后所引起的燃爆作用是灾难，要采取技术措施加以处理。硝石（硝酸钾）自燃成碳酸钾后，再与硫黄等混合，燃爆就降低了，故从历史长河看，先有火药，后有伏火，可见《雷公炮炙论》既是医药史上划时代的重要著作，又是化学史上划时代的重要作品，对它的成书年代进行考证，更有效地促进学科的发展，具有重大意义。这是徐楚江对中药炮制的又一重大贡献。

（2）炮制的现代研究

① 附子炮制工艺改进

附子是四川道地药材，驰名中外，是回阳救逆、温阳助阳、散寒止痛的要药，特别是在回阳救逆等方面有其他药物无法替代的作用。由于其毒性强，临床一般不用生品，多用炮制品，但炮制时火候不易控制，临床时有中毒事件发生，给临床医生造成麻烦，使其畏其毒性而不敢应用，使产地附子的销售受到严重影响，不利于附子的生产，也使附子种植户的积极性降低。另外，由于炮制工艺复杂，火候不易掌握以及基于历史条件等原因，附子未能发扬光大，其炮制工艺也濒临失传，产品仅我国香港可见，内地有名无实。目前所用附片多以浸漂法和湿热法炮制，其产品半生半熟用，用于汤剂仍需久煎解毒，用于丸散剂则更加不安全，中毒现象时有发生，也严重影响方剂疗效的发挥。

徐楚江为了充分利用炮制这项传统技术，充分挖掘具有特色的炮制品，保持中医临床用药的安全性和可靠性，对附子的炮制进行了系统研究。他广泛查阅资料，了解附子的炮制沿革；在炮制方法上，分别对传统炮制方法和现代炮制方法进行了研究比较，如炭火烤、砂炮、爆花机爆、电烘箱烤、红外烘箱烘干等，传统方法如砂炒、炭火烘烤等虽均能使药物发泡，但炮制温度不易控制，电烘箱、红外烘箱等能较好控制温度，但难以达到发泡要求。通过分析，他认为与上述方法的加热方式有关，这些加热方式均是从物体表面加热，再从表面通过传导、对流、辐射的方法达到加热的目的，时间长，火候不易掌握，易导致焦化和溏心。徐楚江课题组引入一种新的加热方法——微波炮制，克服了上述方法的缺点，微波法加热时间短，仅需10分钟，炮制效率提高30～60倍，同时便于控制温度，且清洁卫生，能达到附子炮制要求。微波炮制后的附子，所含双酯型生物碱比生品减少83.6%，比如，比香港炮制品减少78.6%，远远低于药典所规定的0.15%的要求；总生物碱比香港附子多1.14倍，比盐附子多1.1倍。半数致死量（LD_{50}）检测结果显示，微波炮附子为52.84 mg/kg，生附子9.16 mg/kg，香港炮附子15.84 mg/kg，毒性比生附子、香港附子明显降低；最大耐受量测定相当于人的600倍。药效实验表明，微波炮附子对动物急性心肌缺血、免疫系统和生殖系统作用均优于其他炮制品。临床进行了上千例观察，附子不先煎或久煎，与处方上的其他药物同时入锅煎煮，效果得到肯定，没有发现一例中毒。上述系统研究表明新法炮制的附子疗效好，毒性低，有进一步研究的必要，也可能作为传统炮制的替代方法，既保证了疗效，又方便，效率也高。

基于上述研究，徐楚江等将附子炮制新方法申请了发明专利：将盐附子或胆附子削皮或切片后，投入50%老水浸泡10～15小时，再换清水浸漂20～24小时，如此反复2～4次的水处理制成淡附子。再经蒸制10～20分钟，晾干或烘干后，选用2450或915兆赫的微波机进行辐照干燥，制得含水量为10%以下的炮附子。该方法思路新颖，生产效率高，易控制火候，成本低，制得的炮附子毒性低，药效好，使用方便，保证了附子临床应用的安全性和有效性。新方法的应用为传统附片炮制方法开辟了新途径。

② 自创百药煎的研究

"百药煎"是以五倍子为原料，结合茶叶等发酵而成，功能为润肺化痰，生津止渴。主治久咳痰多，咽痛，便血，久痢脱肛，口疮，牙疳，痈肿疮疡。但历代用药和炮制方法均不一致，临床效果不够理想。徐楚江在古方基础上增加了一些药物，如冰片等，自创百药煎的处方和工艺，所制造的百药煎对久咳痰多、咽喉肿痛、口舌糜烂、疔肿疮痛均有较好的临床效果。为进一步挖掘该品种，胡昌江在徐楚江的指导下进行了发酵工艺的探索，同时根据其选择药效、毒理相关指标进行研究，以验证处方和工艺的合理性。工艺研究中确定了发酵的温度和时间。采用最大耐受量测定急性毒性，结果表明其最大耐受量是人的166倍，毒性小。将发酵后的样品与未发酵的样品进行药效比较，小鼠氨水引起的咳嗽、小鼠酚红祛痰法、小鼠二甲苯所致耳肿胀、小鼠皮下肉芽肿增生、以平皿法进行体外抗菌实验等结果表明，发酵组效果均优于未发酵组。实验结果百药煎确有镇咳祛痰、抗炎等方面的作用。

③ 黄柏的研究

徐楚江也对一些单味药的炮制进行了研究，对黄柏不同炮制品进行研究。对小檗碱的含量进行测定，以期探索出炮制火候与内在质量的联系。采用柱层析-紫外分光光度法测定不同地区收集的黄柏，分别炮制生黄柏、盐黄柏、酒黄柏和黄柏炭。结果表明，川黄柏小檗碱含量高于关黄柏2.7倍。

各炮制品含量均有不同程度降低，分别是酒黄柏平均降低7.0%，盐黄柏平均降低10%，黄柏炭平均降低39.43%，方法回收率为99.05%，说明方法准确可行。研究结果也表明，黄柏炒炭后，小檗碱是不能被破坏完全的。此结果也符合中药炮制"炒炭存性"的原则。

另外徐楚江还将其有效的抗癌、戒毒秘方、验方等提供出来进行药理、临床方面的研究，均收到了满意的临床效果。

3. 中药炮制与临床

徐楚江长期以来重视中药炮制对临床影响，他认为药物炮制后其性能和功效均有变化，炮制工艺以及饮片质量均与临床疗效有关，并且医师在临床用药时应重视不同炮制品的选择。

（1）突出中医应用炮制品特色

中医传统理论强调整体观，辨证论治，要求药物能够适应中医灵活多变的临床用药要求。临床对药物的选择应根据患者生理情况、环境、脏腑特点、疾病过程等的不同而有所差异。中药炮制可采用不同方法和手段，使药物增效或降低毒、副作用，以更好地适应临床用药的需要。中医有"天人合一"的理念，自然环境与机体的变化关系相当密切，气候、环境不同，对用药要求也不同。如针对环境、季节的不同，可分别选择不同饮片。一般情况下，在干燥环境或秋季等，宜选择偏润的药物，若是咳嗽患者，多属干咳、少痰，可选用特定方法炮制后的药物，如蜜炙，可以增强药物润肺止咳作用，若用辛燥药物反而可能使病情加重。北方人一般禀赋较强，用药药力应较猛。若药力太弱，则可能药不胜病；南方人一般禀赋较弱，用药宜较清淡，若药力太猛，则易伤正气。如外感风寒，无汗，表实证，冬季宜生用麻黄，年龄过大或过小者、体弱者或春夏季，宜用麻黄绒；患者表证已解但咳喘仍在，宜用蜜炙品。麻黄一味药，有四个炮制规格，可根据病情选择最适宜的炮制品，提高临床疗效，降低副作用。

在中医药理论指导下，在理、法、方、药整体观指导下，疾病是不断变化与发展的，如太阳病可传阳明，肝病可传脾，血虚可致浮肿等，应根据病情变化而选择药物。疾病的传变是多方面的，如温度、环境、调理失当等均可引起。药物的合理选择是很重要的，疾病在不同部位，对药物的要求也有差别，如脾喜燥恶润，肺喜润恶燥，脾病不宜选择过于润的药物，肺部疾病不宜选择过于辛燥的药物。疾病的病程不同，也应选择不同药物。疾病的发生、发展是多变的，脏腑的属性、喜恶、生理、病理也各有不同，用药时必须考虑这些因素。如伤寒病，因开始是感受的寒邪，寒邪容易损阳，也易伤中，所以立方用药都要注意保存阳气和顾护脾胃。

炮制品不同，其功效也各有特点。中药炮制是保证中医临床安全有效的重要环节，能够突出药物疗效，应为临床提供更多、更好的炮制品，以适应中医临床用药的需要。

（2）中药炮制保证临床有效性

中医的临床疗效是中医的生命所在，因此，提高临床疗效是中医的生存和发展的关键。中药提高临床疗效的方法一个是方剂配伍，另一个是炮制。清代《修事指南》载："炮制不明，药性不确，则汤方无准，而病症不验也。"炮制前后性味改变，成分不一，药理有别，根据辨证施治的需要，合理选用不同炮制品，才能提高中医用药的疗效。

中药主要来源于自然，有特定的入药部位，不同部位功能也不同。《金匮玉函经》提出："或须皮去肉，或去皮须肉、或须根去茎，又须花须实，依方拣采，治削，极令净洁。"不同药用部位应分别入药，保持各自疗效。如麻黄茎发汗、根止汗；莲子肉补脾涩精，莲子心清心安神，应分别入药；黄柏、厚朴等皮类药材应除去表面粗皮等，取里面有味者疗效才好。一些动物药或动物药的某些部位有毒，需去头、尾、足、翅或加辅料炮制以符合入药要求。如果中药材不注意净选加工，中药饮片含有非药用部位及杂质，就会使配方中药物的实际用量减少，达不到治疗所需剂量。如《伤寒论》的小承气汤、《金匮要略》的厚朴三物汤和厚朴大黄汤，三个方剂中的药物均由厚朴、枳实、大黄组成。小承气汤由大黄 12 g、枳实 9 g、厚朴 6 g 组成，主治实热便秘，法当苦寒泻下，故重用大黄，泻热荡积，重点在大便不通；厚朴三物汤由厚朴 24 g、枳实 15 g、大黄 12 g 组成，主治痛而闭者，用于胀满而痛，故重用厚朴行气消胀为主；厚朴大黄汤由厚朴 24 g、大黄 18 g、枳实 12 g 组成，主治支饮胸满，以胸满为主症。方中的厚朴为皮类药材，含有木栓层，有效成分含量低，作为非药用部位应通过炮制去除木栓层，保证方剂中厚朴药物的实际剂量，才能达到方剂的治疗目的。通过炮制可以使入药饮片去除非药用部分，保证临床用药剂量，才能更好体现临床疗效。另如山茱萸的核、金樱子的毛核、巴戟天的木心等均为非药用部分，而且占的比例较大，若不除去，将使药物在方中的实际比例大为减小，不能很好地发挥全方的作用，故应通过炮制中的净制工艺使得药物纯净。

汤剂为临床常用剂型，多种药物共同煎煮而发挥各药的综合疗效，要求饮片能够按照临床用药的需要尽可能将所需物质提取出来，以达到相应药效，在传统上即有"药力共出"的要求。饮片应有适宜的规格，若处方中饮片厚度相差太大，在煎煮过程中会出现易溶、难溶、先溶、后溶等问题，浸出物将会得气失味或得味失气，达不到气味相得的要求。如桂枝汤，方中药物以桂枝、白芍为主，桂枝以气胜，白芍以味胜，若白芍切厚片，则煎煮时间不好控制，煎煮时间短，虽能全桂枝之气（性），却失白芍之味；若煎煮时间长，虽能取白芍之味，却失桂枝之气。若改变了气味相得的制方法则，则达不到该方调和营卫的效果。在处理过程中，应考虑药物具体形状、为达到所需形状能够采取的有效措施，如饮片切制应考虑片型、水处理条件等。由于中医组方是在性味学说原则下拟定的，故药效应从性、味两方面体现，饮片的处理也应依据用药要求和药物性质去制订。

如种子、果实类药材，有所谓"逢子必炒，逢子必捣"的传统说法。如《炮炙大法》就有"凡汤中用完物，如干枣、莲子、决明子、青葙子……等子，皆劈破，研碎入药，方得味出，若不碎，若米之在谷，虽煮至终日，米岂能出哉？"的记载，就是要求种子果实类的药物需经炒制，使种皮、果皮爆裂；完整的药物需经切制或粉碎，在煎煮时易于煎出有效成分，才能保证疗效。三子养亲汤由紫苏子、白芥子、莱菔子组成，功效是降气平喘，化痰消食，适应证是气实而喘，痰盛懒食。方中的三个种子类药物均需炒爆，紫苏子炒后辛散之性减弱，而温肺降气作用增强，其降气化痰、温肺平喘之功明显；白芥子炒后缓和辛散耗气的作用，增强温肺化痰的功效；莱菔子炒后功效由升转降，由涌吐风痰而变为降气化痰，消食除胀。方中药物选用的炮制品均与病证相符，从而增强全方降气平喘、化痰消食的功效。

使用矿物药时，传统有"诸石必捣"的要求。质地坚硬的矿物类药物，经明煅或煅淬，质酥易碎，有效成分溶出率提高。因此，矿物药等炮制可适当增大药物表面积，破坏组织结构，使质地疏松，提高有效成分的煎出量以增强疗效。

炮制可以影响药物性能。药物的性能决定了其临床应用。药物性能包括四气五味、升降浮沉、归经、毒性等多方面。药物性能变化可引起临床疗效改变。如临床上消化疾病常见胃气不开或胃气衰微，胃气不开多以寒湿浊秽为邪居多，芳香开胃是其对应的治法。药物常用炒法能不同程度增加香气，改变药物原有的气味，从而增加开胃作用。炮制基于临床的需要，应结合药物性质采用不同方法以达到所需目的。炮制可通过"从制"或"反制"等增强或减弱药物四气。如苦寒黄连可用于清热泻火，若采用苦寒的胆汁来制，可增强黄连清热作用；若考虑黄连的苦寒之性易伤脾阳，则可采用辛热的姜制、酒制、吴茱萸制等，以缓和寒性。炮制使药物的四气之性发生改变而使副作用或临床适应证等也改变。升降浮沉是药物作用于机体的趋向，炮制后其作用趋向也可发生改变，如大多药物"生升熟降"，这有利于依据这一特性选择不同的炮制品使临床药物趋向性更好。如莱菔子能升能散，生品以升为主，能涌吐风痰，而炒后以降为主，主要作用为消食除胀，降气化痰，临床多用于饮食积滞所致腹胀、咳嗽气喘等。而有些药物用某些方法或辅料炮制后能增强对某经络的作用，基于归经学说的指导，常认为酸入肝，辛入肺，苦入心，咸入肾，酒制升提等。

中药成分复杂，常是一药多效，但中医治病往往不是要利用药物的所有作用，而是根据病情有所选择。采用炮制技术对药物原有的性能予以取舍，权衡损益，使某些作用突出，某些作用减弱，充分发挥药物的治疗作用，避免不利因素，力求符合疾病的实际治疗要求。如用何首乌用于补肝肾、填精血时，就需将生首乌制成熟首乌，以免因生首乌的滑肠作用伤及脾胃，导致未补其虚，先伤其正。再如当归，生品具有补血、调经、润肠通便作用，用土炒当归，可以增强当归的入脾补血作用，消除润肠作用。若血虚便溏者，就应选用土炒当归。

（3）炮制能保证临床用药的安全性

长期的临床实践中发现有些药物可对人体产生不良反应甚至毒性，如何保证临床用药的安全性是人们关注的。中药用于临床强调安全、有效，在保证安全的前提下观察其疗效。只有安全、有效的药物方可用于临床治疗疾病。中医临床用药安全与否，固然与辨证、用药剂量、配伍、剂型、煎服方法、给药途径有密切关系，但炮制也是一个重要方面。很多有毒中药，必须通过炮制才能保证中药治病时安全、有效。古人在这方面积累了丰富的经验，如《汤液本草》中附子："须炮以制毒也。"《证类本草》斑蝥炮制："当以糯米同炒……更以乱发裹之，挂屋东荣一宿，然后用之，则去毒矣。"针对有毒药物，可以通过炮制降低毒性或消除毒副作用。使用毒性药物治病，这也是中医的一大特点。如蕲蛇去除头部以消除其毒性；雄黄、朱砂经水飞后以降低毒性；半夏、天南星水漂洗后，用明矾、生姜等辅料炮制后以解其毒性；巴豆制霜以降其毒性；川乌、草乌水煮以解毒性；马钱子砂烫以解毒性；苦楝子、苍耳子、蓖麻子等，经过加热炒制以降其毒性；斑蝥米炒以降低毒性；藤黄豆腐煮以降其毒性；甘遂、芫花醋炙以降其毒性；等等。所以，炮制是保证临床安全的重要措施之一。制药工作者，需懂得如何炮制以降低药物毒性。作为医务工作者，除了对药物的治疗作用应有清楚的认识外，对药物的毒性和不良反应亦应有足够的了解，才能更好地遣方用药，充分发挥药物的治疗作用，防止事故发生。

梁代陶弘景曰："若用得其宜，与病相合，入口必愈，身安寿延；若冷热乖衷，真假非类，分两违舛，汤丸失度，当差反剧，以至殒命。"清代徐大椿亦云："凡物气厚力大者，无有不偏，偏者有利必有其害，欲取其利而去其害，则用法以制之，则药性之偏者醇矣。"临床治病主要利用药物偏性，偏则利害相随，如太寒伤阳，太热伤阴，过酸损齿伤筋，过苦伤胃耗液，过辛损津耗气，过咸助生痰湿等。如寒性的大黄、黄柏、黄芩等药物，可采用辛热的酒炮制，以缓和药物的苦寒之性，免伤脾阳；麻黄辛散解表作用较强，蜜炙后则辛散作用缓和，而止咳平喘作用增强；山楂消食健胃，酸味较强，炒制后则酸味减弱，缓和了药性等。辨证用药时应根据不同的病情和患者体质的需要，药物可通过炮制以"制其太过，扶其不足"，以符合辨证施治的需求。

科学的炮制可使毒性药物毒性降低，但如果炮制不当，则可能使药物变成毒物。徐楚江特别强调炮制操作条件的控制。如朱砂炮制，务必除去其中所含的铁质类，炮制时应控制温度，且不宜干法粉碎。同样，雄黄处理也应控制炮制温度。

4. 对中药炮制展望

徐楚江一生致力于中药炮制的教学科研，对中药炮制技术有着深厚的情怀，对中药炮制未来的发展倾注毕生精力。

（1）炮制人才培养应分类进行，因材施教

要掌握中药炮制技术需要亲身实践，长期摸索。现代中药炮制的学习方式主要为理论讲授结合一定的实践操作，这种学习方式只能初步掌握炮制的基础知识和基本技能。传统的、经典的一些炮制方法、技术还需要专门的学习与实践。一方面，中药炮制由于基础研究极度欠缺，炮制操作还有待规范化；另一方面，从事中药炮制的人员在国内待遇普遍不高，受过高等教育的专业人才大多不愿意从事中药炮制工作，且一些身怀绝技的老药工大多年岁已高，数量稀少，其丰富经验面临失传危险。中药炮制技术该怎样做才有利于其传承，徐楚江也一直在思考。

徐楚江认为，中药炮制技术的继承和发展应该分为几个层次，一是普及，即通过学习和宣传，使广大的人民群众科学认识中药炮制技术，了解中药通过炮制后能增强疗效，降低毒性以及便于制剂和贮存等。炮制的操作不是随意的，是需要经过专业培训的人员才能胜任的，有严格的操作程序。二是深入了解，特别是临床医师，应该了解炮制操作的基本情况，重点掌握不同炮制品的临床应用，才能在临床合理规范使用炮制品，使临床疗效提高；从事中药行业方面的人员应该掌握炮制的基本知识和操作技术，能对常见的炮制品进行操作。三是专业人才培养，这类人才指专门从事中药炮制的人员，需要专人指导（也可称为跟师学徒）掌握中药炮制的全面技术，能对一些特殊的中药炮制品进行炮制。由于真正全面掌握炮制技术的人员越来越少,针对这种情况,应尽快将老药工的技术指定相关人员继承。这些不同类别的人员,学习方式不同,特别是专业人才应该加强实践操作培训,特别是特殊炮制品、炮制方法的培训。另外,对专门从事中药炮制的人员,特别是炮制继承人,政府应该提高其待遇,使其能安心长期从事这项工作,从而使传统的中药炮制技术能传承与发展。

(2)中药炮制标准应逐步统一

长期以来,中药炮制主要以师带徒、口传心授的形式得以传承。中国地域广博,在古代交流不方便,各地用药习惯不同,在长期的应用过程中形成了各具地域特色的炮制技术。各地的炮制方法有很大差异,对于同一种药物的炮制方法,在操作时间、操作步骤、辅料种类和用量、饮片规格标准等诸多方面不统一,对炮制程度、炮制目的的解释等也不相同。中药炮制的规格标准混乱。

中华人民共和国成立后对中药炮制技术进行了整理,制定了一定的规范,但全国一直没有统一的炮制标准。《中华人民共和国药典》1963年版一部收载中药及中药炮制品,并在附录中设有"中药炮制通则",此后的每部药典中均有此项内容,从此中药炮制有了标准参考。到20世纪70年代末期,陆续有省、市、自治区、直辖市颁行了本地区的中药饮片炮制规范。1988年《全国中药炮制规范》试行版出台,至此国内建立起了由《中国药典》《全国中药炮制规范》和各省、自治区、直辖市地方中药炮制规范所组成的三级标准。

炮制规范不适应中药现代化是中药炮制事业发展的另一症结所在,部颁标准《全国中药材炮制规范》自1988年颁布以来,修改甚少,新的《全国中药材炮制规范》尚未出台。地方规范在与《中国药典》和《全国中药材炮制规范》尽量保持一致的基础上,保留了地方特色炮制方法,全国和地方性两套"炮制规范"同时存在,一药数法和各地各法的现象造成各个地区炮制品无法按同一标准控制。

由于中药炮制一直执行国家、部颁、地方三级标准,特别是地方标准,各地各法,使中药饮片的标准较为混乱,致使其监管、流通均受到很大影响。针对这情况,徐楚江认为,首先,应该通过系统研究将中药炮制的标准逐渐统一，但不是所有的饮片均马上纳入全国统一标准，而是分情况处理。针对全国共性饮片，即全国均在使用的、操作方法基本相似的饮片，采用全国统一标准。其次，对有地方特色且在地方仍在使用的炮制品，保留地方标准，但仅限于在当地使用。最后，对特殊炮的、特色的制品，在没有研究清楚炮制原理前不能轻易丢弃，应继续保留防止失传。

（3）探根溯源，整理炮制技术

中药炮制有几千年的应用历史，炮制方法随着人们认识而变化，且炮制方法散载于不同的医书药书里，作为炮制研究，首先应该弄清楚炮制原意，炮制技术规律特点，在此基础上进行相关的研究，并寻找新的炮制方法。炮制的历史沿革整理就是研究前提。长期以来，由于中药炮制的发展是实践先于理论，也就是说，先有了具体的炮制方法，随着中医理论的发展，中药炮制才逐渐有了自己的炮制理论。故人们对炮制的认识是发展的，中药炮制方法是在不断变化的。如人参是一味在临床应用广泛的药物，其炮制可以追溯至唐代，最初有细锉、切法，至宋代有制炭、焙、微炒、上蒸、黄泥裹煨，至元代有蜜炙，明代有盐炒、湿纸裹煨、酒浸、人乳制等辅料制法，至清代有五灵脂制、川乌制等药汁制法。如今《中国药典》仅载有人参和红参两种炮制品，其中红参采用清蒸的炮制方法，以增强人参的补益作用。炮制方法的形成过程，也有同种辅料采用不同方法炮制的品种，炮制方法不同对药物影响有差异，如峻下逐水类药物，大多有毒，一般采用醋炙后降低毒性。徐楚江认为采用醋煮效果比炒好，其他品种如延胡、三棱、莪术等也是同样的。又如滋阴益胃类的药物，易有滋腻之性，采用酒炮制后，因酒的温煦作用，可降低药物的滋腻碍脾作用。炮制品炮制方法还需要系统整理，寻找炮制规律或特点。另外，进一步收集整理各地的炮制经验，特别是现代老药工越来越少情况下，传统炮制经验的收集整理成为当务之急。自中华人民共和国成立后，采取了多种办法收集整理传统中药炮制经验，编辑出版了相关的炮制专著，但中药的炮制经验记载过少，仍有可能一些炮制方法散落于民间，还需要加强这方面的整理。

（4）中药炮制研究应与临床应用相结合

中药炮制理论在医书、药书中都有记载，如《雷公炮炙论》云："半夏上有陈延，若洗不净，令人气逆，肝气怒满。"《汤液本草》曰："乌、附、天雄，侧子之属，皆水浸炮裂，去皮脐用之，多有外黄里白，劣性尚在，莫若乘热切作片子，再炒令表里皆黄，劣性皆去，却为良也。"而对地黄的记载为："生则性大寒而凉血，熟则性寒而补肾。"《珍珠囊药性赋》曰："病在上为天，制度宜炒、酒洗。""中焦有疮：须用黄连酒洗。"分别从不同角度指出炮制对药物功效与毒副作用的影响。中药炮制的制药原则运用中药的药性相制理论、七情和合的配伍理论，其主要依据为清代徐灵胎在《医学源流论》"制药论"所描述的原则。其制之意各有不同，或以相反为制，或以相资为制，或以相恶为制，或以相畏为制，或以相喜为制，而制法又复不同，或制其形，或制其性，或制其味，或制其质，此皆巧于用药之法也。"传统的制药原则以适应用药特点为其依归。徐楚江认为，炮制对药物的影响应该从传统的中医理论以及现代理论进行分析。传统中医药理论是中药炮制的基本理论，临床所用的炮制品大多是遵从这个理论，中药炮制的研究与分析不能脱离中医药理论，而现代理论是对传统理论的补充，是将传统理论用现代手段与指标进行解释、阐述，以说明传统理论的科学性、合理性，并对传统方法进行科学改进，两方面的理解应该协调、统一。

中药炮制来源于实践，但炮制方法与技术是否科学、合理还有待于通过科学研究加以证实。现代对中药炮制的研究主要利用现代科学技术，如色谱技术、光谱技术等新技术，对饮片炮制前后的化学成分、药理毒理变化以及临床影响等进行比较分析。如研究中药炮制前后的有效成分、有效部位、微量元素等变化情况以及指纹图变化规律等；分析炮制减毒增效机理，确定炮制工艺条件、炮制新工艺等；也有研究中药炮制辅料、某味药炮制沿革、炮制原意等。中药炮制需要也值得研究的地方很多，应有目的地系统研究。对炮制研究，应注意以下几方面：不宜单用某个成分作为评价炮制方法合理的依据；炮制研究传承和发扬要结合，不能硬性分工，各搞各的；注意研究方法与目的的关系；炮制研究要结合临床对临床要有指导作用；要用中医理论指导，采用符合中医特点的方法手段研究炮制。研究用炮制品大多为临床常用品，对其他炮制品如各地所用炮制品研究较少；对炮制品与临床疗效、传统经验与古文献的收集整理也相对薄弱。

炮制目的是使药物发挥最大的治疗效能，炮制研究必须紧密结合临床与生产，若是对炮制工艺的改进，新工艺应该更加方便生产，或者有更好的临床效果。炮制原理的研究，也应根据中医药理论，紧密结合临床，不能主观臆断，不能脱离中医药理论，单纯按天然药物的思路进行研究。现代的技术应合理地应用于炮制研究，而非一定要用最前沿的技术与方法，关键是能解决问题，不能为了研究而研究，要明确研究的目的鼓励饮片创新。对传统的中药饮片炮制需要继承，在此基础上，应该结合现代研究成果，开发新的饮片，以方便临床应用，提高临床使用效果。

（5）中药饮片的精准选用

临床用以治病的是饮片，饮片质量影响临床效果。中药饮片采用不同方法，其作用是有区别的。随着社会的发展，专业分化越来越细，在中医药领域，古代医家不仅对病人诊治疾病，往往还同时根据患者病症对中药亲自炮制加工，炮制与临床相结合，保证了临床疗效。随着现在医药分家，渐渐出现"医不懂药、药不懂医""方对药不灵"的现象，炮制工作者仅仅按照以往炮制经验，已不能完全适应临床要求，大量不符合临床需要的炮制品出现。徐楚江认为中药炮制方法多，针对不同药物，结合临床需要，可以选择不同方法进行炮制。如白术，在临床有生白术、麸炒白术、土炒白术和焦白术之分，不同的白术因炮制方法不同，功效是有差异的。在临床应根据病情选择药物。生白术以健脾燥湿、利水消肿为主，但有滞气的作用，临床对脾虚腹胀患者宜慎用；麸炒白术可缓和其药性，使气味芳香，以健脾益气为主，临床多用于脾虚痞满或中气下陷、气虚自汗等；土炒白术则补脾止泻力胜，常用于脾虚腹泻；焦白术有健脾止泻作用，对于脾虚腹胀患者可以使用，没有生品白术滞气的副作用。因此，炮制方法不同，炮制的作用是有差异的，作为临床医师，必须重视炮制，懂得炮制作用，合理选择炮制品，从而临床选择饮片更加准确，应用更加科学。在学生培养方面，应加强对临床医学专业学生"临床中药炮制学"的教学。

（6）提倡特殊中药材产地加工一体化

中药饮片加工，长期以来采用干药材软化再加工而成，在加工过程中，药材软化，传统方法是在常温下进行，操作人员凭经验主观判断软化是否达到需要程度，操作差异大。在操作过程中，易造成有效成分流失、药材霉变等。从研究数据看，有的药物主要成分损失可达 50%，严重影响饮片质量。虽然历代对水处理也极为重视，并提出"少泡多润"等操作要求，但说者易，行之难。徐楚江感受到了药物质量下降，从临床看，处方中药材用量逐渐升高，20 世纪 50 年代，单味药通常用量不高于 3 钱，60 年代 3 钱，70 年代 3 钱以上。炮制加工作为影响饮片质量因素之一，也有人提出多种解决的办法，其中药材产地鲜药加工是其中一种方法，该方法由于减少了药材的二次浸润、干燥，生产工序减少，有利于减少药材损失，体积变小，方便运输，防止浸染，利于保管，徐楚江认为该方法是较好的一种解决办法。

三、传统中药制剂独树一帜

中药制剂是药物临床不同给药形式，不同剂型对临床疗效的影响不同，针对病情选择适宜的剂型，现代发展了许多新的、方便应用的新剂型，但传统的剂型也有自身的优势和较好的临床效果。常见的传统中药制剂为膏、丹、丸、散等，特别是丹药有特定的制备技术。徐楚江在实践中，对传统中药的制备技术精心钻研，掌握了部分濒临失传的制丹技术并将其发扬光大。他并不拘泥于传统制剂的制备，并在临床实践中进行应用，取得了较好的临床效果。

1. 传统丹剂的制备

丹药在我国历史悠久，是劳动人民在长期与疾病做斗争的过程中逐渐总结和积累的一门独特技术。早在原始社会后期，我国就有了冶铁术，到了殷商时期，便开始大量使用青铜器，至春秋战国时期，冶铁术和铁器广泛使用，在采矿和冶金方法的基础上产生了炼丹术。封建统治者想长生不老和多财多富，当其在植物中找不到长生不老药时，便想到了矿物，由于直接服用矿物药会中毒或产生副作用，一些方士们便逐渐把冶金术用于提炼矿物药，经长时间的探索和总结，形成了炼丹术独特的技能和学问。晋代葛洪是我国最有成就的炼丹家，他继承前人的经验和理论，经亲身实践和体会，写成《抱扑子内篇》十二卷。他在金丹篇中提到"丹砂烧之成水银，积变又还成丹砂"，同时又指出"铅性白色而赤之以为丹。丹性赤色而白之以为铅"以及"取雄黄、雌黄烧下，其中铜铸以为器，覆之三岁醇苦酒上百日，此器皆生赤乳，长数分，或有五色琅玕"。可以看出，矿物质在加热条件下的变化，从现在的化学知识可以推测其可能的化学反应，但古人能如此详细地观察到在烧炼过程中的化学变化，为我们进一步研究丹药提供了依据。

南朝梁陶宏景也很善于炼丹，著有《合丹法式》等书。明代陈实功《外科正宗》中对其丹药之组方，炼制及临床应用等都有较细的论述，为我国炼丹术奠定了基础。从古至今炼丹术都是极其神秘、高深莫测的。其炼制方法秘不传人，为很少的术士所掌握，但术士们也炼制出了治疗某些疾病的特效药。丹药治病，药力力宏，对于外科的疑难病证，如陈久性疮疖、痈疽瘘、骨髓炎有肯定的疗效，有其他药物不可比拟的优点。对某些内科顽疾也功不可没。由于种种原因，目前从事炼丹技术的人员越来越少，有濒临灭绝的危险。

徐楚江在中药丹药的制备方面有丰富的经验，基于中药丹药在临床治病方面有一定作用，认为需要将这项技术继承、发扬下去。

（1）大红升丹

【处方】水银30 g，火硝30 g，白矾30 g，雄黄20 g，青矾30 g，朱砂15 g。

【制法】① 先将火硝、青矾、白矾用乳钵同研细粉，再将水银和雄黄同研细粉，再将两种细粉用等量递增法再研细，使其充分混匀，堆于锅底，将锅置于生好的炉火上，文火进行"结胎"（除去多余的水分，以免在煅烧时，多余水分冲开盖壳，导致走丹）。

② 将盖碗覆于已结胎的药物上，碗与锅的接触处用皮纸捻条塞紧，再盖一层皮纸封严，纸上用煅石膏加盐水调成干糊状，涂于盖碗口周围，待石膏稍硬时，盖上河砂，留出碗底，并于碗底放浸湿的大米一撮以观察火候，再压一重物，防止冲开丹碗。

③ 先用文火烧30分钟，后用武火烧30分钟，同时观察碗底米的颜色，

以呈焦糊为度。如果米没呈焦糊，可再加热一定时间，候其焦糊，则可去火待冷。

④ 取丹。待锅冷却后，除去河砂（去砂时切勿振动盖碗），轻轻揭开盖碗，即可看到鲜明赤色的大红升丹，用鸡毛扫下即得。

⑤ 去火毒。丹药系烧炼之物，多用外科，直接敷于创口，所以必须先将丹药用绢包好浸于冷水中或置潮湿地方放置一段时间去其火毒，否则会导致患者疼痛难忍。

徐楚江不但能炼丹，而且会灵活用丹，根据病势深浅，兑入不同药物或稀释，收到良好临床效果。

（2）中九丸

中九丸为《外科十三方》第一方，是我国炼丹术流传较广的一个丹药，但关于丹方的炼制工艺一直是神秘莫测的。由于历史条件的影响，导致技术掌握者极端保守，讳莫如深，不肯轻易授人，偶有传授者，亦是改头换面，藏头露尾，谬误流传，以讹传讹，日渐失真，甚至面目全非，深以为憾。为了去伪存真，徐楚江的中九丸处方及工艺展示炼丹术的真实性，其中很多工艺突出体现了炼丹术的绝技，工艺相当复杂，效果十分显著。

【处方】三打灵药 18 g，石青 12 g，金丹 12 g，银翠 12 g，珍珠粉 12 g，麝香 2 g，牛黄 10 g，大枣 1000 g。

① 三打灵药的制备

处方：水银 40 g，硼砂 40 g，白矾 40 g，火硝 40 g，食盐 40 g，朱砂 20 g。

制法：除水银、朱砂外，将其余四味药研匀，放于锅底中心，以文火加热，少时即可看到锅中药物溶成液态，慢慢由液态变为固态时，即将锅端下待冷，冷后即将煅炼之物铲出研成细粉，平均分成三组，备三打灵药用。

一打灵药：取其中一组药粉同水银、朱砂混合起来，研匀后，放于锅底擀平，然后覆上丹碗，以皮纸捻条浸湿塞在碗口与锅结合处，再将煅石膏加水调成糊状，涂于碗口周围。待煅石膏糊硬化后，将河沙堆于锅中淹护丹碗，露出碗底，碗底入湿米以测火候，上压一重物，防止烧炼过程中水蒸气冲开丹碗走丹。一切装置好后即可上炉煅烧，初用文火 30 分钟，后用武火 30

分钟，后降低火力，文火再炼 30 分钟，再看碗底米是否已焦糊。如米已焦时，即可停火，待冷后，去沙和封口石膏等物，轻轻揭开丹碗，即覆于已铺白纸的潮湿地上。约 2 小时后，用木棒轻敲碗底，洁白色的丹药即掉于纸上，称为一打灵药。

二打灵药：将第二组药粉同一打灵药混合均匀，操作方法与一打灵药相同，可得浅黄色的二打灵药，供三打用。

三打灵药：将第三组药粉同二打灵药混合均匀，操作方法与一打灵药相同，可得白色的三打灵药，经反复炼制后，毒性极低，具有化腐生新、消炎抗菌的功效。

② 石青的制备

处方：硫黄 120 g，白矾 60 g。

制法：将上述两味药物共研细粉，入阳城罐中，上盖铁板一块，用铁丝缚紧，于火上炼制 2 小时左右。待烟散尽后，稍冷，打开立即倾于铁板或瓷板上，升华在盖板上色如黄芽者，为烟硫，其性最毒，善入肌肤，为祛风湿、疗诸癣的有效药物。沉于罐底色带暗青色者为石膏。如冷后罐底石膏变硬倾不出，可将罐子在火上烘烤，即可取出。亦可将罐击破取之，待用。

③ 银翠的制备

处方：纹银（银币亦可）30 g，石青适量。

制法：先将石青碾粉，将纹银打成碎片，同入锅中，武火炼制，至溶解时徐徐加入石青粉，并不断搅拌。银即自然发泡，翻炒至松散、无液态物出现为度，取出冷却，研细待用。

④ 金丹的制备

处方：黑铅 30 g，广丹 60 g。

制法：将广丹先放入铁锅内，武火加热烧红，于广丹中心挖一凹窝，放入黑铅，再将广丹周围掩盖，借锅气熏蒸，约 30 分钟即可蒸透，及时着力拌炒至黑铅将尽不见黑铅为度，将锅离火待冷后，用 60 目筛筛去粗粒不用，取筛下物待用。

【制法】用珍珠粉作底色，以套色混合法递加混合均匀，然后取大枣蒸去外果皮及核，研烂如泥，再与药粉拌合捣研为丸，每丸0.3 g，外用朱砂穿衣晾干。

（3）哭来笑去丹

该丹药是徐楚江临床应用几十年的有效丹剂，是治疗口腔溃疡、牙龈肿痛的秘方，用后几分钟内能止痛，有欣然若失症状之效果，哭着来笑着去，故取该名。该丹剂能消炎止痛，治口腔、牙龈等部位炎症。使用时用煅硼砂与本丹1∶1混合均匀，少许点于溃疡或疼痛处。

【处方】北细辛9 g，独活18 g，火硝12 g，骨碎补18 g。

【制法】先将北细辛、独活研细末，与火硝混匀，摊于阳城罐底，阳城罐上用丹碗扣严，碗与罐结合处用盐泥封固，碗里盛冷水冷却，晾干，于火炉上文火炼制1小时（并常换碗中冷水保持低温），冷后，取丹，去火毒备用。

2. 传统中药制剂的展望

中药传统制剂长期以来为临床防病治疾立下了汗马功劳。有些制剂的处方、制法等随着时间的推移已没有明确的记载，也因为传统中药制剂被人们称为"粗、大、黑"等，其发展与临床应用受到影响。对此，徐楚江认为应该实事求是，取其精华，去其糟粕，以发展的眼光来看待传统中药制剂。

（1）对传统有效的中药制剂应规范其工艺，以保证制剂的有效性

传统中药制剂的制备依靠作坊式操作模式制备，多为个人或家族所有，其处方与制法大多具有保密的性质。想要弄清楚比较困难，但是需要刨根问底的性格，将其彻底弄清楚，使临床用药更加有效。

徐楚江在掌握中药传统制剂的制备方法以及准确的处方这些方面非常重视。徐楚江在临床治病时，曾治疗一名口疮患者，在发病之初，口疮如豆大，周围发红，硬肿疼痛，逐渐颈部组织出现溃烂，累及耳后形成大片溃疡，久治不愈，有进一步恶化的危险，治疗起来已很困难。后来患者一亲戚从邻县来看徐楚江，所带的丹药外敷3次就基本痊愈。丹药的治疗效果令人震惊。这件事对他触动很大，他希望能够全面了解该药的处方和制备方法。于是找到提供药物的患者亲戚，对方说丹药是金堂一位朋友给他的，

自己不知处方和制备方法。徐根据相关线索,逐一查找,先后到金堂、眉山、乐山、双流、灌县(今都江堰)等地,最后追踪至仁寿县廖江寿老师处。廖老师为清末名医,能升此丹,更善用其丹,并用此丹解决了许多疑难杂症。徐很想在其门下学习炼制和使用方法。旧社会,赖以生存和养家糊口的秘方一般是秘不传人的。徐五叩其门,均被拒绝。他以坚韧不拔的毅力,反复向廖老讲述为求此丹所经历的艰苦路程。精诚所至,廖老终于被感动,但给出了字谜让其破译后才能进一步交流。徐楚江回成都后利用自己的知识,终于将字谜成功破译——谜底是大乘丹。他利用原来的炼丹知识,反复实践,摸索炼制方法。耗费水银在10斤以上,锅亦烧炼七八口,然后得出了大乘丹炼制工艺,只升不降或只降不升均不行,必须升降结合才能成功。徐楚江的大乘丹的处方:水银 50 g,白矾 50 g,皂矾 50 g,火硝 50 g,硇砂 20 g,硼砂 50 g,白砒 30 g,食盐 50 g。该方在临床上治愈了骨结核、骨髓炎、肛裂等疑难杂症。准确的处方和制备工艺是保证制剂质量的前提,要认真、谨慎对待。

(2)传统中药制剂需要去伪存真的现代技术合理改进

传统中药制剂是采用作坊式的生产模式,规模小,改用现代化的生产设备后生产规模增大,原有的工艺参数不一定适应生产需要,应根据生产条件进行调整,以保证生产出来的产品合格。另外,中药制剂的配伍是否合理也是需要临床检验的。中药制剂因处方药味和剂量都是固定的,生产工艺也是确定的,故要求制剂能适应广大患者,疗效好,副作用小,或者总结临床经验方,研制开发成新药,让更多的患者受益。徐楚江在这方面也做了相关工作。

① 传统制剂准确改进

临床应用的经典方剂制成制剂后,有可能在临床出现一定的副作用,这要求制成中成药的方剂应疗效好,毒副作用低。徐楚江擅长中医中药,也在这方面做了相关的工作,使中药制剂更好地为临床服务。如对"玉泉丸"的工艺改进:该方来源于《沈氏尊生书》,是治疗消渴症(糖尿病)的有效方剂,由原成都工农兵制药厂(现成都制药厂)生产,是当时该厂的拳头产品之一，远销国内外。但按原工艺和处方生产的玉泉丸服用后有轻微的腹泻现象。究其消渴是口干多饮、多尿、消瘦的三多一少症状，其病因是气虚不能化津。如果腹泻就会耗气伤阴，是不利于该病康复的。徐楚江在研究处方的基础上，寻找导致腹泻原因。原方用糯米量较大，糯米有益胃生津作用，但滋腻之性较强，易造成脾气不实而致泻，脾气虚也可能泻下，在该方中，糯米不可不用，但可以减少用量，同时改生用为炒用，再加重黄芪用量以增强补气作用，通过上述处理，该方基本消除了腹泻的副作用。

② 临床经验方的科学合理开发

徐楚江有丰富的临床经验，也有许多疗效独特的处方。他希望这些处方能更好地为广大患者服务，同时通过研究也可分析自己总结的处方是否合理，于是按当时新的研究要求进行相关的工作：癌症是一种常见病、多发病，随着人类生存环境的变化，癌症的发病率有上升的趋势。由于癌症的发病原因和发病机理并未完全清楚，缺乏有效的防治手段，所以病患的防治是世界医药界需要攻克的项目之一。目前对癌症的治疗除手术和支撑疗法外，多辅以放疗和化疗，但上述方法治疗后对病人的副作用大，有的病人难以承受。寻找有效的治疗方法和药物是当前医药工作者的责任。

徐楚江根据祖国医学的理论，辨证施治治疗癌症，运用扶正固本的药物，以增强人体自身的抗病功能，用软坚散结的药物促进癌块的消散；用清热解毒的药物防止癌细胞的扩散；用活血止痛的药物治疗癌症所致的各种疼痛。如此多方面的药物组成的配方，经多年的临床观察收到了较为满意的临床效果，这是徐楚江临床治疗癌症的秘方之一。该秘方适应范围广，不仅可用于消化系统、生殖系统、呼吸系统等器官的治疗，还可用于术后癌细胞的转移；还可用于放疗和化疗后的白细胞降低和消散癌块。为了进一步证实这一验方，在徐楚江的指导下，胡昌江等采用现代科学技术，按当时国家三类新药研究标准进行了系统研究，研究内容包括制剂工艺、质量标准、药效和毒理研究，还进行了临床疗效观察。

在上述研究中，特别是针对处方进行的药效毒理以及临床研究，胡昌江等对该方的科学性、合理性进行研究，用小鼠急性毒性实验确认处方的安全性；处方对小鼠腹水瘤细胞 S-180 的影响和对小鼠 H22 肿瘤细胞的抑制作用，提示处方对癌细胞有抑制作用；醋酸扭体法、热板法提示均有镇痛作用，以热板法作用最显著；对正常和注射环磷酰胺小鼠外周白细胞以及 C_0-60（钴-60）照射小鼠外周血白细胞影响的研究结果显示处方有升高白细胞的趋势；小鼠耳肿胀法、大白鼠棉球芽肿实验均有抑制肿胀作用，提示处方有抗炎作用；对小鼠游泳时间、小鼠耐常压缺氧的实验结果显示处方能明显延长小鼠游泳时间。研究结果说明：该复方既能直接对癌症有作用，还能缓解癌症产生的疼痛，能增强患者的抵抗力，属于标本兼治，证明徐楚江所组的复方的安全、有效。

众所周知，所有的药物均需要用于临床，通过临床疗效最终证明复方的有效性。因此，为了证实自创秘方的有效性，徐楚江从 1990 年 3 月至 1994 年 3 月在临床进行疗效观察，共 225 例病人。所有患者均有明确的诊断，并且多数已做了放疗、化疗或手术治疗。有部分患者属于确诊时已是癌症晚期或年事已高无法接受放、化疗或手术。患者年龄大多在 40 岁以上，男性 140 人，女性 85 人，发病部位包括消化系统、呼吸系统、生殖系统、泌尿系统、淋巴系统、骨骼系统和神经系统等，其中消化系统是主要发病部位，占总人数的 62.2%；其次为呼吸系统，占总人数的 19.1%。判断药物有效的标准：以瘤体消失或缩小或不再长大为显效；以疼痛消除、自学不适感消除、精神倍增、食欲增强，化疗后白细胞明显升高为有效；以瘤体继续增大、自我感觉不减者为无效。临床研究结果为：显效率 53.7%，有效率 88%，无效者为 12%（包括中途中断治疗或死亡者）。在显效的病例中，瘤体消失者占总人数的 9.7%，缩小者占 20.4%。

因此中药制剂应该进行合理有效开发与应用，对传统有效的中药制剂，可结合临床的疗效进行合理改进。也应进行新的中药制剂开发，对有效方剂进行科学开发研究，使其服务于临床，同时也要对方剂组方合理性进行研究，使制成的制剂更加有效。

医药结合

川派中医药名家系列丛书　徐楚江

一、医 话

1. 正确认识中医药理论

人是一个完整的体系,天人合一,与外界气候的关系十分密切。一年中有春夏秋冬四季,一天中也有春夏秋冬四季。药有寒热温凉四气,有补泻宣通四效,趋势有升降沉浮,功效有温清补泻,制药有升降熬打,人体有寒热虚实,治病有理法方药等,这是一个完整的体系,缺一不可。如果治病只谈理法方而不谈药,不是一个完整体系。人欲善其事,必先利其器,药是防病治病的基础,亦是医师解除患者病痛的必备武器。如果医不知药,在立方遣药上必然存在很大的盲目性,很难收到理想的效果。

医药是一个综合性学科,其人才应该是通才、全才,方能胜任这项工作。目前医药分家现象严重,徐楚江对此极为遗憾和担忧。医不熟悉药,药不知医用,临床上炮制品日趋减少,炮制方法和质量不规范,药品质量不合格而入药以至于造成严重毒副作用的事件时有发生,临床医生感叹"方准,药不灵"。这种现象削弱了中医中药治病的优势,也阻碍了中医药事业的发展。徐楚江并不是不主张医分内、妇、儿、外等科,药分制剂、炮制、鉴定等学科,但医生的基础知识应该扎实,在广博的基础上再求精,只精不博谈不上精,其所谓的精也形同无本之木、无源之水,是绝对不利于学科的发展的。

祖国医学理论认识人体是一个有机整体,一脉不合,六脉不安,临床病证错综复杂,虽有主次之分,治疗时亦应标本兼治,或升提,或沉降,或发散,或收敛,或补益,或疏理,以纠正人体气机之升降失调。《用药大要论》曰:"用药治病,升必少佐以合,合必少佐以升,升必少佐以降,降必少佐以升,或正佐以成辅助之力,或反佐以作向异之用。"徐楚江深谙药的协同作用,临症才能游刃有余,左右逢源,升降并用而采用升清降浊之法,消除病理之不同趋势,寒热并调而采用温清并举之法,消除机体寒热病理差异,攻补兼施而采用扶正祛邪之法,消除邪正盛衰的双向病理差异,收到事半功倍的效果。

2. 五味化合理论的精准阐释

五味是指辛、甘、酸、苦、咸五种味道,另外将涩味依附于酸,淡附于甘,结合五行配属关系，如酸入肝、咸入肾等，中药的五味有其自身的特点，也体现了药物一定的功能。中医临床用药应有法度，组织配伍之精妙处系运用中药气味化合有独到之处，利用五味进行化合，以达到良好的治疗效果。

（1）辛甘发散（辛味、甘味化阳）

辛能散，具有发汗解表之功，甘能益气，发散而不伤正，更因能缓急，又有延长辛味药的作用，辛甘合用则补中有散而不致呆滞的结果。桂枝汤发汗解肌，方啜稀粥，体现津生于谷，表达辛甘相合之义。

病痰饮者当以辛药和之，辛甘化阳可获殊功，例如苓桂术甘治吐下后阳气不足，脾失健运，气不化水，聚湿成痰，桂枝振奋心阳而理心悸，苓术健脾利水，甘草缓和冲逆，共收化温阳脾土之效。

（2）辛开苦降

湿热之邪非温不通，非香不降，姜、桂复能宣通气机，祛寒化湿，和胃降逆，芩连枳有泻心和胃消痞除满，合用使具有苦辛通降，调和寒热，开通气机，消除痞满。

黄连泻心汤由干姜、黄连、黄芩、人参组成。半夏泻心汤是辛开苦降的代表方剂，芩连苦寒泄胃热，姜夏辛开散痞，参草枣补脾胃之虚，类方调和寒热，虚实寒饮，脾胃同治。

（3）辛散酸收

辛酸并用，散收并行，凡邪气郁而不散，以致正气涣散不收者用之，去邪不伤正，敛精不滞邪。麻桂解表，以散表寒；白芍敛阴和营，以桂枝调和营卫，则防麻黄桂枝发汗太过，生姜、辛夏温中化饮散寒降逆，五味敛肺止咳，甘草调和诸药，使其散中有收，五味与细辛相配伍，能敛肺镇咳而不碍邪，能温化寒饮散寒解表而不过散。

（4）酸甘化阴

酸甘合用，甘可入脾运湿，淡可渗湿利水，甘淡利湿药，能使湿邪有出路，由小便而解。例如五苓散为太阳邪热不解，传入膀胱，膀胱气化不行致小便不利，烦渴或水饮内停之证。本方桂枝解太阳肌表之邪，并行膀胱之气化，白术健脾胜湿，泽泻二苓，甘淡渗湿畅利水道，综合共奏化气利水之功。

（5）甘补苦泻

桂枝加大黄汤治太阳误下，而使腹满大实大痛者，方中用桂枝领出陷入之邪，加大黄通便导滞，苦泻其邪，以治实痛，构成表里双解，干姜、甘草、大枣增中以甘补苦泻，下不伤正，补不助邪。

可见四气五味之化合配伍，显示了气（性）化合之奥秘，这里要特别注意药物之五味各有作用，若能很好调和配伍，是有规律可循的。要掌握补虚泻实、寒温并调去补偏救弊，勿蹈虚虚实实之误。

3.对方剂配伍的理解与应用

中医临床处方常为复方，考虑药物的合理配伍，以达到药到病除之目的。中药都有各自的药性特点，如寒热温凉、升降浮沉、归经、毒性等性，药物间有相须、相使、相畏、相杀、相恶等制约，科学合理地应用才能达到事半功倍的效果。如知母、石膏相伍为用，可以增强清热泻火、生津的功效。在临床应用中，可根据药物特点结合临床需要，协调兼顾，达到治疗目的。

用药不同，治疗方法也不一样，可以应用不同的治疗方法相互协调，从而达到某一治疗目的，机体内部存在着多种矛盾，可产生复杂病证，如表里同病、气血不和、脏腑失调、阴阳偏胜等，通过治疗达到功能协调，内部相对平衡，以维持机体正常的生理活动。

（1）表里双解

分为解表攻里法或解表清里法。

如麻黄、桂枝配石膏。麻黄、桂枝辛温解表，石膏清里热，除烦渴，达表里双解之效；葛根配伍黄连，葛根能解肌生津，为外感发热身强病常用药，黄连可清热泻火以清里热，共奏解表清里之功。

（2）气血两调

石膏配生地。石膏清肺胃之热，生地滋阴清热属气血两清；香附配川芎属活血行瘀，香附为气中血药，为治气结之要药，川芎为血中气药，活血行气，二者配伍，气血双调，相得益彰。

（3）协调脏腑

如黄连配肉桂，治心肾不交而致的失眠多梦，使心肾相效而奏脏腑协调之效。如交泰丸，该方为痛泻要方，专为肝旺克脾痛泻而设，方中白芍酸寒平肝、泻肝，白术燥湿健脾，共奏健脾而泻肝，协调肝脾而止痛泻。方中白术、白芍，概治肝脾，凡肝旺侮脾之脾虚均可。

玉女煎中生地甘寒，滋养肾，又加石膏清阳明胃火，对肾阴胃火偏旺之邪，牙龈肿痛加石膏泻胃清源，达培本清源之效。

缩泉丸中，盐益智仁补肾固精、缩泉，乌药气化膀胱，善治膀胱虚寒所致尿频、遗尿，使肾阳温煦，气化正常，拘束有权。

（4）阴阳并治

二仙汤中二仙（仙茅、仙灵脾）温补肾阳，知柏滋肾阴，前有温阳培本，后有泻火清燥，主治肾阳不足、肾阴亏损、内又虚火上燔的更年期综合征。

熟地配伍阿胶，熟地补血滋阴，性柔润能填精补肾，补肝肾之阴不足，阿胶咸温纯阳补肾温肾，补精血强筋骨，扶阳气虚衰之效。

（5）动静结合

当归、白芍补血活血，柔肝和血行在髓，注五脏。熟地滋阴补血并填髓补肾，但滋腻易于助湿碍胃妨食，砂仁芳香化湿，理气醒脾，合用补而不滞，改善了脾胃运化和吸收的功能，故十全大补丸以作骨架。

（6）相反相成

黄连配干姜。黄连苦寒泻火解毒，苦化湿热，凡邪火内炽，高热神昏，凡湿热内蕴，呕、痞、疸、痢等均为适宜。

姜辛温，温中散寒，凡脾胃虚寒，腹痛下利及胃热呕吐，肠寒下利的上热下寒，用黄连泻火清胃止呕，生姜温中散寒，和中利湿，寒热并调之，有清宣并举之效。

（7）升降有序

柴胡配枳壳。柴胡、枳壳均属气分药，柴胡疏解升阳，枳壳苦寒破积，下气除痞，伍之可升清降浊，调整脏腑功能，对气机不畅，升降失调，胸脘满闷均可。

升麻配枳壳。升麻有升举透皮的作用，升至阴于下行，鼓脾土以上行；枳壳利膈宽胸，破气行滞，有下行之势，胸腹胀满常用。临床以枳壳通用行腑气，使有下达之势，以升麻之上行。欲降先升使气机调畅，配当归、苁蓉润通大便，更加麻仁助其功，对肾虚便秘有效。

（8）补泻并进

白术配枳实。白术苦甘温健脾燥湿，而助运化，为脾虚湿阻要药；枳实苦微寒，破气消积，泻痰除痞。二药消补兼施治脾胃虚弱，运化不良，饮食停滞，脘腹痞满，如化枳丸、枳术丸之类。

黄芪配防风。黄芪补气升阳，固表止汗，防风解痉、止泻，一补一散，防风得黄芪能引黄芪之气，达于肌表而祛风邪，芪得防风补中有助肌表而不留邪，故对表虚有汗有效。

（9）开阖兼施

细辛配五味子。细辛温散，祛风止痛，并温肺化痰，治痰饮咳嗽，二者合用，五味酸温敛肺止咳，敛汗涩精，肺虚喘咳最为适宜。

桂枝配伍白芍。桂枝辛甘温，发汗解表，温经通络推动血脉通行，历代以来均为外感要药。白芍酸苦微咸，敛阴和营，养血柔肝，为酸寒柔肝药，一温一寒，一散一收，使辛散而不伤阴，酸敛而不敛邪，于解表之中寓敛汗阴之效。

4. 顽痹治疗方法

痹证是由风、寒、湿、热等引起的以肢体关节及肌肉酸痛、麻木、重着、屈伸不利或关节肿大等为主症的一类病证，临床上有渐进性或反复发作性的特点。主要病因是气血痹阻不通，筋脉关节失于濡养所致。本病与外感风寒湿热之邪和人体正气不足有关。风寒湿等邪气，在人体卫气虚弱时容易侵入人体而致病。汗出当风、坐卧湿地、涉水冒雨等，均可使风寒湿等邪气侵入机体经络，留于关节，导致经脉气血闭阻不通，不通则痛。正如《素问·痹论》所说："风寒湿三气杂至，合而为痹。"根据感受邪气的相对轻重，常分为行痹（风痹）、痛痹（寒痹）、着痹（湿痹）。若疼痛游走，痛无定处，时见恶风发热，舌淡苔薄白，脉浮，为行痹（风痹）；疼痛较剧，痛有定处，遇寒痛增，得热痛减，局部皮色不红，触之不热，苔薄白，脉弦紧，为痛痹（寒痹）；若肢体关节酸痛重着不移，或有肿胀，肌肤麻木不仁，阴雨天加重或发作，苔白腻，脉濡缓，为着痹（湿痹）；关节疼痛局部灼热红肿，痛不可触，关节活动不利，可累及多个关节，伴有发热恶风，口渴烦闷，苔黄燥，脉滑数，为热痹。

根据不同的病情，徐楚江结合长期临床经验，制定了不同病情的治疗方法。

（1）风盛型

主要表现：疼痛呈游走型、放射性、闪电样者。

药物：独活 15 g，仙灵脾 15 g，虎杖 15 g，海风藤 15 g，海桐皮 18 g，透骨草 20 g，伸筋草 20 g，寄生 15 g，鸡血藤 20 g，当归 12 g，丹参 20 g。

（2）湿盛型

主要表现：疼痛区域重着、沉困。

药物：茯苓 20 g，白术 15 g，车前仁 15 g，防己 15 g，木香 10 g，五加皮 15 g，独活 15 g，萆薢 15 g，土茯苓 20 g，当归 10 g。

（3）寒盛型

主要表现：疼痛点突出，局部欠温，得暖则舒。

药物：仙灵脾 20 g，二乌各 10 g（另煎至无麻味），桂枝 12 g，北细辛 5 g，青风藤 15 g，石南藤 15 g，五加皮 15 g，丹参 20 g，何首乌 20 g。

（4）热盛型

主要表现：掣痛，痛处皮色红紫暗，或关节强直，肿大变形，夜晚疼痛更盛。

药物：银翘各 15 g，生地 20 g，生石膏 20 g，防己 15 g，萆薢 15 g，秦艽 15 g，败酱草 20 g，丹参 15 g，香附 15 g。

（5）瘀血型

主要表现：疼痛处不移，气短乏力，面色无华，两目干涩，肢体麻木，爪甲枯槁。更加皮肤干燥，属血瘀血虚之证。

药物：桃红四物汤加丹参 20 g，血藤 25 g，乳香 7 g，土鳖虫 10 g，香附 15 g，甲珠 5 g，首乌 18 g。

此外，潮热盗汗，五心烦热，失眠，咽干，舌红少苔，多为阴虚内热之象，以四藤一仙加四物桃红、桂枝、知母、焦柏。若畏寒，肢冷，腰膝酸软，多系肾阳虚之证，以桂附地黄丸加减化裁。

二、医 论

1. 善用药性之长，治病才能得心应手

（1）善以药之性能调节人体功能

升降运动是人体活动的基本形式，升降失调是疾病发生与发展的源流，正如《内经》云："升降息则气立孤危……非升降则无以生长化收藏。"《医学求是》又云："明脏腑阴阳升降之理，凡病皆得其要领。"徐楚江熟悉药物升降浮沉，在诊治疾病时善于审查人体的阴阳升降，通过药物以调整人体的阴阳升降使之平衡。只有认清人体阴阳，才能更好地运用药物进行调整。

药物的升降浮沉是认识药性的重要一环，是中医临床用药应当遵循的规律之一，它概括了药物作用的趋向，运用药物升降浮沉之性，以调整人体病理升降失常之偏，是合理遣方用药的依据。如《医源》云："皆以辨药性之阴阳，以调人体之阴阳，察药性之升降，以调人身之升降而已。"又云："故吾人业医，必先参天地之阴阳，了然于心目间，而后以药性之阴阳，治人身之阴阳，药味之升降，则人身之阴阳升降，自合于天地之阴阳升降矣。"徐楚江遵此古，注重天人合一的辩证统一，强调中医的整体观，临床收到了良好的效果。

药物之所以有升、降、浮、沉之性能，主要依赖其气味厚与薄、质地轻与重，同时受炮制、配伍、煎煮的影响。如《素问·至真要大论》曰："辛甘发散为阳，酸苦涌泄为阴，咸味涌泄为阴，淡味渗泄为阳。"不独药物性味属性影响其升降浮沉的恨性能，气味之厚薄亦影响其作用趋向，如《素问·阴阳应象大论》曰："味厚者为阴，薄为阴之阳。气厚者为阳，薄为阳之阴。味厚则泻，薄则通。气薄则发泄，厚则发热。"

药物质的之轻重亦能影响药物的作用趋向，如李时珍曰："浮萍其怀轻浮，入肺经，达皮肤，所以能发扬邪汗也。""铅丹体重而性沉……能坠痰去怯。"花类药物质轻多升浮，矿物药其质重多沉降。除此以外，同一植物入药部位不同，其作用亦不同，如苏叶解表，苏梗理气，苏子降气；如桑叶发散表邪，桑枝通经活络，桑葚补肾，桑根皮宣肺泻肺，桑寄生补肝肾。

药物自然属性影响其升降浮沉之外，人为炮制加工亦影响药物的升降浮沉。如大黄生品沉降直达下焦，炙后则达上焦，清头目之火，蒸熟则以活血祛瘀为产，炒炭则止血。又如益智仁生品以温脾止泻，摄涎唾为主，盐炙后下行入肾以补肾缩尿涩精为主。因炮制所用之辅料，本身具备一定的性能来制其杖过，扶其不足，是临床用药不可忽视的重要因素，正如李时珍说："一物之中，有根升稍降，生升熟降，是升降在物亦在人也。"

徐楚江熟谙药物升降浮沉之道，以调理人体阴阳升降之理，临床审时度热地选择药物，顺乎疾病之态势而因势利导之，以达祛邪治病之目的。如吴鞠通曰："治上焦如羽，非轻不举。"《温病条辨》又曰："治下焦如权，非重不沉，若药轻不及，则贻误不及，则贻误病机。"

（2）相得益彰的对药应用

对药的应用，是祖国医学用药一大特色，对药协同，取长补短，相得益彰，更能发挥药物升降浮沉之性能，收到意想不到的临床效果。有少部分药物本身能升能降，以有补能泻，如川芎可上行头目，下行血海；牛膝升则升发透疹，降则引血下行，补则补肝肾，泻则活血下行；龙骨、牡蛎即可平肝潜阳，又可固脱涩精止带；莱菔子生品则上行涌吐风痰，炒制品则下行消痰下气。而绝大多数药物不具双重性，就需要有选择地配对来达升降之目的。徐楚江常用的对药主要有以下几类：

①补益类：人参、蛤蚧，一补下元，一上养肺，治肺虚久咳；党参、黄芪，一补中益气，一补气升阳，治气虚下陷；人参、丹参，一甘温补中入气分，一苦降入血分，疗心神不宁。

②滋阴类：天冬、麦冬，一偏补肾，一偏润肺，金水相生，疗燥羸瘦；麦冬、五味，一养阴除烦，一敛肺止汗，治虚烦不眠。

③行气类：砂仁、叩仁，一升胃，一醒脾，治脾胃气滞，纳谷不香；木香、槟榔，一行气止痛，一降气行滞，治积滞内停；川楝子、玄胡，一苦寒性降，一辛散苦降，治气血瘀滞，脘腹胀痛；香附、良姜，一疏肝行气，一逐寒止痛，治肝郁气滞，胃寒凝滞而致胃脘疼痛；枳实、赤芍，一破气，不消瘀，止痛尤能建功，治腹痛，烦满不得卧；青皮、陈皮，一偏于疏肝理气，一重于理气和脾，治胁肋脘腹疼痛；白术、枳实，一补以健脾燥湿，

一消以下气消痞；治脾虚食聚，胸脘痞满。

④ 活血类：蒲黄、五灵脂，一行血祛瘀，一活血止痛，治瘀血内停的各种痛症；羌活、独活，一辛通走上，一辛通走下，治风寒湿痹之周身疼痛；赤石脂、禹余粮，一涩肠，一止泻，治久痢不已。

⑤ 治痰类：知母、贝母，一清肺热，一化痰咳，治水亏火旺咳嗽；柴胡、前胡，一升以宣肺解热，一降以下气消痰，治风寒咳嗽；法夏、黄连，一辛开散痞，一苦降泻热，治胃气不和，心下痞满；桔梗、枳实，一升以宣肺祛痰，一降以理气宽中，治外感风寒咳嗽；皂角、白矾，一通窍开闭，治痰盛之闭证、痫症。

⑥ 治寒或热类：山栀、丹皮，一入气分泻热折肝火之势，一入血分清肝凉血沼血热，治肝火偏旺所致两胁胀痛；桂枝、白芍，一敛阴，一和营，治营卫不和的外感表虚；黄柏、知母，一清热，一滋阴，治阴虚火旺，骨蒸潮热；黄连、吴萸，一苦寒降逆泻火，一性辛温开郁散结，治肝经火旺，脘痞吞酸，嘈杂；黄连、肉桂，一性寒泻习火，一性热补命火，治心肾不交之失眠；黄柏、苍术，一苦寒清热，一辛甘温燥湿，治湿热流注；干姜、五味，一辛温散寒蠲饮，一酸收敛肺滋肾，治水饮内停咳喘；大枣、生姜，一甘温补中，一辛温寒散，治营卫不和所致诸症；白术、附子，一守而不走，健脾燥湿，一走而不守，温阳散寒，治寒湿痹痛；石膏、细辛，一辛寒清热直折火势，一辛热祛风以定疼痛，治胃火牙痛。

⑦ 治血类：白芍、柴胡，一养血柔肝，一透达郁热，治气滞不和，脘腹疼痛；枸杞、菊花，一补肾生精，一清凉平肝，治肝肾阴虚之头晕眼花；当归、白芍，一动以补血活血，一静以补血敛阴，血虚月经不调。

（3）临证处方精选药物与炮制品

药材的道地、真伪、优劣、采收季节、入药部位、生熟炮制、制剂等构成一套独特的中药药效学，这种"构效关系"奠定了中医药的理论体系，运用得当能收事半功倍之效。

仅以补气药"参"为例，可分为进口参（如西洋参、高丽参）和国产参（如人参、党参、北沙参、泡参、明沙参、太子参）。这些不同品种的参尽管均有补益作用，但根据不同的病情对药的选择应用至关重要。西洋参甘，微苦，性凉，有补气养阴，清火生津之效；人参味甘、微苦，性微温，有大补元气，补益脾胃之效；党参味甘，性平，有补脾益气，生津养血之效；太子参味甘、微温，性平，有补气生津之效；北沙参则以养阴生津为主；南沙参则以养阴祛痰为主。参附汤、参麦饮当以西洋参或人参为好；四君子汤则以党参为好，且价格便宜；舌苔厚腻，湿邪较重，则以太子参或南沙参为好。除此以外，同为一种药物，其药材规格和炮制方法不同，疗效也有很大差异。就人参而言，有圆参、种参、参须、白参、生晒参、红参、糖参等；党参有凤党、纹党、潞党、野党、米炒党参、蜜炙党参。临床处方可根据辨证施治的不同要求，灵活选用不同规格或炮制品，方能收到理想的临床效果。医药是一个完整的体系，不可偏颇。

2. 怪病从痰治

痰是人体水液代谢障碍所形成的病理产物，是一种继发性病因。痰有广义和狭义之分。狭义之痰是指肺部及呼吸道的分泌液，可以咳出或呕恶出的液体，因见之有物，闻之有声，亦称为有形之痰。另一种为体内津液代谢障碍而致停留聚积、蕴结而成的痰，是肉眼看不见的。有形痰病会有明显的症状，根据这些症状，可以有效地诊断早期疾病。而无形之痰引发的病症在人体的上下内外皆可发生，表现形式不定。不同形式的痰，将对人体产生不同的影响，人体许多疾病的产生都与痰有关，特别是无形之痰。

（1）痰与疾病的关系

痰多由外感六淫、内伤七情、疠气、饮食、劳逸等引起，与五脏的功能也有关系，尤其是脾、肺、肾以及三焦的气化功能有关。脾主运化，即消化和运送营养物质至各脏器。如果湿邪侵犯人体或思虑过度、劳倦及饮食不节，都能伤脾而使其失去运化功能，造成水湿内停留结成痰。肺主呼吸，调节气的出入和升降。当邪气侵袭肺时，容易导致肺内的津液凝聚成痰。在头部，导致头晕目眩，甚至神志不清；到了口，就会口中黏腻发甜；停在咽喉，就会导致喉咙如有异物一般；在肌肤，则体形肥胖、多汗且黏；停在胸膈，就会咳嗽痰多、胸闷气喘；积聚在腹部，就能看到肥满松软的肚皮；到了关节，就会出现关节沉重、僵硬、肢体肿胀等。因此，无端寒热、头痛、呕吐、眩晕、失眠、夜游、小儿惊厥抽搐、癫痫、肥胖病、老年性前列腺炎、恶性肿瘤等不少证型都和痰有关。《杂病源流犀烛》曰："痰为诸病之源，怪病皆由痰成也。"如体形肥胖的人不孕，通常认为"痰阻胞宫"导致不孕，通过以化痰为主进行治疗，可以祛痰而使之受孕。

（2）从痰治病的方法与思路

在临床的疾病治疗过程中，徐楚江常采用治痰的方法治疗临床的疑难杂症，如癫痫、眩晕等。

① 癫痫

脑部兴奋性过高的神经元突然、过度地重复放电，导致脑功能突发性、暂时性紊乱，临床表现为短暂的感觉障碍、肢体抽搐、意识丧失、行为障碍或植物神经功能异常，称为癫痫发作。

中医认为癫痫属痰症。中医学称脑为"元神之府"，主宰生命活动，元神在则生命在，元神败则生命逝；同时脑也主精神意识，张锡纯《医学衷中参西录·人身神明诠》曰："脑中为元神，心中为识神。元神者，藏于脑，无思无虑，自然虚灵也；识神者，发于心，有思有虑，灵而不虚也。"脑也控制人的感觉活动，人的视觉、听觉、语言、行动等均与脑有密切关系。脑清则神识清明，主持有度。脑为髓海，水谷精微及肾精所藏。脑为清灵之脏腑，喜静谧而恶动扰，易虚易实，是故神伤窍闭为其病理基础。清窍被扰，元神失控，神机散乱，则昏仆抽搐。髓海不充，元神失养，致恍惚不安，目光呆滞等。癫痫多属本虚标实，以上盛下虚的证候为多。在发作期虽有本虚的见症，但多以风阳、痰热、气逆、络阻的"标实"症状为突出。风痰浊邪蒙蔽脑窍，壅塞清阳之气，元神失控致上盛的症状比较明显。故临床治疗以开窍醒神、化痰、活血通络等方法为主。

② 眩晕

病因系风、火、痰、虚证，少阳为枢可开阖，主升降，少阳经病经气不利，枢机不畅。肝胆为表里，受累后，厥阴肝木之气，为少阴相火相栖，肝胆挟木气而克脾土，脾运化无权，水谷精微聚而为痰饮，逆行上致清窍，以致眩晕发作。治疗以小柴胡汤加味，以健脾祛痰止呕。该方立足于辛开苦降,故药物寒温并用,临床应视痰的多少、寒热轻重进行调节。若肝火旺者,加龙胆草、焦栀子;气血两虚者加黄芪、当归;痰饮重者加白术、泽泻等。

三、常用独特药物及方剂

中药一药多效,或用其性,或用其味,有时也性味并用,在临证时,应有所笃,方能有理想的治病效果。

1. 主要药物

(1) 大黄

本品载于《神农本草经》,曰"主下瘀血,血闭,寒热,破癥瘕积聚,留饮宿食,荡涤肠胃,推陈致新,通利水谷,调中化食,安和五脏。"大黄性味苦、寒,归大肠、脾、胃、肝、心经。具有泻下攻积,泻火解毒,凉血止血,活血祛瘀,清泄湿热等作用。主治胃肠积滞,便秘结,出血,瘀血,里热,以及湿热黄疸,淋证等。临床上有多种炮制品应用,包括生大黄、酒大黄、熟大黄、醋大黄以及大黄炭等。不同炮制品,其功效也不同,在临床选择上有差异。《本草蒙筌》记载:"欲使上行,须资酒制,酒浸过巅顶上,酒洗至胃脘中……如欲下行,务分缓速。欲速生使,投滚汤一泡便吞;欲缓熟宜,同诸药久煎方服。"

徐楚江认为,大黄炮制由生到熟,能起到缓泻作用。在临床多种病症中应用该药,主要利用药物的泻下功效,常用于热结便秘,可单用大黄,有较好疗效。但该药苦寒易伤胃气,伤阴血,若用量少,时间短,可用生品。也可将大黄与其他药物合用,根据病症需要选择药物。为增强泻下的效果,大黄常与行气类药物配伍,如厚朴、枳实等,应用方式包括入汤剂口服,有时也使用外用制剂,敷贴神厥穴。胆结石治疗处方中常加入酒大黄;治大吐血或大咯血病症处方中常加入生大黄;妇科疼痛并伴有大便干燥者,宜加入酒大黄治疗;小儿脑功能失调呈现轻度多动症者处方中也多加入酒大黄;有大便秘结者,多选择酒大黄,因临床应用发现,应用生大黄易出现较为明显的腹痛,改用酒大黄,该副作用较少发生,因大黄采用酒炙后,可缓和药物苦寒之性,使寒泻之性得以减弱;对临床兼有出血的患者,也常选用大黄，利用其止血功效；瘀血包块的处方中，常用熟大黄，取该炮制品活血化瘀的作用。需要祛邪的处方中，也常加入大黄，通过泻下使邪出。如风疹治疗，常见的治疗方法为祛风并调和营卫，若无效或效果不明显，可考虑处方加入一定量的大黄，具体剂量根据患者身体状况调整，效果明显。

（2）川芎

本品载于《神农本草经》，曰："主中风入脑，头痛，寒痹，筋挛缓急，妇人血闭无子。"本品味辛，微苦，微甘，气香窜，性温，归肝、胆、心包经。具有活血祛瘀，行气开郁，祛风止痛之功。温窜相并，其力上升、下降、外达、内透，无所不至。中医认为该药能走泄真气，主要特点能引人身清轻之气至于脑，善于治头痛，常与白芷同用，治风袭头疼。其他多种疼痛，如风热、风湿、瘀血、血虚头痛等，只要配伍适当，可以运用川芎，取其温窜之力，以通活气血，祛风止痛。如血虚头痛，配伍生地、白芍、当归等，以补血养血而行气止痛；风湿痹痛，配伍独活、秦艽等，以除湿通痹而止痛。川芎有辛散之性，临床应用若病人阴虚火旺，头上出汗者不宜使用。

（3）仙鹤草

为蔷薇科植物龙芽草的干燥地上部分，具有收敛止血，截疟、止痢、解毒、补虚的作用。临床可用于咯血、吐血、尿血、便血、赤白痢疾、崩漏带下、劳伤脱力、痈肿、跌打、创伤出血。《滇南本草》记载："治妇人月经或前或后，赤白带下，面寒腹痛，日久赤白血痢。"《四川中药志》记载："治亦白痢及咯血、吐血：龙芽草三钱至六钱，水煎服。"临床医师在实践中将其与不同药物配伍，在多方面均有应用。

该药在临床应用中，以治疗出血最为常见，多用于各种出血症，多妇科崩漏等。徐楚江在长期临床实践中，发现该药是一味功能十分全面的药物，在临床多种病症中均可应用，能起到不同凡响的作用。他认为，水液之运行，赖肺气之通调，脾气之传输，肾气之开合，三焦之，膀胱之气化而共同完成的。仙鹤草具止血、止汗、宣湿解毒之功能，是一种多疗效的良药，应予以重视。在一些地区，仙鹤草有人参之誉，治疗各种出血症状，可养血而治血虚，并有解表退热、强心复脉作用。徐楚江在临床常用仙鹤草治疗各种疾病：与配龙眼肉可治疗心动过缓或过速的双向调节作用；配伍黄芪、浮小麦、五味子可治自汗、盗汗；配伍黄芪、白术、杜仲等可补气健脾、补肾等，治疗冲脉不固所致的血崩或月经过多；用于止血的处方药物为仙鹤草、藕节，且仙鹤草用量达到了 30 g，该方止血效果明显。在其他方面也有应用，如在治疗非脾肾虚证所致的神疲乏力、精神不振，以仙鹤草、仙茅、仙灵脾配伍治疗，也可用仙鹤草、大枣煎汤频服治疗脱力症，效果显著，因此徐楚江认为仙鹤草具有较强的滋补强壮作用。

（4）黄芪

《神农本草经》："主治痈疽，久败疮，排脓止痛……补虚。"《名医别录》："主妇人子脏风邪气，逐五脏间恶血。补丈夫虚损，五劳羸瘦。止渴，腹痛，泄痢，益气，利阴气。"《本草纲目》引张元素曰："活血生血，内托痈疽，为疮家圣药。"

黄芪味甘，微温，归脾、肺经，具有补脾升阳、益肺固表、利尿消肿、托毒生肌的功效，用于治疗脾气虚、表虚自汗，肺虚咳嗽，血虚、气虚亏虚疮疡难溃或溃久难敛，也有益气活血的功效。在临床应用中，也可用于痹症、中风不遂而兼有气虚血瘀之证。

针对疮疡久治不愈或久不溃破且体弱者，可在处方中加入黄芪；也可用黄芪利小便，因黄芪以补肺气以益肾水之上源，使气旺自能生水，再辅以其他药物以利小便；利用黄芪的升补之力善治崩带、流产等；临床上对于体虚、身体羸弱者，用黄芪治疗时宜重用。

（5）当归

本品首载于《神农本草经》，曰："主治咳逆上气，温疟寒热洗洗在皮肤中，妇人漏下绝子，诸恶疮疡，金创，煮饮之。"其味甘微辛，气香，性温，为生血、活血之要药，又能宣通气分，使气分各有所归。

当归性温，对血虚有热者也能用，因为当归能滋阴；当归性润，能滑肠，对大便不实的血虚者宜慎用。临床因血虚导致的抽搐用当归也有效，如产后发搐，一方面由于产后受风，另一方面也可因血虚导致血不能濡养筋脉。

（6）柴胡

本品始载于《神农本草经》，曰："主心腹，去肠胃中结气，饮食聚集，寒热邪气，推陈致新，久服轻身明目益精。"其性味苦、辛，微寒，归肝、胆经，具有解表退热、疏肝解郁、升举阳气之效。本品在临床广泛应用。除在表证发热方中用以解表退热外，在妇科疾病中也常应用，如子宫下垂、气虚下陷、脱肛等，常以柴胡与黄芪、党参、升麻等同用，取其升举之意。疼痛多与气机不畅有关，妇科疼痛、胸痛以及头痛等诸疼痛均可用柴胡，并与适当药物配伍，如当归、赤芍、川芎等，以疏肝解郁、止痛。

柴胡应用时应注意剂量与疗效。柴胡虽非发汗之药，而多用之亦能出汗。多用柴胡，可借柴胡之力升提少阳之邪以透膈上出，但多用又恐其旁行发汗，则上升之力不专，故在方中应用时应加以考虑。若临床主要用于升阳、升清气，引药上达头面以疏散风热，则用量宜小；若用于疏肝郁、调节情志，剂量则可适当加大。

另外，柴胡苗的疏肝透表作用较好，若仅作解热作用，用根效果好于柴胡苗。

（7）半夏

本品始载于《神农本草经》，曰："主伤寒寒热，心下坚，下气，咽喉肿痛，头眩，胸胀，咳逆肠鸣，止汗。"半夏为辛温之品，有毒，归脾、肺、胃经，能止呕吐，引肺、胃中湿痰下行，纳气定喘，是降胃安冲的主药。但该药有毒，生品服用对咽喉有刺激性，在临床应用时宜采用白矾或白矾与生姜等共制，以降低毒性。一般说来，临床所用的半夏炮制品主要有清半夏、姜半夏、法半夏，用不同辅料炮制品后，作用不同，临床应用有差异。半夏能化痰，而痰是多种疾病产生的原因，古来就有"百病多因痰作祟""怪病多痰"之说。《诸病源候论》云："痰饮者，由气脉闭塞，津液不通，水饮气停在胸腑，结而成痰。又其人素盛今瘦，水走肠间，漉漉有声，谓之痰饮。"痰有寒痰、风痰、湿痰等，均可用半夏。对肝、肺、肠等病证，加入半夏可取得较好效果。《医学起源》记载，半夏可"大和胃气，除胃寒，进饮食"，临床针对胃病如胃虚不化水气而出现的心下痞硬、肠鸣、泻利等，也常用半夏。注意炮制品的选择，在儿科应用时，多用法半夏，若需要顾护脾胃，也应考虑用法半夏。另外，由于半夏炮制过程中采用泡或煮等方法，操作的规范性影响其质量，故应关注不同炮制品的质量、功效差异，在临床使用时注意剂量。

（8）代赭石

本品始载于《神农本草经》，曰："主鬼疰，贼风蛊毒，杀精物恶鬼，腹中毒邪气，女子赤沃漏下。"《名医别录》记载："主带下百病，产难，胞衣不出，坠胎，养血气，除五脏血脉中热，血痹血瘀，大人小儿惊气入腹及阴痿不起。"该药味苦、甘，性微寒，归肝、胃、心经，具有平肝潜阳、降逆、凉血止血之效。其降逆之效，对临床不同原因引起的噫气呕吐、吐血衄血等均可应用。本品降逆气而不伤正气，如中焦虚寒致痰结而胃气上逆者，可加人参、半夏等补气化痰药物治疗。本品善入血分，治血分热症、血虚等所致的皮肤瘙痒时加入本品，可获良效。赭石有生品的煅淬品，煅品长于平肝止血，故临床应用时入血分止血者以煅制为宜，如呕、衄、血崩等。根据出血部位与病症，分别配伍不同的药物，如呕血可与茜草炭等配伍，产后血崩可与艾叶等同用，从而增强固经止血等方面作用。

（9）蒲黄

蒲黄味淡微甘微辛，性凉，有活血化瘀之力，善治气血不和、心腹疼痛、痔疮出血、女子经闭腹痛、产后瘀血腹疼。若炒熟用，又善治吐血、咳血、衄血，二便下血、女子血崩带下。外用治舌胀肿疼，出血，一切疮疡肿疼，蜜调敷之，皆有效。

蒲黄具有止血作用，有无瘀血均可使用，同时其也具有活血化瘀作用。蒲黄质轻，且气味俱淡，但生品活血化瘀力胜。蒲黄用于治疗妇科瘀血，根据病情，调整剂量与配伍，可获得良效。如著名方剂失笑散由蒲黄、五灵脂组成，具有活血祛淤瘀、散结止痛作用，可用于痛经等治疗。《太平惠民和剂局方》记载："治产后心腹痛欲死，百药不效，服此顿愈。"血虚有瘀者可加阿胶等。除此以外，该药治疗内伤出血，宜选用炒炭品，配伍血余炭等止血药。

（10）丹参

本品始载于《神农本草经》，曰："主心腹邪气，肠鸣幽幽如走水，寒热积聚，破癥除瘕，止满烦，益气。"本品性味苦、微寒，归心、肝经，具有活血祛瘀，凉血消痈、除烦安神之效。该药是活血化瘀的良药，既能祛瘀生新，又能活血而不伤正。对于临床因瘀血而致的多种病症的治疗，特别是疼痛性疾病，如妇科各种疼痛，多因气机阻滞与瘀血合并所致，可与柴胡、枳实等同用，以行气活血化瘀。也可根据病情，与三棱、莪术等破血消瘀药物同用，以解妇科疼痛。在治头痛病症过程中加入丹参，亦有良效。如肝肾阴虚，肝阳上亢的头痛，在补肝肾的同时，加入丹参，活血化瘀，引心归心。丹参能通行血脉，以热痹所致红肿疼痛，可加芍药、秦艽等；跌打损伤可配伍川芎、红花等。顺丹参有两种炮制品，生丹参和酒丹参，在临床应用时，若欲增强丹参活血化瘀的作用，则用酒丹参。

2. 主要方剂

（1）小柴胡汤

本方出自《伤寒论》，由柴胡、黄芩、人参、炙甘草、半夏、生姜和大枣组成，具有和解少阳之效，方应用范围广，在外感及杂病治疗中均有很好的效果。此方病机在少阳，因寒邪侵犯少阳，病在半表半里之间，邪下相争，现寒热往来。本方的作用要义是在和解少阳的基础上，通过调整气机的升降出入调节人体的系列机能。在调节人体气同的运动中，使人体发挥自身调节作用，使脏腑偏盛偏衰、偏热偏寒的症状得到纠正，恢复健康。方中柴胡为君，能透泄少阳之邪，并能疏泄气机郁滞，以疏散少阳之邪。而方中诸药合用，辛开苦降，辛甘化阳，少阳枢机不利，见证错综复杂，大体分为调气和表、调气通里、调气涤痰逐饮、调和肝胃、疏和经气、调理少阳。基于本方调节气机，临床可用于正气不足而引起的小儿哮喘，还可用于呃逆伴有胁下胀痛者，可配伍旋覆花、代赭石等，以行气解郁降逆。对湿热聚于中焦而致的黄疸，可去人参、生姜，加茵陈、金钱草等，以清利湿热，利胆退黄。对湿痰内蕴、热多寒少、尿赤苔白腻者，可重用柴胡、黄芩、半夏和炙甘草。总之，用小柴胡类方去调理气机，实用性强。基于气行则血行、气行则湿散、气行则痰消、气行则火降的原则，本方广泛适用于杂病。

（2）桂枝汤

桂枝汤由桂枝（去皮）、芍药、生姜、大枣（切）、甘草（炙）组成，具有解肌发表，调和营卫的作用。该方来源于《伤寒论》："太阳病，头痛，发热，汗出恶风，桂枝汤主之……太阳中风，阳浮而阴弱，阳浮者热自发，阴弱者汗自出，啬啬恶寒，淅淅恶风，翕翕发热，鼻鸣干呕者，桂枝汤主之。"此方适用于风寒表虚证，表证应以发散为主，因虚证，表卫不固，易自汗。桂枝汤以桂枝、白芍为主。桂枝辛甘温，发汗解表，温经通络推动血脉通行，历代以来，均为外感要药；白芍酸苦微咸，敛阴和营，养血柔肝，为酸寒柔肝药，一温一寒，一散一收，汗而不伤阴，酸敛而不敛邪，于解表之中寓敛汗有阴之效。再配伍辛温的生姜，可助桂枝辛散表邪，又能和胃止呕；大枣甘平之性，能补中益气，滋脾生津。二药相配，能补脾和胃，调和营卫。此方既能滋阴和阳，又可调和营卫，以解肌发汗。

桂枝汤对体温有双向调节作用，能使营卫失和所致的体温升高或降低者趋向正常。营卫不和的体温升高分为外感和内伤。对外感所致的体温升高，桂枝汤调和营卫解肌祛邪而退热；对于内伤，因热迫营卫受损，阴阳失和，而桂枝汤和营血，协阴阳，故术后失血、营虚、病后营卫受损，或复感外邪以致持续低热，以桂枝汤为主方进行调整均有效。对心阳虚或心脾阳虚者，以桂枝汤为主方调节心率或血压。如心脾阳虚所致低血压，多因心阳不振、心脾虚损或脱液、失血耗气过多所致。临床用于风心病，产后气血两伤的情况，可拟方黄芪建中汤温心阳，益脾胃，健脾补虚诸多不足之症候群。

（3）柴平散

原方来源于《扶寿精方》，由柴胡、白术、人参、半夏、甘草、苍术等组成，方中药物具有和解表里、燥湿化痰等方面的作用，主治疟疾，临床可用来治疗与消化相关的病证，如常见的胃炎、浅表性胃炎、腹胀、脂肪肝等。急性胃炎易出现胃脘痛，嘈杂吞酸，胃中灼热，腹胀，可以柴平散为基础方，加入厚朴、陈皮等行气宽中药物以调和气机升降。腹痛明显者可加入木香、沉香等以行气止痛；疼痛兼有消化不良者应需要加入助消化的山楂、神曲，增强消化作用可考虑用炒山楂、炒神曲，并根据相应兼症调整药物。用柴平散加减治疗脂肪肝，主要针对湿热内蕴型，症见脘腹痞满、胁肋胀闷、恶心呕吐、困倦乏力、小便黄、口苦、舌红苔黄等，宜采用清热除湿，在原方基础上加五苓散可增强除湿作用。若胁肋胀痛，烦躁易怒，加枳实、香附等。面色暗、胁下刺痛、瘀斑者，加莪术等。

四、药　膳

药膳是一种食物与药物配伍而成的美食，具有食物的作用，又借助药物的药力，二者相辅相成，既具有较高的营养价值，又能防病治病，强身健体，延年益寿。药膳是祖国医学的组成部分，与中医药同样有悠久的历史，为繁衍昌盛中华民族、增强人民体质作出了重大贡献。徐楚江在长期的临床实践中，基于前人"不治已病治未病"的医学理念，根据自己深厚的中医药功底，结合丰富的临床经验，采用药膳用于疾病的预防和治疗，取得巨大的成就，于1985年11月受日本东方医学会邀请赴日本作食疗方面的学术交流，受到广泛赞扬，轰动一时。

（一）药膳相关理论

药膳在中国的应用具有悠久历史，在人们防病治病方面起到了重要作用。在远古时期，药食同源，在与大自然做斗争的漫长时间里，人们在饮食保养五脏方面积累了丰富的经验。《神农本草经》就载有既有药用又可食用的药物，如大枣、山药、核桃、百合、桂圆、蜂蜜等。也有食疗方面的专著，如《食疗本草》《食性本草》《食医心镜》《孙真人食忌》《饮膳正要》等。除此以外，一般的医书中也记载了有一定比例的药膳。徐楚江经常阅读相关著作，收集整理历代医药著作中关于药膳的理论与方剂，结合临床实践经验，不断改善，形成了自己的药膳理论，并开发了一批对临床卓有成效的药膳处方。

1.药膳应用历史悠久，在防病治病方面具有良好效果

药膳在我国的应用具有悠久历史，临床应用效果良好。长期以来，医药学家们不断探索人类与疾病的关系，并努力寻找防病治病的方法。

人与疾病的关系是辩证的关系。《灵枢·刺节真邪篇》说："真气者，

所受于天，以谷气并而充身者也。"脾胃为后天之本、生化之源。"吃"是健康长寿的保证。在日常生活中，需注意食品五味相调，使五脏条达，心清气爽，食欲大增。把食品做得营养价值高且味美可口，这样就给机体以良性影响，正常受纳、运化，摄取水谷精微，以满足生长、发育和不断消耗之需要，从而使机体保持旺盛的活力，具备健壮的体魄，可少生病或不生病。

人体的生命过程是正邪力量斗争的过程，因而离不开食和药。药食是同源的。远古人类生活在极其艰难的环境中，为了生存，经过顽强的斗争，克服了许多难以想象的困难，逐渐从自然走向必然。火的发明帮助人类炮生食为熟食，彻底改变了"茹毛饮血"的原始生活方式。韩非子《五蠹》中说："上古之世，人民少而禽兽众……民食果蓏蚌蛤，腥臊恶臭而伤害腹胃，民多疾病。有圣人作，钻燧取火以化腥臊，而民说之，使王天下……"随着农业的发展，人类在长期生活实践中，积累并流传下来丰富多彩的饮食品，诸如八珍、海味，骨肉果菜等，为人类生活提供了坚实的物质基础。

据《史记·殷本记》"伊尹以滋味说汤"的记载，伊尹才智超众，富有创见，对饮食烹饪颇有研究。他调和操作，酒菜多变，花样翻新，"以烹饪知药性，以滋味辨寒热温凉之性，以饭菜晓酸、苦、甘、辛、咸之味"，在烹饪与制药制剂开拓方面作出了不朽的贡献。

在生产力不断发展的过程中，作为古代科学文化重要组成部分的中医中药，也相应向前发展了。"药食同源"在周代进入医师分科，共分为4科：食医、疾医、疡医、兽医等。食医的出现表明，到周代，人们已经积累了较为丰富的营养学方面的知识。

食医是周代掌管宫廷饮食滋味温凉及分量调配的医官，《周礼·天官·食医》记载："食医，掌和王之六食、六饮、六膳、百羞、百酱、八珍之齐。"食医近似于现代营养师的职责。也就是说，食医主要是对食、饮、膳、羞进行调和与搭配，而且根据季节变化、不同气温加以调剂，即四时饭食要常温，羹食宜热，酱食宜凉，饮食宜冷，同时用酸、苦、甘、辛、咸五味去调和四时的食品。

春天偏发散，宜吃酸以收敛；夏天偏解缓，宜吃苦以解硬；秋天偏于收敛，吃辛以发散；冬天偏于坚实，宜吃咸以和缓。五味和五脏的好恶关系很大，宜兼顾协调。肺欲收，多食酸；肝欲散，多食辛；心欲软，多食咸；肾欲坚，多食苦；脾欲缓，多食甘。这些关系，表明了药、食之五味性质与五脏好恶习性是一致的，是我们防病、治病、康复、保健的指导原则之一。

"民以食为天。"日常食物中有相当一部分又可作为药用。长期生活实践显示，食物既可扶正又可祛邪，可作为预防医学武器，也可作为临床医学的武器，其关键在于具体应用时的具体要求。

《黄帝·内经素问》强调"不治已病，治未病……夫病已成，而后药之，譬犹渴而穿井，斗而铸兵，不亦晚乎"。这个原则与我们日常卫生工作方针基本上是一致的。该书对药治与食疗的关系有一段精辟论述："大毒治病，十去其六；常毒治病，十去其七；小毒治病，十去其八；无毒治病，十去其九。谷肉果菜，食养尽之。无使过之伤其正也。"这段内容说明了常和变的关系。在使用药物治病中，当病情好转后，就应适时停药，继以饮食调养善后。唐代孙思邈发展了上述原则，提示了食疗之初步原则，即"先用食禁以存性，次制药以防命，再用气味温补以存精形"。

《神农本草经》中记载药物365种，其中食物药有谷、米、麦、草、鱼、禽、兽等，列出品种尽管不多，但对后人的启发作用却很大。如其中收列之羚羊角一物，后人在其启示下，经过实践，发掘、扩充了羊奶、羊髓、羊肺、羊心、羊肾、羊胆、羊齿、羊脊骨、羊皮、羊肝、羊胃、羊脂、羊枣、羊蹄等近20个食物药。

孙思邈的《备急千金要方》中有明确的"食治"专篇，收载食物药154种。该书的序言中写道："食能去邪，而安五脏，悦情爽志，以资气血。"同时指出："夫为医者，当须先洞晓疾源，知其所犯，以食治之，食疗不愈，然后命药。"可见孙思邈将食疗列为医治疾病诸法之首，并认为"能用食平疴，释情遣疾者"，才堪"良工"。孙思邈的弟子孟洗进一步增补食物药至214种，编成了《补养方》。孟的弟子张鼎又加以修订整理，定名为《食疗本草》，成为较为系统的食疗专著。元代饮膳太监忽思慧所撰的《饮膳正要》

则堪称食疗、食补的营养专著。该书除介绍将药物合理调配，以更好发挥其补益作用外，还着重研究了在膳食中加入相适应的药物，以支持人体机能与不同疾病所产生的不同效能，还提出了"药物中毒论"。

从汉至清，经历代医药学家的不断实践、积累完善，"食疗"理论不断丰富、充实，扩大了适用范围，技艺日趋完备。而行之有效的食疗著作亦不少，积累并流传下来的验方，其科学性、实用性也都是比较强的。例如《肘后方》的海藻治瘿；《名医别录》以牛、羊肝治夜盲证；《千金翼方》以谷白皮煮汤、煮粥治脚气病。还有猪胰治消渴，神曲治腹疾。更有许多长期使用、疗效卓著之食疗方剂，实可谓品目繁多。例如抗疲劳，抗寒冷之"当归生姜羊肉汤"，壮阳益阴之"虫草鸭"，大补气血之"当归内补汤"，补肺育阴之"银耳羹"，等等，真是数不胜数。

2. 根据体质灵活用膳

人体的健康状况因人而异，对食物形式的接受程度也有不同，若患者能很好地接受并达到相应的防病治病的目的，应选择适宜的应用形式。

药膳的应用形式千变万化，种类繁多，但大体上有如下几类：糕点、糖类、露、膏、蒸、熏、烩、烧、烤、炸、溜、炒、焖、炖、腌制、凉拌。不同的制备方法对药物的影响不同，疗效也不一样，制备时宜考虑药物的性质。

药膳常用药物：赤小豆、绿豆、黑豆、莲肉、苡仁、芡实、扁豆、百合、麦冬、天冬、生地、南沙参、北沙参、白芨、白菜、胡萝卜、韭菜、蒜苗、豆芽、金针菇、兰花根、番茄、菜心、莴笋。

药膳使用之肉食类：狗肉、羊肉、羊肾、牛肉、牛肝、牛肚、牛腰、牛蹄筋、猪肉、里脊、猪油、猪心、猪肝、猪肚、猪腰、猪皮、猪蹄筋、猪脊髓、猪骨、鸡、乌骨鸡、鸡头颈、鸡翅、鸡脚爪、鸡肾、鸡君肝、鸭、鸭肝、鸭君肝、鸭肾、甲鱼、鳝鱼、鲫鱼、泥鳅、鸽子、鹌鹑、麻雀、龟、鹿脯等。

3. 药膳调配应遵循一定的原理

饮食疗法，着重点在于协调人体内部机能，补充人体内元气，以期水火既济，而达"生化相濡"的综合平衡和祛病延年的目的。

食疗基本上运用药膳这一顺应人们日常生活习惯的形式。药膳的调配原则是在五味相调、性味相胜、以类补类、所宜所忌等条件下组合成饮、食、肴、羹、点心等单元食品，从而到达防病治病、康复、保健等多方面的要求。

药膳所采用的食品、果品、材料、辅料以及所烹饪之食品，都是人们日常生活中所常用的物品，并在食用及消化、吸收、代谢、排泄等过程中，形成了一定的规律，尽管使用一部分药物，但多为性味平和、无毒、无副作用的、可以服用、久服的品种。

调配药膳仍按"法无定法"的原则，依据不同地理条件、季节、时间、对象灵活组合。在配伍原则指导下，应依据主、副食品的供应状况，有常、有变地调配每一品种，但需以不违背原给药意图为前提。品种按性味协调组合后，就需依赖烹调技术，制出美味佳肴。

烹调首先强调"刀法"，常见的有丝、条、块、丁。对于刀法，传统非常考究，因为它既涉及美观，又与烹调中色、香、味及味的均匀与否有关，如精工细作的"古老钱""骨晖片""一块玉""万卷书""雪花六出""太极图""清白传家"等。其次，在炒、炖、蒸、熏等制作过程中，需掌握好火力、火候。主食、副食、肉食、辅料、调料投入之次序应有条不紊。在适当的火力下，操作上要翻转均匀，每翻动一次，力求被烹调物贴锅，不宜压榨。最后，要注意菜肴食物的色调陪衬、谐宜，图案清新。同时，还需控制好烹调时间，力求把每一菜肴的"真味"及所谓的"菜根香"突显出来。

色、香、味俱全的食品呈放于人们面前，给人感官上的良好刺激，从而诱发和增强食欲，使消化、吸收功能处于旺盛状态，从而达到预期的治疗、保健目的。

徐楚江根据五味入五脏之原理，运用"苦辛化阳""酸甘化阴""苦咸泄泻""甘淡缓中"法则，化裁调配出功效不同的"美味佳肴"。同时，在辨证施膳中，还需正确处理物品性味的"正与反""太过与不及"的矛盾。要充分利用"酸能胜辛""甘能和酸"等相互制约的作用。如在养阴滋腻食疗中加入辛、辣味辅料,扶阳抑火之食疗中需加入蕈、笋鲜菜辅料等,为了避免甘温太过,矫枉过正。

运用食疗、食治的原理,采用药膳的形式,以鱼、禽、兽、蛋等为对象,施展烹调技术,把药品,食品结合起来,变良药苦口为良药可口,寓防病治病于日常生活体系之中,毫无疑问,这将成为传统医药发展的一条重要且光明的途径。

4.临床宜辨证给膳

药物与食物,均通过性和味发挥其作用。药物气味不必同。同气之物味皆咸,其性皆寒。同一性之药物,必有诸味;同味之药物,必有诸性。在言性味,各有厚薄,作用不等,调配组合药膳,必须掌握此点,方能运用自如。

味为阴,味厚为纯阴,味薄为阴中之阳;气性为阳,气厚为纯阳,气薄为阳中之阴。又曰:辛甘发散为阳;酸苦涌泄为阴;咸味涌泄为阴,淡味渗泄为阳。凡此之味各有所能。

(二)药膳的应用

徐楚江在临床实践中,总结出了众多适宜的方剂,对临床的不同疾病的防治有很好的作用。下面分别描述徐楚江在临床根据不同病情选择的药膳。

1.心脏病

心脏有了病,在食疗理论上,当以分别症候的"虚实"为主要的原则,不能随意进补。最基本的是要掌握"正邪""虚实",有的放矢地调配。如"心苦缓,食酸以收之"。缓,为心脏正气虚的现象,在食疗药膳中,以吃酸味的药物为主。"心欲软,食咸以软之,食甘以泻之",软,是指心脏邪气实的现象,在食疗药膳中,以吃咸、甘的药物为主。下面为心脏类疾病的各类药膳治疗方法。

(1)穰丹心

【处方】小灯笼椒24枚,羊脯半斤,鲫鱼半斤,胡椒,食盐,葱白,慈菇粉适量,菜油4两。

【制法】鱼羊作馅，灯笼椒去心，穰入鱼羊馅，有馅灯笼椒油炸七成透，余油加调料作汁，放入炸灯笼椒，使成游离状，调味即成。

【功效】温肾助阳。

（2）红豆粥

【处方】饭红豆半斤，黄糖1两，鸡油5钱，食盐2钱。

【制法】按常依序投料作粥。

【功效】健脾利水。适用于水肿病、湿脚气、肥胖症。

（3）陈皮地羊肉

【处方】狗肉3斤，陈皮5钱，胡椒2钱，生姜1两，小茴香2钱，葱白10根，食盐5钱。

【制法】狗肉排打冲洗务令洁净，加适量水，加入辅料及调料，用文火煨至烂熟，香气逸出为度。清炖按上方加萝卜1斤，地骨皮1两，芫荽1两，加三倍量水共炖至香、烂、熟为度。

【功效】温补脾肾。适于脾肾虚寒、四肢不温。

（4）四蒸地羊肉

【处方】狗腿肉1斤，胡椒1钱，陈皮1钱，花椒1钱，枸杞子5钱，山茱萸1两，大枣1两，柏子仁5钱，酸枣仁5钱，山奈1钱，八1钱，糖2两。

【制法】将上述材料分别处理干净，按清蒸法，文火蒸4小时即可。

【功效】温脾助肾，养心安神。适用于心脾虚、惊悸失眠。

（5）莲子羹

【处方】莲肉2两，水糖2两，麻油2钱。

【制法】莲肉去皮去心，用文火煨三小时，放入冰糖，再蒸少许时间，加入麻油调匀即可。

【功效】健脾益胃。适用于病后体虚、少食、便溏、泄泻等。

（6）炖金龟

【处方】铜龟2只，乌骨鸡1只，猪前蹄1只，生姜1两，葱白5根，胡椒1钱，花椒2钱，食盐5钱。

【制法】将上述材料分别处理干净，加15斤水先武火后文火炖至1小时后，滤去液面浮沫及杂质，继续炖至龟壳分家，猪脚离骨为宜。

【功效】滋阴潜阳,补肾健骨。适用于阴虚潮热、腰膝酸软。

(7) 姜葱羊头蹄

【处方】羊头 1 只,蹄 2 对,胡椒 1 钱,川椒 2 钱,山柰 1 钱,八角 1 钱,葱白 10 根,芫荽 1 两,食盐 5 钱,淡菜 1 两,冬笋 1 斤。

【制法】各药依法炮制,然后用清水淹头蹄。淡菜 5 寸,用文火煨炖,至头蹄分家离骨时放(除芫荽外)各调料,继续煨炖至头蹄软时,取出,加切细出之芫荽服用。

【功效】补肝肾,强筋骨。

(8) 枣仁心

【处方】酸枣仁 1 两,猪(羊)心半只。

【制法】将枣仁捣细,将猪心切未断,将酸枣仁填入装好,用白棉线缚好,勿令酸枣仁倾出,用器物盛装加适量水蒸 2 小时,候心软化时为度。

【功效】养肝,宁心,安神,敛汗。适用于虚烦不眠、惊悸怔忡、烦渴虚汗。

2. 肝脏病

肝脏系统的药膳以及服食营养物质的选择原则:"肝苦急,食甘以缓之",邪气有余,属于实证范畴,故有实则善怒的说法。"肝欲散,食辛以散之",指肝的正气不足,郁不条达,属于虚证范畴,故有虚则自怒的说法。肝系病常用药膳有以下几种。

(1) 鱼参滋肝粥

【处方】乌鱼片 2 两,刺参片 2 两,粳米 2 斤,食盐 5 钱,胡椒 2 钱,生姜 5 钱,酱油 3 钱,葱白 5 钱。

【制法】乌鱼、刺参剖开除尽肠杂,洗净,切片,备用。粳米淘净,加水 3 斤,用武火煮沸后,再用文火煮至汁,体烂为宜。取生姜泥,葱屑与食盐胡椒末,加适量豆粉倾入酱油拌匀后,投入鱼片、参片,趁粥煨热时放入,焖烫 5 分钟后,令粥调和均匀即可。

【功效】养血滋阴。适用血虚经闭等。

(2) 五香陈皮牛肉

【处方】八角 1 钱,山柰 1 钱,干辣椒 10 枚,陈皮 5 钱,川椒 1 钱,菜油8两,麻油3两,黄糖5钱,酱油2两,鸡蛋3枚,牛腿肉2斤。

【制法】牛肉剔尽筋膜,切为肉丝,加入酱油、食盐、黄糖充分拌合,再拌入陈皮、川椒、辣椒、八角、山奈均匀拌合。取菜油炼至白烟尽时,投入拌料牛肉丝,炒烫至丝条两端上翘,改用小火,继续炒至水分完全蒸发,香气浓郁时取出,除去调料,待冷。将鸡蛋去壳搅匀,将煸干肉丝上衣,务求均匀,取麻油炼沸时,放入。快速拌炒至无水汽声响,香气散逸时取出,摊开,晾凉。

注:在上述处方中,适量增减辅料、调料便可配制牛肉汁,用于清炖牛肉、蒸牛肉等许多菜肴。

【功效】温补脾胃。适用于虚损、脾弱水肿。

(3) 乌苓脚鱼

【处方】乌苓参1两,北沙参2两,淮山药3两,黄精2两,鳖2斤,母鸡1斤,火腿末半斤,猪油3两,麻油1两,胡萝卜3两,青菜头3两,葱白10根,生姜1两,八角1钱,山奈1钱,胡椒1钱,花椒2钱,糖1两,猪油3两,麻油1两。

【制法】鸡切块,乌苓参切片放入锅内,用油炸至鸡肉缩皮,加水5斤煮同时加入鳖、黄精、火腿、八角、山奈、生姜、葱白混匀,用文火煨2小时,再加入沙参、花椒、山药、青菜头、食盐、糖,继续煨至肉、药烂熟为度。

【功效】补气滋阴,滋肝补肾。

(4) 肝膏

【处方】牛肝(猪肝、鸡肝、鸭肝均可)2斤,鸡蛋10枚(取蛋青),胡椒1钱,食盐2钱。

【制法】将肝洗净,去筋膜,切碎,捣绒。过滤取汁,加入蛋白调搅均匀,再放入食盐,一半胡椒细粉搅拌,务令均匀,器皿盛装蒸40~60分钟,取出,舀入鸡(鸡、火腿)汤,另一半胡椒粉撒上,再蒸20分钟,即得。

【功效】补肝明目,养血。适用于血虚、萎黄、夜盲、浮肿、脚气等。

(5) 翡翠干贝

【处方】冬苋菜2斤(除去茎皮,取茎心、叶),干贝1两(温水发软,撕成丝条），胡椒 1 钱，火腿末 5 钱，食盐 2 钱，豆粉 2 钱。

【制法】冬苋菜沸水煯，保持青翠；鸡油入锅煎沸后，投入干贝丝焗 10 分钟，投入冬苋菜茎叶，稍后倾入鸡（鸭、火腿）汤一碗共煮（不覆盖），加入火腿末、食盐、胡椒粉，继续煎煮至冬苋菜茎叶熟烂时倾入湿豆粉，浓缩原汤即得。

【功效】滋阴，利尿化痰，软坚散结。适用于瘿瘤、痰饮、癖块等。

（6）止晕药

【处方】排风藤叶 5 钱（洗净切极细），鸡蛋 2 枚，麻油 5 钱，食盐少许。

【制法】鸡蛋去壳搅匀加入排风藤叶及食盐充分拌搅，将油煎沸后倾入蛋汁，文火烘熟即可。

【功效】治各种头昏。

（7）天麻脑花

【处方】天麻 5 钱（蒸软切为薄片），猪脑髓 1 具，网油 1 副，麻油 3 钱，水糖 2 钱，蜂蜜 2 钱。

【制法】用网状猪油将天麻片包好以器皿盛装，放脑髓、油、糖等于上，置锅内蒸半小时即得。

【功效】息风，定惊。适用于头风头痛、头昏、肢体麻木等。

3. 脾脏病

脾脏系统的饮食疗法以及服食营养食品的选择原则是"脾恶湿，食苦以燥之"。脾的习性为喜燥恶湿。湿稽滞于脾是邪气有余的实证。"脾欲缓，食甘以缓之。"脾的正气因受邪而苦急，失去缓和畅达的正常性，这是属于虚证的。

以下为脾脏系统常用药膳举例。

（1）薏苡粥

【处方】苡仁 1 两，粳米 3 两。

【制法】温水 1 斤半，投入苡仁，煮沸 20 分钟后加入粳米，继续以文火煮至苡仁烂熟透心，取出，加入适量糖（蜂糖），调和即可。

【功效】利湿消肿。适用于各种水肿。

（2）薏苡营养粉

【处方】苡仁2斤，黄豆4斤，山药2斤，神曲2斤，麦芽2斤，谷芽2斤，白糖3斤，麻油0.5斤。

【制法】黄豆、山药、神曲、谷芽、麦芽按炮制法则炒香、炒黄，炒熟后，加入苡仁，共研为极细粉，白糖研粉与麻油共拌合均匀。服时以沸水调服。

【功效】健脾利湿，开胃进食。适用于脾被湿困、不思饮食。

（3）大枣粥

【处方】大枣2枚，黄糖5钱，粳米3两。

【制法】大枣劈破，粳米淘洗尽后加入三倍量清水，放入大枣，文火煮至米烂为度，加入黄糖搅和均匀即得。

【功效】补中益气，养血安神。适用脾虚而致血虚、营卫不调等症。

（4）苦竹里脊

【处方】苦竹笋2两（切薄片），猪里脊2条（去筋膜切薄片），金针花1两（开水发开），食盐2钱，酱油3钱，生姜3钱，麻油5钱。

【制法】里脊用酱油拌合备用。苦竹笋、金针花、生姜放入锅加3倍量的汤煮沸，加食盐再煮5分钟，将酱油渍里脊放入，均匀铺开用武火烧3分钟，及时取出。

【功效】解毒明目。适用于肝脾热重、目赤肿痛。

（5）萝卜鲫鱼

【处方】鲫鱼5两（去鱼鳞、腹），白萝卜5两（去皮切细丝），胡椒粉2钱，食盐2钱，葱白5根，生姜5钱，麻油5钱，猪油2两。

【制法】猪油沸后炸鱼，以尾翘为度，两面遍黄，放入沸水一大碗，然后加水、萝卜丝、葱白、食盐、麻油共煮约20分钟即可。

【功效】消导利水。适用于脾虚水肿。

（6）胡辣肉饼

【处方】精肉2两（去脂肪），胡椒粉3钱，白菜2两。

【制法】将肉洗净（脂肪必须去净）剁为肉泥，加入胡椒粉，充分拌匀，揉合拍成饼状，另取白菜叶（青菜叶、卷心菜叶、荷叶均可，但须鲜叶）用沸水烫软，取出擦干水分，展开将肉饼包裹好，须三层以上，置于子母火煨 2 小时（电烘箱亦可）至有肉香气时取出。去叶服肉。

【功效】止泻。用于虚性泄泻。

（7）龙凤配

【处方】鳝鱼 5 两（去骨），鸽子 1 只（去毛、腹、杂等），黄糖 2 两，饴糖 1 两，花椒末 1 钱，食盐 2 钱，生姜 3 钱（切片），菜油 4 两，麻油 2 两，酱油 3 钱。

【制法】鳝鱼按盘龙溜拌，炒糖上衣，鸽子用酱油、糖于油中淋烫至熟。二物配合，撒椒盐调味即可。

【功效】补脾健胃。适用于久病体虚。

（8）玉函泥

【处方】活鳗鱼 1 斤，嫩豆腐 2 斤，红灯笼椒 2 两，苦竹笋 3 两，生姜 3 钱，葱白 3 钱，食盐 2 钱，黄酒 3 两，胡椒 2 钱，豆粉浓汤。

【制法】于水中放食盐少许，将豆腐块放入，退胆碱渗后取出冷却。于锅中加入冷却豆腐，冷浓汤，并加入除灯笼椒鳗鱼外各种材料。将鳗鱼放入锅内，徐徐升温，促使鳗鱼吞食调料，并向豆腐内加热十分钟，取出盛好，将红灯笼椒切细丝，散布于上，余汤加豆腐浓缩，浇淋于"玉函泥"上，使之鲜艳夺目，香气四溢。

【功效】燥湿补脾，清心安神。

（9）豆芽猪肚汤

【处方】黄豆芽 2 斤，猪肚 1 只，胡椒 2 钱，生姜 5 钱，食盐 5 钱，葱白 3 钱。

【制法】豆芽洗净，猪肚用食盐、白矾、白酒分次揉洗猪肚至涎尽、洁净。加三倍水，投入豆芽、猪肚、调料，用文火煮 3 小时，以猪肚熟烂为度。

【功效】健脾利湿。

（10）糯米粥

【处方】糯米草根 5 钱，隔山撬 5 钱，糯米 3 两，猪油 3 钱，食盐 3 钱。

【制法】糯米草根去净地上部分，去皮捣破，隔山撬洗净切片，糯米洗净加水半斤，用文火煮烂，加入猪油、食盐继续煮 10 分钟即得。

【功效】开胃进食。适用于各种不思饮食。

（11）开胃除湿汤

【处方】黄豆芽1斤，马蹄5两，鱿鱼4两，精肉5两，生姜3钱，胡椒3钱，川椒2钱，鸡蛋3枚，食盐5钱。

【制法】黄豆芽洗净，马蹄洗净去皮切碎粒，精肉剁成肉泥。取肉泥、马蹄末、鸡蛋（去壳），加入食盐一半、胡椒粉适量，用清水着力搅拌均匀揉合，使之滑溜。

黄豆芽加生姜、川椒、葱白和另一半食盐，加水3斤，用中火炖2小时，水分蒸发2/3时，将肉泥拌揉成弧形圆饼放于锅内，加盖，文火煨30分钟即得。

【功效】健脾和胃。

（12）茯苓八仙糕

【处方】北沙参、茯苓、山药、芡实、莲肉各1斤，炒糯米5斤，炒粳米5斤，白糖5斤，蜂蜜5斤。

【制法】各药及米制成极细末，以白糖、蜂蜜揉合成糕，蒸1小时，烘干。

【功效】补脾健胃。适于脾胃虚弱、精神萎靡、饮食无味、饥不欲食等症。

（13）噎膈汁

【处方】人乳1两，牛乳1两，芦根5钱，麦冬5钱，龙眼3钱，甘蔗2两，梨2两，生姜3钱。

【制法】芦根、麦冬、龙眼煎汁各取1两，甘蔗、梨榨汁、生姜取汁。各汁混合水浴浓缩1小时频服。

【功效】治噎膈。

（14）川贝雪梨

【处方】川贝3钱，雪梨1枚。

【制法】梨洗净去皮，自底部凹处去核，川贝研细，填充入核孔，加水2两，蒸1小时即得。

注：亦可按上方制为梨汁饮用。

【功效】润肺止咳。

（15）玄霜雪梨膏

【处方】梨汁4两，鲜藕汁、生地黄汁、鲜芽根汁各2两，麦冬汁、生菜煎汁各1两。

【制法】各汁混合过滤，加入蜂蜜2两、糖1两、生姜汁3钱，水浴浓缩1小时。

【功效】治阴虚喘、劳嗽不愈。

4.肺脏病

肺脏病的防治，在食疗及营养物品的选择原则是"肺气若上逆，食苦以泄之""肺欲收，食酸以收之，用酸补之，辛泄之"。

肺脏病常用药膳如下。

（1）乌尤展飞四方

【处方】乌灵参，鸡翅，鸡脚，鸡头颈。

【制法】乌灵参切片。鸡各部分去污洗净。取适量猪油、鸡油混合炼制后，加入处方品类药至缩皮时，用黄酒烹至半生半熟时，加入沸水放入奶汤。再加入适量的生姜、胡椒、花椒、食盐、葱白共煮，煮沸后装入砂锅用文火炖至香肉熟为度。

【功效】补益肺气。

（2）奶蛋糕

【处方】鲜牛奶1斤，鸡蛋3枚。

【制法】取鸡蛋去壳，着力搅拌，倾入奶后继续搅拌，依次加入辅料葱白末、姜末、醋、豆油等搅拌泡沫大起时，置锅内蒸30分钟即成酥松之蒸糕。另法辅料于蒸糕蒸好后放入。

【功效】补肺益气，开胃和中。

（3）鱼腥肺

【处方】鲜鱼腥草半斤，猪心2两，猪肺2两。

【制法】将鱼腥草洗净，猪心、猪肺洗去血污，共加水炖至心肺烂熟时，连药共服用。

【功效】用于肺虚咳嗽、肺心病、肺气肿有效。

（4）三台鼎

【处方】猪肺1具，猪肚1个，雄鸭1只，虫草1两，北沙参1两，土炒白术1两，上桂1钱，生姜2两。

【制法】猪肺以水冲洗干净,去尽淤血,以冲洗水清澈为度。猪肚洗净去涎,鸭去毛去杂。

各药按要求切为饮片,并均匀分为三份,分别装入肺管、鸭子腹腔、猪肚。用砂罐加足水,文火炖 4 小时,至烂熟为度。

【功效】大补肺气。适用于久病体虚。

（5）杏仁膏

【处方】甜杏仁 1 两 5 钱,核桃肉 4 两,猪油 4 两,糖 4 两,蜂蜜 4 两,梨汁 8 两,生姜汁 4 两。

【制法】杏仁、核桃仁研为细泥；梨洗净去核留皮绞汁去渣,生姜洗净绞汁去渣。猪油切碎,炼之取油去渣,油继续炼时加入杏仁核桃泥,沸少许,加入梨汁、姜汁极力搅拌,再放入糖、蜂蜜仍不停炒拌,至香气飘逸时离火,冷却收膏。

【功效】润肺止咳。本方适用于老人、虚人之肺虚及久咳患者。

（6）二冬酒

【处方】天冬 1 斤,麦冬 1 斤,米酒五斤。

【制法】二冬切碎用米酒浸泡一周后服用。

【功效】养阴润肺。

（7）生发泥

【处方】黑芝麻 1 斤,蜂蜜 1 斤,鸡蛋 5 只,桑叶 1 斤,芝麻油 2 两。

【制法】黑芝麻炒香,与洁净之桑叶共研细。另将鸡蛋、麻油、蜂蜜三种混合均匀搅和,再将芝麻桑叶细末放入,搅和成泥状,即可服用。

【功效】补肺益肝肾。适用于血虚不能营发而致脱发。

（8）凉拌胡桃肉

【处方】嫩胡桃肉 5 两,豆油 2 两,花椒 1 钱,麻油 5 钱。

【制法】胡桃肉去皮后,加入豆油浸渍继续加入花椒、麻油拌合均匀即可。

（9）酱胡桃肉

【处方】胡桃肉 1 斤,豆油（适量）,花椒（适量）,菜油 4 两。

【制法】以菜油煎炸花椒,至有香气时,放入胡桃肉,炸至透心酥脆为度,滤去余油。乘热放入豆油均匀拌炒,至水分消失为度。胡桃肉要求酥香不软,以不苦为准。

(10) 胡桃冻

【处方】胡桃肉1斤,猪油1斤,黄糖1斤。

【制法】胡桃肉去皮,猪油切碎,黄糖切细。将猪油加热炼至渣滓呈老黄色时,及时投入盛有胡桃(已切碎)、黄糖之容器内,极力搅拌力求均匀,冷却放置,用以佐膳。

5. 肾病

肾病用药,本着"肾苦燥,急食辛以润之。……肾欲坚,急食苦以坚之,用苦补之,用咸泻之"的原则,根据同气相求、以类补类,在食方面,一般选用猪、牛、羊、鸡、鸭、马等肾脏。

(1) 烧腰散

【处方】猪肾1对,杜仲5钱,补骨脂3钱。

【制法】猪肾去肾盂,杜仲、补骨脂研为细粉,将药粉装入肾脏,用煨的方法煨透。

【功效】补肾助阳。适用于肾虚腰痛、小便清长、夜尿多等。

(2) 全鹿冻

【处方】鹿茸1两,鹿肾1具,鹿筋1具,鹿尾1具,雄鸡1只,牛肉10斤,海马1两,猪骨1斤,熟地3斤,黄芪3斤。

【制法】各药炮制后,加水久煮,去渣后,再煎汁、过滤、浓缩,放置成冻。

【功效】大补肾阳。适用于肾虚阳痿等。

(3) 养元汁

【处方】龟1只,知母3钱,黄柏3钱,生姜1钱。

【制法】各药共装入罐内,重汤蒸5小时,以龟板软化为度。

【功效】滋阴降火。

(4) 乌苓鸡心肘

【处方】乌灵参2两,乌骨鸡1只,猪心1个,猪肘2斤,鲜笋2两,紫石英1两,磁石1两,黄酒4两。

【制法】各物依法炮制,混合均匀,炖至缩皮后以常温煨烂即可。

【功效】潜阳纳气。

(5)鹿含草酒

【处方】鹿含草1斤,38度酒2斤,蜂蜜半斤。

【制法】鹿含草洗净切碎,加水煎熬后放入酒内搅匀共浸渍7个月,过滤加入蜂蜜,混合均匀分次服。

【功效】祛风湿,强筋骨。适用于肾虚腰痛、风湿疼痛。

(6)双肾汤

【处方】鸡肾10枚,鸭肾10枚,鹌鹑1只,食盐1钱。

【制法】各药按常规处理完毕前,三物共炖至鹌鹑烂熟时放入食盐,和匀即可。

【功效】补肾。

(7)虫草壮阳汤

【处方】虫草1两,枸杞子1两,菟丝子1两,覆盆子1两,鹌鹑1只,食盐1钱。

【制法】各药按常规处理完毕前,各物共炖至鹌鹑烂熟时放入食盐,和匀即可。

【功效】补肾壮阳。

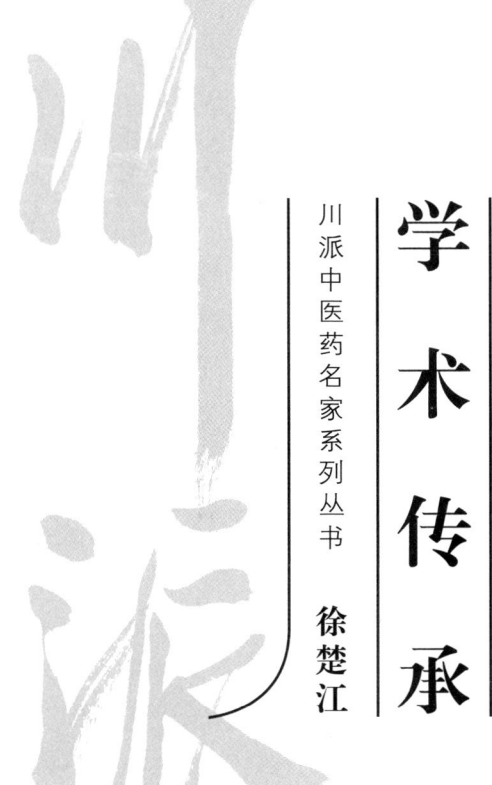

学术传承

川派中医药名家系列丛书　徐楚江

徐楚江教授有浓厚的中医药情结，以传播中医药知识为己任，具有诲人不倦、一丝不苟的精神。在岗期间，精心指导本专科以及硕士研究生等学习；退休后不计报酬、不计名利，仍然继续传承发扬中药炮制以及炮制品的临床应用。徐楚江一生特别注重传承人的思想品德教育，有力促进了中药炮制的传承发展。

胡昌江

胡昌江（1952— ），男，教授，博士生导师，四川省科技学术带头人，获国务院特殊津贴专家，1975年毕业于成都中医药大学药学院中药专业，一直从事中药炮制学的教学、科研工作；曾担任成都中医药大学药学院中药炮制教研室主任；1994年被遴选为名老中医药专家徐楚江学术继承人，潜心学习临床，对中药炮制前后的临床应用颇有心得；一直坚持中医临床，对"盐炙入肾"的理论有深刻认识；具有中医药两方面的扎实基础；研究方向为中药炮制原理和炮制前后的临床应用；致力于川派中药炮制技艺传承与创新，先后将川派中药炮制技艺申请为成都市、四川省和国家级非物质文化遗产；2018年被认定为国家级非物质文化遗产"中药炮制技术（中药炮制技艺）"代表性传承人；先后主持、承担和参与了各级课题10余项，发表论文200余篇，主（参）编教材《中药炮制学》（国家"十二五"规划教材）、《临床中药炮制学》（高等学校教材）和《中药炮制与临床应用》等10部，获发明专利3项；曾先后受德国、马来西亚以及我国香港、台湾地区邀请，讲授中药炮制与临床应用；连续招收了10届研究生和6届博士生。

胡昌江积极推动四川中药炮制的发展，成功申报四川省非物质文化遗产保护传承基地，有力推动了非遗保护传承。他对炮制文献资料、炮制工艺与临床应用进行整理，形成档案资料，出版了《临床中药炮制学》《川产道地药材炮制与临床运用》等书籍。他传承和发展了徐楚江教授医药结合的学术思想，坚持临床疗效是指导中药炮制的基本原则和具有川派特色的中药炮制技术，提出了中医药思维是临床疗效的根本保证、以理法方药整体观引领中药炮制全面研究、必须坚持炮制的师承特色等观点；形成了"生熟异用"、基于复方研究单味中药炮制机理等学术思想。

余凌英

余凌英（1973 —   ），女，副教授，硕士生导师；2000 年毕业于成都中医药大学药学院药剂学专业，获硕士学位，留校任教，一直从事中药炮制学的教学、科研工作；主要研究方向为中药炮制原理及质量标准。于 2006 年攻读胡昌江教授（中医药专家徐楚江学术继承人）博士学位，从 2013 年开始招收硕士研究生；先后主持和参与了国家自然科学基金、国家发改委等课题 10 余项；发表论文 60 余篇；参与编写《中药炮制学》（国家"十三五"规划教材、精编教材等）、《临床中药炮制学》《川产道地药材炮制与临床运用》《中药炮制与临床应用》等书籍 10 余部。

余凌英秉承老师的学术观点，致力中药炮制研究：坚持中药炮制应为临床和生产服务。在中药炮制工艺、质量标准、炮制原理等各方面的研究中，她以中医药理论指导，根据药物特点、功能主治，结合炮制变化，选择相关代表性的指标研究中药炮制。炮制和复方是中医临床用药特点，中医临床用药以复方为主，将炮制纳入复方体现了临床用药实际，能更好地为临床服务。炮制研究不仅研究单味药，还结合复方。余凌英在老师的课题组研究"盐制入肾"炮制理论的基础上继续进行相关研究，获得了国家自然科学基金资助，并将知母、黄柏盐制纳入"滋肾丸"整体研究。另外，她积极推动四川中药炮制的发展，药物研究以川产药材为主，认真协助老师为主的团队申报和建设四川省非物质文化遗产保护传承基地，宣传推广川派中药炮制，促进非遗保护传承。

陈志敏

陈志敏（1990 —   ），男，副教授，国家级非物质文化遗产代表性项目川派"中药炮制技艺"成都市市级传承人。2013 年 9 月至 2019 年 6 月于成都中医药大学攻读硕、博士学位，师承国家级非遗传承人、徐楚江教授学术继承人胡昌江教授。2019 至 2022 年，于成都中医药大学从事中西医结合博士后工作。他先后主持国家自然科学基金、中国博士后科学基金、四川省科技厅重点研发等项目10余项;发表高水平学术论文70余篇;授权发明专利1项,并实现转化;主编《川产道地药材炮制与临床运用》,获"国家科学技术学术著作出版基金";以第一副主编编撰《临床中药炮制学》,参编《中药炮制学》《中药炮制学实验》(全国普通高等中医药院校药学类专业"十四五"规划教材)等教材、专著3部;获中国中医药研究促进会科技进步一等奖、中华中医药学会科技进步三等奖、四川省优秀科普微视频三等奖等各类奖项7项。

陈志敏继承和发扬老一辈学术薪火和炮制精神,积极从事中药炮制现代化和非物质文化遗产传承与创新研究,荣获2022成都非遗十大人物。他注重川派中药炮制特色挖掘与整理,系统梳理了川派中药炮制历史源流,深挖川派中药炮制技艺与地域文化特色,凝练出川派中药炮制特点。注重医药紧密结合,跟老师胡昌江教授学习炮制品的临证应用。在炮制研究中,强调基于中医临床实际,对"醋制入肝""盐制入肾"等传统中药炮制理论开展了深入研究。他积极探索川派中药炮制非遗技艺的创造性转化和创新性发展,立足"产—学—研—用",开发出传统饮片、创新饮片、大健康产品、文创产品等系列中医药特色产品,培育高品质"非遗+中医药"品牌。同时,率先在高校开设"传统医药非物质文化遗产概论"课程,有效弘扬传统文化,传承非遗技艺,并利用短视频、微动画、虚拟仿真等手段拓宽传播渠道,创作、策划10余部优质中药炮制非遗传播作品,借助新媒体传达传统文化独特魅力,也积极运用国际平台,撰写《川派中药炮制技术》等多篇文章,并以中文、塔吉克语、俄语等发表,让中药炮制非遗会"讲"多门外语,助推非遗传播国际化。

胡 麟

胡麟(1980—),女,讲师,2010年毕业于德国海德堡大学对外德语专业,获文学硕士学位。毕业后,在成都中医药大学国际合作与交流处从事中医药国际教育与交流工作10余年,同期跟随父亲胡昌江教授学习中医药知识,先后主持、承担及参与省级、校级各类课题6项,研究方向为

中医药文化传播与发展，发表论文5篇。

作为中医药传承发展的实践者，胡麟深感中医药行业的发展必须与时代同频共振，研究方向为中医药科普宣传以及中医药文化传播，紧扣传承与创新，研究利用现代媒介载体，面向大众，特别是青少年的科普中医药知识，推动中医药文化海内外传播，拓宽中医药文化传承传播的受众面，打造中医药的科学化、现代化形象。积极参与川派中药炮制技艺传承，支持团队建设以推广宣传川派炮制技艺传承与推广为目的的四川省非物质文化遗产传承基地，有力推动了炮制技艺保护与传承。

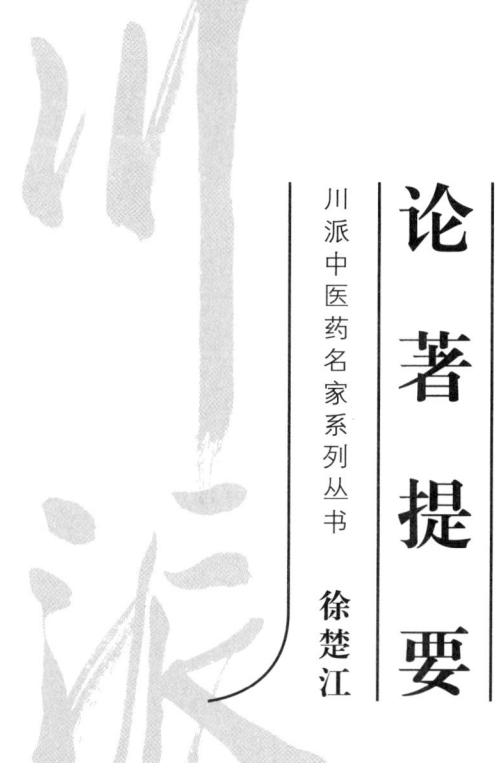

论著提要

川派中医药名家系列丛书

徐楚江

一、论 文

徐楚江的代表论文虽然不多,但反映了徐楚江对于炮制与临床疗效关系的重视,以及对中药炮制传统理论与应用的关注,现列举如下。

1.《中药炮制与临床疗效的关系》(《中成药研究》1983年第1期)

中药炮制学是在中医药学药性理论指导下进行的,并以性味学说基础指导中药炮制。文章认为炮制对药性的影响通过相得、相扶、相约三个途径达到性味损益,能充分地、有选择地发挥疗效,更好适应临床辨证论治的用药需要,保证用药安全有效。

(1) 中药炮制在中医药理论指导下发展,又服务于临床

他认为中医中药在长期实践中总结整理出一整套药性特点、用药法度,并由此阐述了药物在治疗疾病过程中的内容联系。中药炮制是祖国医药学宝库中重要的组成部分,它的指导思想为中医理论阴阳学说,并最终服务于临床辨证论治。因此他强调中药炮制在生产实践中,应与临床紧密结合,以临床的疗效作为判断质量好坏的标准之一。

(2) 中药炮制能很好地适应临床

徐楚江认为中药炮制可以对药物多成分、多功效以及偏性等进行炮制。采用不同的炮制方法有针对性地处理药物,使偏者趋纯,烈者趋缓,在具体方法上,或制其形,或制其性,或制其味,或制其质,但均以性味作为标志。

(3) 中药炮制方法对临床疗效有不同影响

中药炮制的主要目的为增效减毒,方便临床应用。中药炮制的具体操作将对临床产生不同影响。徐楚江根据中药炮制工艺过程,分别以加工切制、炒制和炙制为例,阐述炮制与临床疗效的关系。

① 饮片切制规格支配药物效果,饮片切制应以中药气味学说为指标

中医临床应用以汤剂为主,汤剂的制备为水煎煮提取,有加水、加热条件,要保证临床效果,需要药物气与味均衡溶出。因此在饮片切制过程中应关注饮片规格与汤剂制备的质量关系,着眼于浸润药物的水性、饮片的厚薄以及大小、长短之规格。徐楚江指出:"饮片的加工规格在一定程度上支配药物的效果。为了提高临床疗效,我们就必须以中药气味学说去

指导饮片加工,把饮片规格质进一步提高。"他提出了饮片加工方法的评价方法,也需要后人深入体会他所说的"中药气味学说"的内涵。

② 不同炮制方法、不同性质药物,应采用不同性味方法与药物进行炮制

炒制是中药炮制的一类重要方法,徐楚江主要针对炒制能芳香醒脾、提高临床疗效这一作用,采用中医药理论进行分析。他先分析药物在临床上要起效需要的条件以及脏腑若出现问题与用药的关系,指出:"在运用药物治疗疾病的过程中,当服用后,其要求和食品一样,希望呈现出较好的吸收运化,才能取得较好的营养和治疗效果。脾胃具运化和受纳的职能,在两者失调的情况下,常见症状如胃气衰微和胃气不开等,衰微具有多种因素,不开则以寒提浊秽之邪为多,芳香开胃,香气启脾为其对证用药。"基于上述理论,采用炒制方法可以实现开胃醒脾的效果。他重点采用中医药传统理论对炒制的增疗进行了分析。他说:"种子、果实类药多以炒法处理,传统上有'逢子必炒'的经验,'炒'可以不同程度地增加这部分药物的焦香气,焦香气可具开胃的某些效果;作用于中焦方面的消导药和苦寒药,通过炒制获得焦香气,从而收到启脾胃之气的更好疗效;采取清炒、土炒、米炒、炒焦等方法去处理药物,系从多个途径去增加药物的焦香气,有助于矫臭矫味,增进消化吸收,在汤剂制备时溶出量增多。"另外,炒制也可使苦寒的药物药性缓和,"因为苦寒的药物具有伤胃的反应,故对栀子等药进行炒制既可克服伤胃的偏性,又能增强温升的作用"。

炙制是中药炮制又一类重要炮制方法,徐楚江以"气味相扶"分析这类炮制方法以及对药物的影响,重点以酒制、蜜制为例,分别以大黄、麻黄为代表药物,对炮制前后性味、作用进行分析。他认为,"药物在某种辅料与不同方法的作用下,其固有性能是有所损益的,所谓'甲之所损,乙之所得'"。以苦寒之性、通血要药大黄为例,酒洗、酒炒对其能产生不同影响。他说:"生者泻下功力猛烈,熟者泻下力缓或不泻,即生者气锐而先行,熟者气钝而和缓。在疗效上表现出它是生熟有异。在用法上,如承气汤中的大黄,采取生大黄酒洗,在煎剂中后下,体现出生大黄泻下力强;若煎煮时先下,则泻下作用较缓,酒洗借酒行血脉的作用,而扶其通血的效果。邪热在上的一些疾病,如目赤红肿,白睛肿痛,肺热壅滞等,

则将大黄酒炒后使用。用大黄的泻下作用,引起腹腔充血,下行后气通滞消,而减轻上部邪热所致的症状。"另外,他还指出:"辛温药类的酒制,则可以减去部分芳香挥发物质,缓和了辛散作用,降低了燥性。在一定程度上扩大了'温药不可多'的运用范围。"对蜜制药物,他认为:依据"病在上制上,宜缓"的用药法度,润肺止咳的药性有偏者采用蜜制可以"使气味相扶,符合气味薄而缓的法度"。以麻黄为例进行分析,他认为,"麻黄性味辛温,性质轻扬,为发汗解表要药,并有止咳、平喘、利尿等作用。因其发汗力强,过多有亡阳之弊。对于素质较弱的或表已解而喘咳未愈的病人,此时应以止咳平喘为主。麻黄在加蜜加热炒炙的条件下,其发汗力大减,平喘作用增强。蜂蜜有润肺平喘之效,用以炙止咳平喘之药物,可扶助其止咳平喘功能的发挥"。气厚味厚之药,偏性较大,故在临床上对这类药物有"热药不可久"的经验。他认为,"温热药多以盐炙,是在味上的扶助,使气厚之药得到味的配合,而收到气味相扶的用药需要,如益智仁、小茴香、砂仁等"。

对偏性太过的药物,需要采用气味相约以制其偏。对于中药中毒性大的药物,且它们的有效量与中毒量差距常数偏小,需要采用适宜的炮制方法将保证临床用药安全、有效。以具有大毒的附子为例,他指出:"附子毒性较强,除产地按一定方法加工炮制外,临床用药尚需加以必要的炮制,以保证服用后,安全有效。"汤剂中使用附子,一般要求先煎1小时后再与其他药物合煎,与炙甘草、生姜配伍,不仅增强了温里作用,而且降低了毒性,这是气与味相互制约的结果。

2.《中药饮片质量与临床疗效》(《中药通报》1985年第12期)

1985年4月,国家医药管理局、中国药材公司召开了全国中药饮片质量评比交流会,徐楚江在此次大会上做学术发言。他认为,中药治病,多以复方的形式,方中药的来源、饮片厚度、二燥、炮制过程以及临床所用剂型等,均与临床疗效相关。他从多方面分析了炮制与临床疗效的关系。

人是一个有机整体,治病要求从其本寻找病因,审理病位,构成中医整体观和辨证论治的综合治疗方案。方中所用每味药都有特定的作用,不是可有可无，不可随意增减。

他首先强调药物的来源及质量。以"苏叶"为例，他指出，"处方中的苏叶，应用全紫苏，包括茎、枝、叶的新鲜品，其辛温性味浓郁，则解表作用准确；如苏叶枝叶凋零或存放时间过长，则降低其解表作用，其他药物以此类推，药物质量影响疗效，影响整个处方性味的总的体现"。对药材基源的问题，他认为要严格控制真、伪、优、劣这一关，选好品种，洁净药物。

汤剂临床用药的主要形式，其药效绝不是整个处方的药味之相加，要重视饮片的质量。饮片的厚度影响临床疗效，需要考虑临床用药意图，结合药物自身气、味、归经趋向以及在溶解过程中的难易程度等综合考虑后确定，在确保疗效的前提下照顾外观上的美化。值得一提的是，干燥环节也不容忽视，饮片必须及时干燥，干燥条件得当与否事关药物质量。

药物的毒性与药性可以通过炮制转化。他认为，毒、药是辩证关系，"毒"如通过医药两方面的协调配合，有的放矢地加以炮制，使之达到合理使用，则毒可转化为药。反之，药物加工炮制或应用不当，则有可能使药物转化为毒。因此，中药必须炮制应当依法炮制，使炮制品日趋规范化，以保证临床用药安全有效。

3.《传统药汁制法的探讨》（《中国中药杂志》1989年第3期）

药汁制法具有悠久历史，方法多，规律性强，是中药炮制的重要组成部分。他通过对药汁制历史、制法的组成规律、临床作用以及发展展望进行探讨，促进了学界对传统药汁制法的了解，也为该方法的进一步研究提供了帮助。

（1）深入了解药汁制法的历史

他通过分析历代药汁制法，认为其始于南齐时代，形成了对于剧毒药物以"相畏为制"的制药原则，并在后来逐渐发展，使其制法大幅度增加，以方药配伍、方剂组成的相关经验和理论不断丰富，与方剂学有密切联系的药汁制法数目日见繁多，炮制目的从单纯的制毒和中、纠正偏性，发展到了协同增效。炮制逐渐规范，理论逐渐形成。总之，随着历史的发展，药汁制在药味品种的选择、工艺及质量要求和原理的阐述等方面历代都有继承和创新，随着药性、配伍理论、中药炮制和制剂学的发展而不断充实。但近代药汁制法有所减少，应引起重视。

（2）分析了药汁制法的组成规律

他认为药汁制法以中医药理论为原则，以治法为依据，针对病情需要，结合两方面药物的特性进行组合炮制。药汁制法与"七情合和"和方剂中的"药对"有密切联系。他将其组成规律归纳为相须为制、相反为制和相约为制，并分别对其进行了解释并举例说明。相须为制指为了发挥或加强某一治法的独特作用，将性能相近的药物以一种药为主体，另一药为辅料进行炮制。如姜汁制附子均为辛热之性的药物，相须为制，协同并用，使回阳救逆、温中散寒的作用大为增加。相反为制是指一类药物炮制处理在性味或功效上截然相反的另一类药物，以改变原有作用，产生新的疗效，适应错杂的证候，常用寒热相制、气血相制、补泻相制、动静相制、升降相制以及酸相制等。如吴茱萸制黄连，黄连苦寒，泻火燥湿解热；吴茱萸辛苦热，温中止痛，降逆止呕，以汁制黄连，辛开苦降，一寒一热，相反相成，既可抑制黄连苦寒之性，又可泻肝降逆和胃，还能清火调气散结，方如朱丹溪的左金丸。相约为制指一类药汁辅料通过炮制能消除或制约另一药物的毒性或副作用的方法，包括"七情"中的相畏和相杀，常针对剧毒或药性过于偏激的药物，选用具有解毒、和中作用的药物进行炮制。其中使用率较高的辅料为干姜、甘草、黑豆等。相须为制、相反为制和相约为制的制药规律并不是独立的，常密切联系，共存于同一制法之中。

（3）分析药汁制法的临床作用，为临床的合理推广提供依据

徐楚江认为，药汁制主要有两方面的应用：简化处方用药和扩大治疗范围。临床有时病人病情复杂，处方药味庞大，结构繁杂，难以突出重点。若针对病情将有相反或相约关系的药物药汁制处理于汤剂配伍之前，使方剂药味精减，结构严谨，则药力突出，疗效增强。采用药汁制，可改变或增强原有药性，从而扩大原方剂的治疗范围，使临床用药灵活多变。

（4）药汁制法应大加发扬，加强运用与研究

徐楚江认为，药汁制法是一种传统的制药方法，有理论、规律、质量要求，但由于操作烦琐，导致工艺逐渐简化，品种越来越少，因此处方用药常与

治法不符，不能得心应手，对症下药，影响着中药疗效的发挥。他建议加强对传统药汁的收集整理。他认为，在临床运用方面，中医师应了解药汁制的作用和规律，灵活应用药汁炮制品，发挥其特有效果。炮制人员应恢复药汁制法，坚持对常用的较固定的药汁制品进行加工生产，还可开设"单锅小炒"随方炮制，满足临床需要。他认为应加强药性理论的研究和现代实验研究，同时借鉴复方研究的成果结合炮制的特性阐明原理。

二、著 作

1.《中药炮制学》（徐楚江主编，上海科学技术出版社 1985 年版）

中医中药是我国的传统医药，长期以来以师徒相授的方式进行传承。中华人民共和国成立后，加大了对中医中药的振兴，于 1956 年批准成立了中医院校，以系统培养中医中药人才。成都中医药大学是首批成立并开设中药专业的大学。中药炮制是中药独有技术，中药专业的学生要求系统学习中药炮制知识，但缺乏相关教材。办学初期，任课教师自己编写教材，直至 1980 年才有第一本《中药炮制学》全国试用教材。该书由成都中医药大学牵头，由徐楚江主编。1985 年，在第一版教材基础上，出版了第二版，仍由徐楚江担任主编。如何将这门具有中药特色的制药技术有效地传承，使学生系统、全面、快速掌握这门技术，这是摆在编写人员面前的问题，是考验智慧的事。徐楚江作为主编，利用他深厚的炮制学知识，编写出了《中药炮制学》经典教材，后续的各版本教材大多延续了这一版的基本体例。

根据其编写的体例以及内容，我们可以从中分析徐楚江关于中药炮制的基本观点。

（1）规范中药炮制及相关专业术语

中药炮制是一门古老而传统的技术性学科，炮制术语在形成过程中，随着历史文化知识背景的不同而有变化，没有明确的定义。作为全国统编教材，应具有学术上的科学性，也应有权威性，有严谨而科学的态度，规范炮制用语，给予明确的定义是有必要的。

在中药炮制学统编教材之前，涉及中药炮制相关术语定义的资料并不多。在历代的资料中，中药炮制称为"修治""修事""炮炙""炮制"等。在该教材中如何规范？需要深入分析炮制的历史渊源，结合现代理解而确定。

① 炮制的名称。炮制古称"炮炙"，指用火来加工处理药物，是古代人们将生食变为熟食，可克服生食带来的不良反应，逐渐用于加工药物，工具和工艺也是简陋的。"炮炙"能概括当时含义，但目前则远远超过此范围，如净选、制糖、切制、发芽等法就不用火。为了保存古代炮炙原意，又能确切反映整个中药炮制的加工技术，将"炮炙"定正为"炮制"，其中"炮"字代表与火有关的加工处理技术，而"制"字则更广泛地代表了各种加工制作技术。

② 中药炮制的定义。怎么科学理解中药炮制，在现代一些总结炮制经验的著作中，也有部分对个别专业术语进行了解释，但该定义是否科学、合理？作为教材，需要对中药炮制及涉及的相关专业术语称谓给予科学定义，以利于学生理解，这对中药炮制的传承有重要意义。基于以上原因，徐楚江与同行一起，针对中药炮制学科的特点，结合相关文献，对主要的中药炮制专业术语进行了释义，如将"中药炮制"定义为：根据中医药理论，按照医疗、调配、制剂的不同要求以及药材自身的性质所采取的一项制药技术。上述定义，指出了中药炮制的指导思想，采取炮制方法的依据以及炮制的内涵，体现定义的科学性，并被长期沿用。而学生通过对中药炮制定义的学习，能更好地理解中药炮制，促进学习。

③ 其他与炮制相关的定义。中药炮制学教材第一、二版，在每项工艺程序和操作方法项下，均对涉及的专业术语给予了明确的定义，利于学生理解。教材中所列的术语与定义，基本沿用至今。

（2）教材结构，利于系统学习中药炮制，并能体现炮制的特点

在中华人民共和国成立以前，仅有三部炮制专著，包括《雷公炮炙论》《炮炙大法》和《修事指南》。纵观古代炮制的分类的方法，有"雷公炮炙十七法"；《本草蒙筌》中水制、火制、水火共制的"三类分类方法"；《炮炙大法》

据金、石、草、木等药物的"属性分类法";各省市的《炮制规范》据根、茎、叶、花、果实等"入药部位"的分类方法;《中国药典》"炮制通则""净制、切制、炮炙"的分类方法。这些分类方法各有优点与缺点,但均不能准确、合理、充分突出该学科的特点和内容。各类分类方法有自身特点,选择有适合于学生学习的方法是关键。该教材采用了工艺与辅料相结合的分类方法,即以工艺为纲、结合辅料的分类方法。这种分类法既体现了炮制学的系统性,又反映了炮制学的特点,吸收了上述各分类的优点,也弥补了不足,能体现出炮制工艺程序和辅料对药物所起的作用,体现了炮制中的共性和个性的融合,较易为学生掌握和学习。该种编写方法被今后各种版本《中药炮制学》教材普遍采用。

（3）归纳各炮制方法的目的和注意事项

中药炮制是一门技术,有自身的操作步骤和特点。该项技术还需要丰富的实践经验,并与临床紧密结合。需要对每类炮制方法进行系统的总结,包括炮制目的、操作及注意事项,以利于学生学习和掌握。同时介绍辅料的性味功能,如酒炙法,介绍酒辛、甘、大热,气味芳香,能升能散,宣行药势,活血通络,适用于活血祛瘀,祛风通络药物的炮制。明确辅料自身的特点,举例简述炮制目的。从方法上讲,既然是同类方法,当然就会有许多共同之点。就炙法而言,操作主要有两种:先加辅料炒和后加辅料炒。比较两者优缺点使学生在理解的基础上加以记忆,收到举一反三的效果。注意事项关乎酒的特性与操作关系等。通过这些内容,学生在学习时就会有一个总的印象,为后续具体药物的学习打下良好的基础。

（4）具体药物,内容系统,并将科研成果纳入其中,利于对药物的全面了解

古今炮制方法及科研动态尽收眼底。单味药物项下,"历史沿革"将古今炮制方法系统罗列,使学习者了解历史的演变过程和该药物炮制的原意图,开阔学生视野,扩大其知识面。药典上法定的和各省市炮制规范的主要方法及火候要求应重点掌握,再结合不同炮制品在方剂中的不同使用,来说明炮制作用,炮制研究则综合了近代研究成果,讲授时不但有中医几

千年临床实践的方剂,又有现代科学技术手段来加以验证,用两方面的论据来说明炮制理由之论点,大大丰富了炮制的理论内涵,帮助学生熟悉研究动态,了解学科前景,提高学习兴趣,达到提高学习效果的最终目的,他主编的教材经在多年教学实践中收到了良好的教学效果,受到了教与学等诸方面的好评。

(5)强调中药炮制与临床的关系,列专章论述

教材指出,炮制是中医临床用药的特点;炮制对药物的性味和制剂均有影响。饮片是中成药和汤剂的原料。随着中医中药分化,医学专业的学生对中药,特别是中药炮制了解极少,而中药学专业的学生的医学知识则相对缺乏。徐楚江将中药与临床紧密联系,使学生领会炮制对临床疗效的影响,从而重视炮制。他主要从以下方面阐述了中药炮制与临床疗效的关系。

① 炮制是中医临床用药的特点

他强调了炮制的特点和地位。中药来源于自然界的植物、动物、矿物,且一药多效,而疾病有自身发展、变化过程等,炮制能适应中医临床用药需要。他还指出历代医药学家均对药物的使用提出了质量要求,均为了保证疗效准确、可靠。他分别从药物形体、性能、味、质四个方面讲述炮制与疗效关系。药物形体的炮制主要描述了饮片切制,要求依据用药要求及药物性质去制订,并达到"药力共出"的要求;对药物性能的炮制则以消化系统方面的证状为主,分析产生原因以及与相关脏腑的关系,芳香开胃为其治法,炒法能适应该治法;对味的炮制,徐楚江认为,味为临床用药的依据之一,药物的来源、产地、产季、加工方法、运输贮存等因素对味都有可能产生影响;自然界物质的味感也不完全是真实和稳定的,可采用炮制对药物固有的味进行调节,以"制其太过,扶其不足"。他以大黄为例说明同一药物用不同方法进行炮制可产生不同作用。另外,不同药物采用不同炮制方法也有不同目的。药味的变化可以影响药物的某些作用,它是直接为临床灵活用药服务的。对药物质的影响,他主要提出毒剧药物的炮制,认为炮制能很好地处理该类药物的毒与效的关系,并指出:从临床用药的要求看,应当保持"攻者必攻强"的用药原则,炮制不可矫枉过正。

教材从中医药理论与临床应用方面，就炮制对药物的影响做了相应的论述。

②炮制对药物的性味及制剂的影响

教材分别就炮制对四气五味、升降浮沉、归经和制剂等方面进行了论述。药物性能是中药的重要特性，也是临床用药的依据。采用"从制"或"反制"影响药物四气五味；药物大凡生升熟降，炮制后可改变药物的作用趋向，或升或降，如酒制后作用向上、盐制后下行等。药物的性质因炮制而有所改变，其主治及主治范围也有一定的变化。另外，中药制剂大多采用复方，需根据处方的不同或者剂型的不同而采用不同的炮制方法。教材提出，为了稳定每一处方的主治范围，必须采取随方炮制，务求与理法方药取得一致。制剂中繁多的炮制方法，决不能轻率简化、划一，甚至改变，否则都将直接影响疗效。应当根据具体方剂的不同要求，严格工艺，随方炮制，以求安全有效。他强调炮制对药物、制剂和临床疗效有直接的影响，应重视炮制工艺，以保证临床疗效。

2.《中药房管理学》（徐楚江主编，成都中医学院内部教材，1991年）

该教材是面向中药初级工作人员和乡村医生自学辅导材料，通俗易懂，具有较强的适应性和实用性。其以中药房的管理为要旨，对中药药事管理、中药调配、中药炮制与制剂、中药材鉴定与保管等进行了全面的探讨，以期提高中药人员的业务素质，帮助其熟悉基本知识，掌握必要的技能，提高中药房的工作水平，促进其逐步实现科学化。

（1）中药房涉及面广，技术性强

中药房从事的中药材的采购、制造与销售等活动具有特殊性。中药房也是一个经济实体，应有药品核算与账务管理；涉及众多的组织机构，如配方室、炮制室、制剂室、检验室等；从事的工作大多有技术方面的要求，对不同职位的从业人员提出不同的要求。徐楚江认为中药配方是一项知识面广的技术性工作，既有系统的理论知识，又有系统的工艺技术，与中医学、中药学、方剂学、炮制学、鉴定学等学科关系很密切，因此中药配方人员必须具备一定的专业知识与其他相关学科的知识，方能胜任该项工作。只有通过调配符合医师处方要求和调配准确无误，才能使中医的理、法、方、药得到充分体现，发挥最佳治疗效果。

（2）要有相应的道德修养，明确主要职责

有关医药人员的道德修养，古今中外有不少医家论述。该教材也从文明服务、尊重病人、工作认真负责、仪表端庄、业务日益精进、作风廉洁等方面提出要求，并提出了不同职务的药剂人员主要职责。分工明确，权责分明。

（3）建立规范的管理制度

中药房是为临床服务的，对药物的效果起到非常重要的影响。教材要求中药房建立完整的组织，明确职责，因此提出了中药房的组织结构和从属关系。中药调配工作要正常、有序、有效地开展，需要建立健全相关的管理制度，并加强管理。书中对配方室、炮制室、质量检验室、中药库房、中药制剂室等均提出了要求，以及认为应建立相应的管理制度。

中药调配涉及不同工作岗位，因所处的地位不同，对人员的要求也有差异。为保证临床用药的安全有效并提高工作效率，应对各岗位的人员提出明确的要求，特别是一些重点岗位的人员，如饮片购进时验收的人员、饮片调配时的操作人员、审方人员等。这些岗位的人员，对中药饮片的质量控制、对审查处方的合理性、准确调配饮片等起到重要作用，直接与饮片质量相关。

中药调配对临床疗效有明显影响，作为药剂工作者，需要明确中药的调配顺序。一般情况下，中药调配顺序为审方、计价、收费、调配、复核、发药。每一步的正确与否都可能对临床疗效产生影响，都需要认真、仔细对待，建立操作规范，并认真执行。

3.《炮制学》（徐楚江主编，成都中医学院教材，1964年）

成都中医学院中药学专业1959年开始招生，"炮制学"是专业课程之一，但没有现成的教材，需靠教师自己查阅资料，总结分析。徐楚江与炮制制剂教研组的同事一起，对中药炮制进行了系统总结与提炼，形成了自编教材《炮制学》。该教材定义了"炮制"，整理了炮制的起源与发展、炮制分类、炮制目的以及炮制研究等，并基于炮制方法分别列出相应药物，在编写体例上更好地体现了炮制的特点，有利于学生学习中药炮制的相关方法与技术，对中药炮制全面了解。相对于历代炮制专著，该教材除了全面介绍炮制方法、技术以外，还融入了科学研究的思想与要求以及与生产、临床相结合的理念，对促进中药炮制的继承与发展有重要意义。

（1）对中药炮制全面、系统总结与提炼

此教材分总论和各论两部分。通过对传统炮制的提炼，对炮制下了定义，并总结了其意义以及炮制在中医药中的重要性，在前人的基础上进一步总结了炮制目的，使人充分认识炮制，重视炮制。书中详细列出了不同时期炮制的发展情况，包括重要书籍等，系统介绍了炮制方法、主要辅料，其分类方法主要沿用传统的"五类分类法"，再按炮制方法分别介绍其意义和目的以及具体药物。此种药物的编排方式与其他炮制书籍不同，体现了中药炮制的特点，具有专业的指导意义，有利于学生学习掌握中药炮制方法与技术。具体药物介绍，除炮制方法与成品性状外，还总结药物的炮制目的，提供了参考文献，包括古代文献与现代经验，有利于学生全面了解炮制品。

（2）将科研思维融入中药炮制

中药炮制是巩固药材质量的关键，关系人民用药的安全和有效，关系中医药理论与实践的结合。中药炮制在长期的发展中，在满足人民用药方面存在缺陷，需要运用现代科学技术积极研究中药炮制，因此他提出了炮制学研究，以及研究内容和方法，并指出在研究炮制必须紧密结合临床与生产实际。在专业课教材中融入科学研究的思路，有利于广大学生通过学习，逐步具有科学的研究思路与方法，有利于促进学科的发展。

川派中医药名家系列丛书

学术年谱

徐楚江

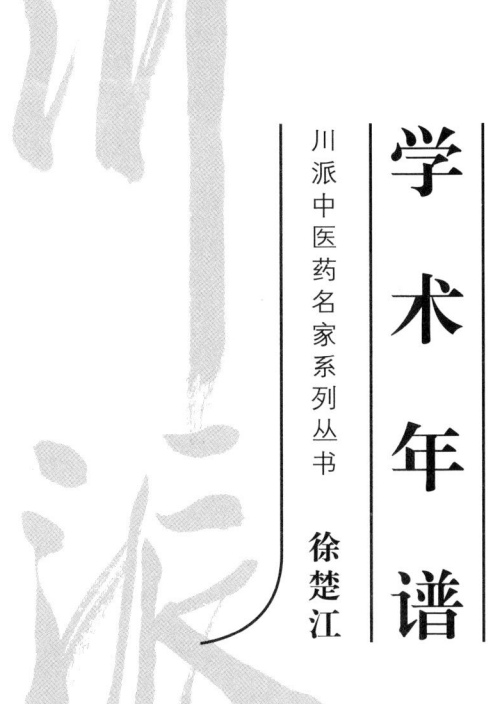

1921年 7月22日，出生于成都一个私塾世家。

1925年 在家由祖父启蒙学习。

1928年 跟随祖父在其教书馆学习。

1934年 在成都忠烈祠东街药号会龙堂当学徒，并在成都忠烈祠南街跟随段鹤龄学中医。

1938年 7月离开成都忠烈祠东街药号会龙堂。

1939年 8月在成都祥盛药院作店员，同年9月离开该药店，到成都肖集翰药房作店员

1946年 7月成都全市药店员大罢工中，被选为北区代表，又成为向市政府请愿的首席代表，8月离开成都肖集翰药房，到成都沅济参茸药院作店员，10月在成都昭记肖集翰药房作店员。

1947年 1月在成都古城药号作店员。

1948年 12月离开成都古城药号。

1949年 1月在成都同合药号作店员，3月起在成都光大巷12号住宅教书，12月在成都市医药技工会筹备会工作，任主任。

1950年 10月在成都市医药工会工作，任副主任。

1951年 5月在成都市第一人民医院中药部中药房工作，任负责人。

1958年 5月在成都市中药材公司，作为研究室干部。

1958年 兼职在四川医学院药学系从事中药方面的教学工作；自编教材《中药炮制、制剂与经验鉴别》由四川医学院出版社出版。

1959年 参与编写《四川中药炮制经验集》。

1962年 成都中医学院特聘为教师，从事中药炮制制剂等方面的教学工作。

1964年 4月从成都市中药材公司正式调入成都中医学院，在药学系工作，担任中药炮制、制剂方面的教学等工作。

1975年 参与编写《四川中药炮制规范》。

1978年 职称晋升为讲师；担任药学系炮制制剂教研组主任；参加全国统编教材《中药炮制学》编写，为主编。

1982年　被卫生部聘为"中医教材编审委员会"编委。

1983年　职称晋升为副教授；参与编写《中华人民共和国药典》1985年版。在《中成药研究》上发表文章《中药炮制与临床疗效》。

1984年　担任四川省科技顾问团顾问，在此期间，理顺丹参、附子等问题，并对附子进行系统开发研究。

1985年　担任四川省政协医药组成员；同年招收炮制学硕士研究生，连续招了2年，每年1人，主要研究方向为"中药炮制原理探讨"—中药附子炮制品整理、质量控制及其综合利用；同年11月应日本东方医学会邀请，赴日本作"中国药膳"专题演讲；举办了首届中药炮制学师资班。《中药通报》刊登了徐楚江在4月国家医药管理局和中药材公司举行的全国中药饮片质量交流评比会上做的专题学术发言《中药饮片质量与临床疗效》；主编的全国高等医药院校教材《中药炮制学》（第二版）出版。

1986年　在《中成药研究》上发表文章《中药饮片质量与临床疗效》。

1987年　2月职称晋升为教授，同年10月退休；参与编写《中华人民共和国药典》1990年版。

1989年　在《中国中药杂志》上发表文章《传统药汁制法的探讨》。

1991年　3月根据国家人事部、卫生部、国家中医药管理局人职发〔1990〕3号文件精神，被确定为继承老中医药专家学术经验指导老师，其学术经验继承人为胡昌江。编写的中药普及自学教材《中药房管理学》由成都中医学院印刷厂出版。

1992年　10月享受国务院颁发的政府特殊津贴。

2000年　5月通过医师资格认定审核，获得执业医师（中医）资格。

2004年　8月7日逝世。

主要参考文献

一、图书

[1] 李明富. 成都中医药大学中医学专家集 [M]. 北京：人民卫生出版社，1999.

[2] 张锡纯. 医学衷中参西录 [M]. 石家庄：河北人民出版社，1974.

[3] 徐楚江. 中药炮制学 [M]. 上海：上海科学技术出版社，1993.

[4] 徐楚江. 中药房管理学 [M]. 成都：成都中医学院印刷厂，1991.

[5] 国家中医药管理局《中华本草》编委会. 中华本草 [M]. 上海：上海科学技术出版社，1999.

二、论文

[1] 徐楚江. 中药炮制与临床疗效的关系 [J]. 中成药研究，1983（1）：24-25.

[2] 徐楚江. 中药饮片质量与临床疗效 [J]. 中药通报，1985，10（12）：17-18.

[3] 徐楚江，万德光，杨明. 传统药汁制法的探讨 [J]. 中国中药杂志，1989，14（3）：22-25.

[4] 张为亮，徐楚江，杨明，等. 附子毒效关系的实验研究 [J]. 广西中医药，1997，20（3）：42-44.

[5] 胡昌江. 徐楚江学术思想简介 [J]. 四川中医，1988，23（11）：690-691.

[6] 唐廷猷. 从药工到教授 [J]. 药学通报，1988，23（11）：1-2.

[7] 王晓涛. 唐代千金翼方中记载的"道地药材" [J]. 上海中医药杂志，1956（4）：40-44.